AF548240

Hansjoachim Baier

Kind sein in

Brandenburg

an der Havel

Für Thomas, Rebekka,
Stephan und Simon

Text: Hansjoachim Baier
Cover: Gabriele Baier
Fotografien im Innenteil aus Privatbesitz
ISBN 978-3-944990-88-0
1. Auflage
Verlag Andrea Schröder, Inh. Jens Koch, Bernau
www.verlag-andreaschroeder.de

Inhalt

Silostraße 9

Wenn in den frühen Morgenstunden eines sonnigen Sommertages ein Fuhrwerk an unserm Haus vorbeistuckerte, dann sahen wir Pferd und Wagen kopfstehend und in entgegengesetzter Richtung über die Rückwand unseres völlig verdunkelten Kinderzimmers ziehen. Möglich wurde das deshalb, weil wir im Parterre wohnten, und weil durch ein kleines kreisrundes Loch im Rouleau - eine Gewehrkugel hatte es in den letzten Kriegstagen hineingerissen - ein Strahl hellen Morgenlichtes in unser verdunkeltes Zimmer fiel. So war eine Camera obscura entstanden, deren wundersame Wirkung für uns über die vielen Kindheitssommer hin so selbstverständlich war, dass wir über das Zustandekommen solcher Bilder gar nicht erst nachdachten. Umso erstaunter waren wir Jahre später, als diese Erscheinung zu einem Thema in der Schule wurde.

Unsere Straße hatte - und hat noch - so ein richtiges, altes Kopfsteinpflaster aus rundlichen, unbehauenen Feldsteinen, bei denen an Größe, Farbe und Form keiner dem andern glich. Wenn nun jedes der vier hölzernen Speichenräder eines Fuhrwerks so ganz ungleichzeitig an den nächsten Stein stieß, dann stuckerte es, und zwar mit so unterschiedlichem Klang, dass wir den Wagen

gewissermaßen mit den Ohren sehen und sicher unterscheiden konnten, ob er leer oder beladen fuhr. Das Pflasterbild vor unserem Haus kannten wir ganz genau; mussten es auch kennen, wenn wir beim Überqueren der Straße immer die gleichen fußgerechten Steine treffen wollten, denn wie alle andern Jungs auch gingen wir den ganzen Sommer über barfuß. Wer sich im Frühling als Erster barfuß zeigte, der stand mindestens diesen einen Nachmittag lang im Ansehen ganz oben und wurde beneidet. Was haben wir unsere Mutter an den ersten warmen Maitagen nicht immer gebettelt: „Lass' uns doch endlich barfuß jehn, der und der dürfen ooch schon, fast alle jehn barfuß, warum dürfen wir denn nich." Das ging so lange, bis sich unsere Mutter entweder erweichen ließ, oder unser Gequengel mit einem energischen Donnerwetter beendete.
Wenn ich von u n s e r e m Haus spreche, dann hat das beileibe nichts mit Eigentum zu tun, alle Leute sprachen so von ihrem Wohnhaus. Bei uns ging es dabei fast immer um Mietshäuser der Gründerjahre, wie sie besonders das Bild unserer schattigen Straßenseite prägten. Fast alle dreistöckig und damit gleich hoch, in Gliederung und Farbe der Fassaden aber ganz verschieden, bot jedes Haus ein eigenes, unverwechselbares Bild. Die Wand unseres Hauses war bis zu halber Höhe mit gelben Klinkern verblendet, über den Fenstern wölbten sich in ergrautem Weiß wulstige Bögen und Dreiecke. Über dem kraftvoll ausgezierten hölzernen Haustor streckten sich die vergoldeten Zunftzeichen der Schmiede in die Straße, die filigran verflochtenen Umrisse von Ambos, Hammer und Zange. Die Toreinfahrt war unten zu beiden Seiten von wulstigen schmiedeeisernen Abweisern begrenzt. Bei ungenauem Einlenken eines Fuhrwerks wurden dessen Räder durch die schräg gestellten Eisen soweit seitlich versetzt, dass der Ladekasten nicht das Mauerwerk schrammen konnte.
Der Torweg! Schon hier kann ich nicht anders, ich muss abschweifen. Denn bevor ich euch erzähle, auf welchem Wege wir in diese Nachkriegswohnung, in das Haus unserer Kindheit gekommen sind, muss ich kurz unser Zimmer schildern, dessen eine Außenwand ja direkt hier am Torweg lag.
Dieses sogenannte Kinderzimmer diente uns Jungs ausschließlich zum Schlafen. Im zusammengesuchten und geliehenen Mobiliar war all das untergebracht, was sonst nur selten gebraucht wurde. Geheizt wurde das Zimmer nie, die Kohlen reichten so schon nicht. Als Schutz gegen den Frost diente allein das doppelwandi-

ge Rouleau, da nachts immer vollständig heruntergelassen wurde. Wir waren an die pechschwarze Finsternis gewöhnt, fanden unsere Nachttöpfe unterm Bett blindlings, empfanden nicht die Spur von Furcht.
Aber diese Kälte! Zwei Wände grenzten an Toreinfahrt und Treppenhaus, unter uns der Keller, das unbeheizte Schlafzimmer der Eltern nebenan - unser Schlafraum hatte sozusagen nur Außenwände. Manchmal war es so kalt, dass morgens Reif auf der Tapete lag.
Aber abends erst mal ins eiskalte Bett zu kommen! Ich beschloss, diesen Schrecken durch einen anderen zu verdrängen und versuchte es mit Atemnot, indem ich mir das eisige Federbett vollständig über den Kopf zog. Das half, denn das schnell eintretende Erstickungsgefühl bewirkte eine regelrechte Angstwärme. Wenn ich mir dann das Bett vom Gesicht riss, war die Kälte vergessen!

Unser Zimmer hatte aber auch eine schöne Seite, sogar eine wahre Augenweide - die Kartoffelsuppentapete. Auf gelbem Grund waren da kleine rote Einsprengsel und kurze krautige Stiele verteilt, die genauso aussahen wie die Mohrrübenstückchen und die kurzen Beifußstiele in unserer gelben Sonnabendmittagkartoffelsuppe. Wenn der Beifuß anfangs auch nur als Ersatz für sonst übliche Speisewürzen gedacht war, die entweder zu teuer oder noch gar nicht wieder zu haben waren, so blieb er am Ende bei uns doch das Kraut aller Kräuter und gab unserer Kartoffelsuppe bleibend ihr Aussehen und ihren unverwechselbaren Geschmack. Unsere gelbe Suppe haben wir all die Jahre hindurch jeden Sonnabend und vor jedem der großen Festtage gegessen. Ein Heiligabend ohne mittägliche Kartoffelsuppe hätte Weihnachten auf den Kopf gestellt. Selbst einen Tag später ging's nicht ohne Beifuß, denn auch in der Soße um den Kaninchenbratens herum ließen sich die Stiele finden.
Wenn auch ein schlichtes Essen, so hatte unsere gelbe Kartoffelsuppe für uns doch immer auch einen Beigeschmack von Heiterkeit. Unser Vater kam an diesem Tag schon gegen Mittag von der Arbeit, kam gutgelaunt die Hoftreppe vor dem Küchenfenster herauf, und auch an Schule brauchte nun eine Weile nicht gedacht zu werden, Zufriedenheit machte sich breit.

Das Licht der Welt

„Einmal in meinem Leben habe ich ein gebratenes Täubchen gegessen", sagte unsere Mutter manchmal, wenn sich unsere Gespräche wieder einmal ums Essen drehten, „das war, als ihr geboren wurdet, an einem Pfingstsonnabend, ich sollte wieder zu Kräften kommen. Draußen war es so kalt, dass geheizt werden musste, wir hatten gerade die Eisheiligen."
Wir hatten aber auch schon ein dreiviertel Jahr lang Krieg an diesem 11. Mai 1940. Wir wurden in einen Ausnahmezustand hinein geboren, der bis zum Mai 1945 anhielt. Für uns war der Kriegsalltag Normalität, eine andere Welt kannten wir nicht.
Eine meiner frühesten Erinnerungen hängt mit unserem Zwillingswagen zusammen, dem sogenannten Sportwagen. Seine Sitze waren nicht neben-, sondern hintereinander angeordnet, aber leider so, dass sich unsere Füße in der Mitte trafen. Wer an der Spitze saß, konnte nicht nach vorn blicken, kam also schlechter weg, weil er immer nur den zurückgleitenden Weg sah. Und selbst dort musste man ja noch an der mühsam schiebenden Mutter vorbeischielen. Zu Beginn einer dieser Fahrten, wir standen noch vor unserer Haustür in der Watstraße, wurde ich doch tatsächlich auf diesen miesen Rückwärtsplatz gesetzt, obwohl ich genau wusste, mit dem Blick in Fahrtrichtung an der Reihe zu sein. Ich stotterte irgendeinen Protest zusammen, hatte damit aber so wenig Erfolg, dass ich sofort anfing, meinen Anspruch mit einem meckernden Geheul zu bekräftigen. Da sah mich Klaus von gegenüber auf einmal so verständnislos an, mit großen Augen, den Kopf ein bisschen schief gehalten, dass ich gleich wieder verstummte, weil mir mein Verhalten auf einmal furchtbar peinlich war. Dieses erste intensive Gefühl von Scham hat sich mir tief eingeprägt.

So tief, wie auch die ersten Wunder, die wir erlebten. Da waren wir eines schönen Wintermorgens einmal ganz entzückt von den Feuermännlein, die in unserm Ofen tanzten. Ingeborg, unsere „große" Schwester, hatte sie beim Heizen entdeckt. Und da sahen auch wir sie auf einmal ganz leibhaftig, wie sie mit ihren spitzen Mützen rot und gelb und blau in flackerndem Wirbel dahintanzten. Immer war es unsere Schwester, die so erstaunliche Dinge zuerst entdeckte. Aber sie war ja auch vierzehn Jahre älter als wir.

Ein anderes Wunder waren unsere sprechenden Gummi-Indianer, jeder von uns beiden hatte einen. Mit ihrem Federschmuck waren sie etwa eine Handspanne hoch und quietschten, wenn wir auf ihren Bauch drückten. Aber was heißt schon quietschen, wenn wir doch ihre Sprache genau verstanden. Denn sobald Klaus voraussagte: „Meiner sagt jetzt MUTTI" und dabei zudrückte, dann hörten wir ein ganz deutliches MUTTI! Mein Indianer konnte genauso klar TANTE ELLA sagen. Und so ging das durch die ganze uns geläufige Verwandtschaft bis zu TANTE TRUDCHEN. Bei diesem Namen waren uns die Häuptlinge in der Artikulation sogar überlegen.

Leider kann Vorstellungskraft aber auch Furcht erzeugen. So hatte ich als Vierjähriger einmal einen Traum, der mir solche Angst einjagte, dass er für mich bis in die späten Kinderjahre nichts von seinem Schrecken verlor.
Wir Zwillinge schliefen im Schlafzimmer unserer Eltern, der eine in der Besuchsritze, wie dieser bevorzugte Platz zwischen den Eltern genannt wurde, der andere neben dem Kopfende der Mutter in einem Leiterbettchen. Eines nachts, es war stockdunkel im Zimmer, sah ich von dort aus in der Schranknische gegenüber einen schwarzen Wolf stehen. Nur eine grünliche Umrisslinie machte ihn sichtbar. Er stand aufrecht, ein Korb hing über der angewinkelten Vorderpfote, auf dem Kopf saß ein helles gefälteltes Häubchen. Er stand schwarz und still und starrte mich böse an. Wie gelähmt vor Angst, brachte ich keinen Ton heraus, konnte aber endlich doch wimmernd die Mutter anrufen. Sie machte Licht, aber der Wolf stand immer noch da. Ich zeigte auf ihn, sagte, da sei ein Wolf, aber sie sah ihn nicht. Erst als sie mir beruhigend zusprach, wurde die Erscheinung blasser und löste sich endlich ganz auf.
Wir wohnten in einem der noch ziemlich neuen, geklinkerten Häuser am Ende der Watstraße, in Nummer 28a, zweiter Stock. Von der Hofseite aus konnten wir über die Gärten hinweg auf die Villen an der Havel und hinüber bis zum Dom blicken. Von der anderen, der schattigen Nordseite aus, sahen wir auf die Ufer des Beetzsees von der Badeanstalt bis hinüber zur Bollmanninsel. Als Vierjährige allerdings hatten wir noch kein Auge für diesen herrlich weiten Ausblick. Was uns wirklich bewegte, lag auf der anderen Straßenseite direkt vor unserer Haustür: der Schwarze Sand. Ein Stück feuchten Brachlandes, das sich neben Schrebergärten vom Eichenweg an der Ecke bis fast auf die Höhe unserer Haustür hinzog. Warum es brach lag, ist nicht recht klar. Möglicherweise, weil es deutlich tiefer lag als seine Umgebung, eine Art feuchter Mulde, in der Regenpfützen sich lange halten konnten. Als wir zum ersten Mal dort spielen durften, haben wir am Rand einer solchen Pfütze unsere erste „Modderpampe" durch die knetenden Hände sickern lassen, eine Wonne, die ich noch heute fast körperlich empfinde. Mischten wir etwas mehr Erde in den Modder, dann wurde daraus eine Masse, mit der wir auch Häuser und Mauern bauen konnten.
Schwarzer Sand hieß diese Buddelstelle natürlich nur bei den Kindern. Sie hatten den Namen erfunden, um diesen Spielort vom viel größeren Weißen Sand zu unterscheiden, der sich in der Nähe

fast fußballfeldgroß bis zum Beetzsee hinunterzog. Vom Weißen Sand wird gleich noch die Rede sein.
Hier aber noch ein ergänzendes, ein wichtiges Wort zum Schwarzen Sand. Erst als ich dieses Kapitel schon geschrieben hatte, bestätigte mir auf Anfrage ein Brandenburger Historiker, dass hier früher der kilometerlange Silograben entlanggeführt hatte, der die Stadt im Norden vom Beetzsee bis zum Quenzsee umfloss.
Die große Fläche des Weißen Sandes entstand, als am gegenüberliegenden Ufer der Mühlengraben ausgehoben wurde, der neben der Badeanstalt in den Beetzsee mündet. Der Weiße Sand war also einfach ein Aushub von gegenüber.

Die Umgebung unserer Kinderjahre,
eine Fotografie vom Turm der Gotthardtkirche

1 Großer Beetzsee
2 die sog. Anlagen, Grünanlagen, die sich bis an den See hinunterziehen
3 Silostraße 9, Haus unserer Kindheit; davor mit den 5 dunklen Fenstern die Schmiede
4 „Der weiße Sand“
5 der Puhl
6 Bollmann-Insel
7 Kleiner Beetzsee
8 unsere „Badestelle“
9 Schleuseneinfahrt

Krieg

Anfang, Anfang, Ende, Ende,
übern Kuhstall sind Verbände,
übern Pferdestall sind Jäger,
morgen kommt der Schornsteinfeger.

Das erste Gedicht, das wir auswendig hersagen konnten! Und nicht nur auswendig! Wir konnten es sogar richtig schnell runterrattern. Darauf waren wir als Vierjährige mächtig stolz. Dass der Wortlaut etwas mit Volksempfänger und Fliegeralarm zu tun hatte, wussten wir natürlich nicht. Auf jeden Fall haben wir aber immer „übern Kuhstall und übern Pferdestall" gesagt, sonst wäre nichts mit Runterrattern gewesen. Eine andere Szene, die ich erst viele Jahre später als komisch begriff, hat sich einmal im Frühjahr 1945 in unserer häuslichen Umgebung abgespielt. Nach einem Bombenangriff schon am Vormittag sprach es sich herum, dass draußen überall Silberpapierstreifen lägen, besonders aber drüben beim Weißen Sand. Wir gingen mit unserer Schwester hinüber, trafen dort schon auf etliche Erwachsene, die die glänzenden Streifen zwischen ihren ausgestreckten Armen mit prüfendem Blick taxierten und hörten sie grübelnd darüber mutmaßen, welchen kriegsbedingten Zweck der Abwurf solch federleichter Silberbänder eigentlich haben könnte, ja, was das überhaupt sei. Bis es plötzlich einer unter ihnen wusste: „Das müssen Kondensstreifen sein", sagte er, woraufhin ihm die anderen kopfnickend zustimmten. Dieses Wort hatten alle schon einmal gehört - na klar, Kondensstreifen!

Dass mit diesen Stanniolstreifen das Deutsche Radar ausgeschaltet und damit die Überwachung des Luftraumes unmöglich gemacht wurde, konnte wirklich niemand wissen, denn diese Seite der Kriegsführung unterlag strenger Geheimhaltung. Wir jedenfalls glaubten bis in unsere späteren Kinderjahre daran, damals Kondensstreifen gesehen zu haben Solange, bis der neuartige Düsenantrieb Flugzeuge in solche Höhen trug, dass die dort entstehenden Streifen einen Namen bekommen mussten. Solange aber auch, bis das Wort Stanniol allmählich Gemeingut wurde.

Wie unsere Mutter erzählte, mussten wir ab Mitte 1944 fast jede Nacht in den Luftschutzkeller hinunter. Sirenengeheul! Uns Jungs aus dem Schlaf reißen, hastig anziehen, runter in den Keller, das war alles eins. Ich erinnere mich dabei nur an einen schwärz-

lichen, schwach erleuchteten Raum voller Menschen und an gedämpfte Gespräche. Klaus hingegen weiß noch genau, dass die Frauen manchmal aufschrien, wenn nach einer fernen Bombenexplosion auch unser Haus bebte. Für uns Vierjährige war so etwas Normalität, wir kannten die Welt nicht anders. Und dann - wir waren doch zu Hause, die Mutter und die große Schwester waren um uns, was konnte uns schon geschehen!
Eigenartig war nur, dass unser Vater nie mit uns im Keller war. Erst Jahre später, als wir groß genug waren, um Begriffe wie Luftschutzwart, Volkssturm und Krieg in ihren Zusammenhängen zu verstehen, wurde uns klar, wie froh wir über diese nur zeitweilige Abwesenheit unseres Vaters sein konnten. Er hatte, gerade achtzehn Jahre alt geworden, die letzten zwei Jahre des Ersten Weltkrieges noch an der furchtbaren französischen Front erleben müssen, hatte überlebt, als Funker in den vordersten Gräben überlebt... Nun hatte er bei Kriegsausbruch sofort wieder einen Gestellungsbefehl erhalten, war diesmal aber im letzten Moment als nicht „kriegsverwendungsfähig" (kv) eingestuft und somit nicht eingezogen worden. Er blieb als Werkmeister in der Fahrradfabrik „Excelsior" vor dem Fronteinsatz bewahrt, weil das Werk auf kriegswichtige Produktion umgestellt wurde.
Unter den Abenden im Kriegsalltag ist mir nur einer im Gedächtnis geblieben. Wahrscheinlich auch deshalb nur, weil ich da meiner Meinung nach glänzen konnte. Es muss der Geburtstag unseres Vaters im März 1945 gewesen sein, als abends Onkel Ernst und Tante Trudchen zu Besuch kamen, unsers Vaters Bruder und die Schwägerin also. Das Licht in der Stube wurde angeschaltet und die schwarz-papierenen Rouleaus an den Fenstern noch einmal auf dichtes Schließen hin kontrolliert, dann erst ging man, wenn es so etwas noch gab, zum gemütlichen Teil über. Es gab keinen Fliegeralarm an diesem Abend. Die Gespräche drehten sich ausschließlich um den Krieg, und dabei vor allem um den augenblicklichen Frontverlauf, was unseren Vater veranlasste, jene täglich benutzte, schon ein wenig lappige Landkarte auf dem Tisch auszubreiten und mich sofort vor aller Augen zu fragen: „Hans, wo liegt Berlin?!" Da konnte ich sofort auf den größten dunkelroten Fleck tippen und stolz die Anerkennung von Onkel und Tante einheimsen. Gleich darauf kam man aber auf den Ernst der Lage zu sprechen, wörtlich: „Die Russen stehen jetzt hier..." Der Finger unseres Vaters war gar nicht mehr so weit vom großen roten Fleck entfernt. Er zeichnete dabei eine Linie nach, wie sie offiziell im

Rundfunk verlautbart wurde. Dass der Frontverlauf in Wirklichkeit schon ein ganz anderer war, das wusste allerdings jeder. Unser Vater stülpte regelmäßig eine dicke Decke über sich und den Volksempfänger, um die BBC-Nachrichten zu hören. So etwas war gefährlich, galt als Landesverrat. Unsere Mutter erzählte Klaus später einmal davon, da waren wir längst erwachsen.

Fliegeralarm! Angsteinflößend war eigentlich nur das furchtbar laute, schreiend dissonante Sirenengeheul. Wenn es unterwegs über uns hereinbrach, dann galt es zu rennen, um den nächstliegenden Bunker bei noch geöffneter Tür zu erreichen. Einmal wären wir beinahe nicht mehr in den Rathenower Bunker eingelassen worden, weil ich wegen furchtbarer Bauchschmerzen nicht mehr weiterkonnte. Hin- und hergerissen zwischen Angst und Mitgefühl redete unsere Mutter beschwörend auf mich ein, die hundert Meter doch noch zu schaffen. Denn einmal fest verkeilt, wären die dicken Stahltüren für uns wahrscheinlich nicht mehr geöffnet worden. Mit knapper Not wurden wir noch eingelassen.

Für den Bau eines anderen Bunkers, dessen riesige graue Betonwand für uns Kinder später das Bild der Altstadt ausmachte, mussten sogar Wohnhäuser geopfert werden. Er reichte vom Kietz rüber bis in die Ziegelstraße hinein. Lediglich eine ausladende halbkreisförmige Öffnung über der Mühlentorstraße milderte den erdrückenden Anblick des grauen Riesenquaders, der so hoch und breit und dunkel über den Dächern lastete. In diesem Bunker haben wir einmal versucht unterzukommen, als man die Türen gerade eben verrammelt hatte. Auf unser dringendes Klopfen hin wurden wir mit einem barschen Verweis gerade noch eingelassen. Dicht an dicht verängstigte Menschen vor den kalten grauen Wänden, Dämmerlicht nackter Glühbirnen - hier habe ich das einzige Mal im Krieg echte Beklemmung gespürt. Und der Geruch von Beton ist mir seitdem zuwider.

Wir gehen in die Stadt

Ich weiß nicht, ob diese Wendung auch in anderen Städten gebräuchlich ist, in Brandenburg jedenfalls ging jeder, der außerhalb der Stadtmauern wohnte, in die Stadt, wenn er etwas brauchte, was über Essen und Trinken hinaus ging. Es war ja auch noch gar nicht so lange her, 70 Jahre etwa, in den Gründerjahren also, dass die Stadt über ihre Wehranlagen hinausgewachsen war - so lange halten sich sprachliche Wendungen allemal.
Im Sommer 1944 war es, als unsere Mutter mit uns zum ersten Mal in die Stadt ging. Mein Gott, wir wussten gar nicht wo wir zuerst hinsehen sollten. Alles war neu, war bewegt, so viele Leute um uns herum. Und Autos, eins nach dem andern - wir kamen aus dem Staunen gar nicht mehr raus. Und dann konnten wir sogar

unter einem Haus hindurchgehen! Lange, im schattigen Halbdunkel. Ich fühle noch heute die Faszination, die ich beim Gang durch die Arkaden des Kurfürstenhauses spürte.
Als ich dann von der anderen Straßenseite auf das Haus zurückblickte, da blieb mir geradezu der Mund offenstehen, so ein ungewöhnlicher Anblick! Bisher hatten wir immer nur eckige Häuser gesehen, dieses hier aber hatte lauter Rundungen und Kurven und war verziert - schon ein Vierjähriger kann durch die Besonderheit eines Renaissancegiebels beeindruckt sein.
Das Erstaunlichste jedoch sollten wir erleben, als wir auf das eigentliche Ziel unseres Weges zusteuerten, auf ein Haus mit unauffälliger Straßenfront, das nicht weit hinter dem Rathaus am Molkenmarkt stand. Unten gab es ein Schuhgeschäft, oben vier große gleichartige Fenster, die uns solange nicht weiter auffielen, bis unsere Mutter sagte: „Guckt mal genau hin." Da erst sahen wir es: das waren ja gar keine echten Gardinen, keine wirklichen Fensterkreuze! Innerhalb der fertig ausgeführten Fensterleibungen war alles zugemauert, glattgeputzt und dann bemalt worden. Die dunklen Fensterkreuze mit den gerafften weißen Gardinen dahinter und das schattige Schwarz der Innenräume, das alles sah von weitem so echt, sah wirklich wie bewohnt aus. Also nein - dass jemand so echte Fenster malen konnte! Es war nicht zu fassen.

Noch weniger begriff ich, was sich anschließend im Schuhgeschäft zutrug. Dort musste ich meinen rechten Fuß, er steckte bereits im neuen Schuh, unter ein Gerät schieben, auf dessen Glasplatte oben auf einmal ein unerklärliches Bild aufleuchtete: blasse helle Knubbelchen auf dunklem Grund. Der Fuß sei durchleuchtet worden, erklärte uns die Mutter anschließend.
Als wir nach Kriegsende wieder einmal am Neustädtischen Markt unterwegs waren, gab es dort keine Renaissancebauten mehr, Rathaus und Kurfürstenhaus lagen in Trümmern. Unsere einzigartigen Fenster aber gab es noch immer.

Alt Bensdorf

Als die Bombenangriffe immer häufiger wurden, erwogen unsere Eltern, Brandenburg zu verlassen. Aber erst die schon nahe Front und unsere verängstigte, bald 19-jährige Schwester veranlassten dann endgültig unsere Flucht aufs Land, nach Bensdorf. Genaugenommen nach Alt Bensdorf, wo eine Tante unserer Mutter mit ihrer Tochter ein Gehöft bewirtschaftete. Mitgenommen konnte nur werden, was die Fahrräder außer uns beiden Jungs zu tragen vermochten. Unsere Schwester fuhr schon einen Tag vor uns ab. Wie unsere Eltern uns später erzählten, fuhren wir los unter dem Heulen von Flugzeugmotoren und dem Geschützdonner der nahen Front. Dennoch kann ich mich an keinen einzigen Knall erinnern. Ich weiß nur noch, dass wir irgendwann im Sonnenschein auf der Quenzbrücke standen, unsere Eltern im Gespräch mit zwei uniformierten Männern. Wie uns später gesagt wurde, waren die beiden Soldaten zwar verpflichtet, unsern Vater wegen seiner Zugehörigkeit zum Volkssturm an der Weiterfahrt zu hindern, sie legten aber die Situation schon wegen uns kleinen Jungen nicht als Fahnenflucht aus. Mit dem Hinweis, dass unser Vater zurückzukommen habe, taten sie ihre Pflicht und ließen uns dann weiterfahren. Unser Vater versprach das Zurückkommen nicht nur, er wollte nach unserer Ankunft in Bensdorf tatsächlich sein Wort halten. „Mann, bist du verrückt geworden", hat unsere Mutter da gesagt, „der Krieg ist aus und du willst ins Unglück rennen...?!"
Noch waren wir aber auf dem Weg nach Bensdorf und mussten erstmal bei Familie Ahlert ankommen, so hieß die Verwandtschaft. Klaus kann sich noch daran erinnern, dass uns unsere

Schwester mit einer Schar Kinder entgegenlief, als wir ins Dorf einfuhren. Unsere Eltern müssen ungeheuer erleichtert gewesen sein, als sie ihre Tochter nach zwei Tagen schlimmer Ungewissheit wohlbehalten in die Arme schließen konnten.
An die beiden Frauen auf dem Gehöft erinnere ich mich nur als an zwei schattenhaft dunkle Gestalten, das Geviert des Hofes dagegen habe ich noch genau vor Augen. Von der Straßenseite aus gab es ein ebenerdiges, über Eck gebautes Wohnhaus, und auf den anderen beiden Seiten fassten Stall und Scheune den Hof ein, in dessen Mitte uns Kindern besonders der hohe, würzig riechende Misthaufen gefiel. Im Stall standen nur Kuh und Ziege, sie mussten sich gemeinsam einen recht engen Verschlag teilen. Nachdem ich ein erstes Mal beim Füttern zugesehen hatte, bin ich wenig später allein in den Stall geschlichen, um den Tieren selbst einmal Heu reichen zu können Aber denkt ihr, die Ziege hat auch nur einen Halm abbekommen? Obwohl die Kuh noch kaute, drückte sie die Ziege mit ihrem schweren Schädel immer wieder beiseite und rupfte mir hastig jedes weitere Bündelchen Heu aus der Hand. Ich war so empört über diese Ungerechtigkeit, konnte aber rein gar nichts dagegen tun.
Ein wenig Freude brachte unser fünfter Geburtstag mit sich. Zwar gab es keine Geschenke - in dem Alter weiß man ja noch gar nichts von einem Geburtstag -, aber unsere Mutter überraschte uns mit einer kleinen Büchse und einem Teelöffel in der Hand, als sie uns morgens auf unserm Strohsack gratulierte. Sie gab uns dann eine Art weißen Sirup zu kosten. Und da war es, als wenn mir plötzlich der Himmel über die Zunge flösse. Süße Kondensmilch - ein Vorgeschmack der Seligkeit! Seit jenem 11. Mai 1945 braucht mir keiner mehr damit zu kommen, die Speise der Götter seien Nektar und Ambrosia gewesen, es war ganz und ganz gewiss dicke süße Kondensmilch!
Leider veränderte sich unsere Situation auf dem Hof kurz nach unserm Geburtstag besorgniserregend. Klaus wurde schwer krank, er bekam eine Lungenentzündung. Ich höre unsere Mutter heute noch: „Was soll'n wir bloß machen, er hat schon einundvierzig Fieber...!“ Am nächsten Vormittag kamen auf ihrem Rückzug die letzten deutschen Soldaten bei uns durch. Unter ihnen fanden unsere Eltern einen Militärarzt, der sofort sah, wie ernst es um den kleinen Jungen stand. Er verabreichte Klaus ein wenig von seinem Penizillin, das er bis hierher aufgespart hatte. Wahrscheinlich hat er meinem Bruder damit das Leben gerettet.

Dieses Wundermittel war noch so gut wie unbekannt unter den Leuten.
Aus Angst vor den anrückenden Russen flüchtete am nächsten Tag unsere Schwester aus dem Dorf. Gemeinsam mit einem jungen Bauernburschen, der russische Gefangenschaft fürchtete, wollte sie versuchen, sich über die Elbe zu den Alliierten durchzuschlagen. Es gelang. Um aber als Junge durchzugehen, ließ sie sich unterwegs den Kopf kahlscheren. Die Verwandlung war so überzeugend, dass ihr, wie sie später erzählte, junge Mädchen schon mal schöne Augen machten. Oder auch ganz ungehalten reagieren konnten, wie unsere Cousine Grete, als sie in Wolfsburg von diesem dreisten Bengel so familiär angesprochen wurde. Wer glaubt denn auch an enge Verwandtschaft, wenn so ein Kahlkopf vor einem steht? Nichts voneinander wissend, von Brandenburg/Havel her auf der Flucht, stößt man in Wolfsburg unter Massen von Flüchtlingen auf die eigene Cousine...!
Tante Ella hatte ihre Tochter Grete zwar nicht allein gehen lassen, war aber nach dem Waffenstillstand schon bald wieder allein nach Brandenburg zurückgekehrt. Dem fast unglaublichen Zufall der geschilderten Begegnung verdankten unsere Eltern das erste Lebenszeichen von unserer schon als vermisst geltenden Schwester. Was waren all die Sorgen, mit denen sie sich herumzuschlagen hatten, gegen das Glück einer solchen Nachricht!
Erst in der Lüneburger Heide, im Schutze amerikanischer Besatzung, glaubte unsere Schwester sicher zu sein. Sie arbeitete dort ein dreiviertel Jahr lang als Magd auf einem Bauernhof, bevor auch sie wieder zu uns zurückkehrte.
Aber das ist hier nun schon Zukunftsmusik. Noch sind wir in Bensdorf und unsere Schwester ist gerade geflüchtet. Gerade noch rechtzeitig, denn am nächsten Morgen sind die Russen da. Draußen wird es schon hell, an der Seite unserer Mutter schlafen Klaus und ich noch auf unseren Strohsäcken unter den Fenstern der Wohnstube, da fliegt auf einmal die Tür auf, ein junger Russe poltert mit schweren Stiefeln auf uns zu. Unsere Mutter richtet sich auf und breitet schützend die Arme vor uns aus, aber der junge Mann mit dem olivfarbenen Käppi beachtet uns gar nicht weiter, er biegt zum Fenster hin ab, sieht sich kurz um, und verlässt mit dröhnenden Schritten den Raum.
In welche Gefahr jedoch die beiden Hofbäuerinnen unseren Vater gebracht hatten, stellte sich kurze Zeit später heraus. Auf die eindringliche Frage eines halbwegs deutsch sprechenden Rus-

sen, ob Waffen auf dem Hof seien, wurde das glaubhaft von den Frauen verneint. Unser Vater hatte sich da vorher bei beiden versichert. Die Soldaten waren schon fort, als anderntags in einer Schublade die Jagdpistole des verstorbenen Hofbauern entdeckt wurde. Ein solcher Fund hätte schlimmste Folgen gehabt. Die beiden Bäuerinnen hatten die Pistole wohl gar nicht als Waffe angesehen, oder in dieser kopfstehenden Welt nicht mehr an sie gedacht.

Als sich die Verhältnisse ein paar Tage später beruhigt zu haben schienen, hielt es unser Vater nicht mehr aus, zu heftig nagte die Ungewissheit an ihm, was unsere Wohnung, unsere ganze Habe anbelangte. Mit dem Fahrrad machte er sich auf den Weg nach Brandenburg. Er kam nicht weit. Russische Soldaten griffen ihn auf und steckten ihn in eine Gefangenenkolonne. Mit dem Mut der Verzweiflung sprang er an einer unübersichtlichen Stelle in ein Kornfeld, es gelang ihm unterzutauchen. Irgendwie kam er dann sogar wieder an sein Fahrrad und brachte mit Glück den langen gefahrvollen Weg bis zu unserer Brandenburger Wohnung hinter sich. Besser gesagt, bis zu dem Haus, in dem wir einmal zuhause gewesen waren. Geschwärzte Fensterhöhlen starrten ihn an, er stand vor einer Ruine. Verbohrter Widerstand aus diesem und dem Nachbarhaus heraus hatte zur Folge, dass in der Reihe der schönen, geklinkerten Häuser diese beiden in Brand geschossen wurden. Nur der angesengte Abwaschtisch war noch zu gebrauchen, und das Hängeregal mit den eckigen Porzellanbehältern darüber: Soda-Sand-Seife... Alles andere war verbrannt, wir hatten kein Zuhause mehr, unsere ganze Habe war jetzt das, was wir auf den Fahrrädern hatten mitnehmen können. „Ganz egal, was kommt", hatte unsere Mutter einmal gesagt, „Hauptsache, der Krieg ist aus." Sie blieb auch jetzt dabei.

Onkel Speck

Eigentlich müsste ich hier mit Onkel Hans beginnen, weil er der Bruder unseres Vaters ist. Und mit seiner dicklichen Frau, unserer Tante Emmi, die keinen Hals hat. Aber im gleichen Haus wohnen da ja auch noch Onkel und Tante Speck, und ihr Sohn Gerd. Beide Familien bewohnen das Obergeschoss eines alten einstöckigen Hauses gegenüber vom Güterbahnhof. Man geht da oben sehr familiär miteinander um, was nicht weiter verwundern muss, denn Frau Speck und Tante Emmi sind Schwestern. Sind Geschwister, wie sie einander unähnlicher nicht sein können. Tante Speck ist eher ein bisschen hager, hat lange Zähne und spricht bedächtig in tiefer Stimmlage. Tante Emmi hat, wie gesagt, keinen Hals, bei ihr gehen Kinn und Oberkörper mittels eines Fettpolsters direkt ineinander über. Anders als ihre Schwester kann Tante Emmi ungeheuer schnell sprechen, sie braucht nie Luft zu holen. Onkel und Tante Speck dürfen wir deshalb sagen, weil die beiden nun einmal mit Onkel Hans verschwägert sind und daher zum engeren Kreis um unsere Eltern gehören. Onkel Speck mochten wir Jungs schon deshalb gern, weil er sich, was Erwachsene sonst kaum taten, immer mal uns Kindern zuwandte, um uns etwas Lustiges zu erzählen und mit uns zu lachen. Und dann - man muss sich das einmal vorstellen! - dann war er auch noch jemand, der alle Tage mit einem Motorboot fahren durfte! Von Berufs wegen! Also - weiter konnte man's in unseren Augen schon nicht bringen: Bootfahren als tägliche Arbeit!

Onkel Speck kannte in den Havelgewässern jede Bucht, jede Einmündung eines Grabens oder Wiesenbaches. Man hörte ihm gerne zu, wenn er von seinem bewegten Tagesablauf erzählte. Als Aufsicht über die Binnenschifffahrt beim Wasserstraßenamt angestellt, glich bei ihm kein Tag dem andern. Eines Tages sorgten auch Klaus und ich bei ihm für Abwechslung.

Als wir mittags nach Schulschluss die Luckenberger Brücke überqueren, entdecken wir auf dem Wasser unten doch tatsächlich Onkel Speck, wie er gerade mit rauschendem Kielwasser unterm Brückenbogen hervorkommt. Mit uns kleben gleich auch ein Dutzend anderer Schüler am Brückengeländer. Was tun? Wir müssen uns doch bemerkbar machen. Also brüllen wir beide so laut wir können: „On-kel Speck - On-kel Speck" zum Wasser hinunter, und augenblicklich schreit es das ganze Geländer entlang im gleichen Rhythmus: „On-kel Speck - On-kel Speck." Mensch, war uns das peinlich! Onkel Speck hatte sich gerade umdrehen wollen, wandte sich aber sofort wieder ab und blickte stur die Havel hinunter.

Nun bin ich aber unversehens schon bis in unsere Schulzeit hineingeraten, zurück also in das Haus der Onkel und Tanten. Wie gesagt, sie alle, Onkel Hans mit Tante Emmi und Familie Speck wohnten in dem alten einstöckigen Mietshaus am Ende der Carl-Reichstein-Straße, kurz vor dem Bahnübergang zum Schützenplatz hinüber. Nur mit Hilfe dieser beiden Familien hatten wir überhaupt wieder nach Brandenburg zurückkehren können. Sie stellten uns im Spätsommer ein ziemlich großes möbliertes Zimmer im Parterre zur Verfügung, das wahrscheinlich zu Specks gehörte.

In diesem dämmrigen Zimmer haben wir bis zum nächsten Frühjahr gewohnt. Dämmrig deshalb, weil fast immer die dunkelgrünen Jalousien runtergelassen waren, und das aus gutem Grund. Über die breite Straße hin überblickten wir von unserem Fenster aus einen großen Teil des Güterbahnhofs. Genauso gut konnten aber die Fahrer der russischen Militärlaster auch in unsere Fenster gucken, wenn sie, fast auf Augenhöhe, am Steuer ihrer eckigen Transporter saßen. Bis weit hinunter aufgereiht, warteten sie auf unserer Straßenseite manchmal Tag und Nacht auf ihren Rücktransport nach Russland. An diesen rollenden Kästen war alles eckig. Vor dem Fahrer eine streng senkrechte Frontscheibe, darüber im rechten Winkel das schützend nach vorn verlängerte Dach. Eine Etage tiefer das gleiche Verhältnis zwischen Motorhaube und Kühler. Eckiger konnte das Profil eines Autos schon nicht sein.

Viel merkwürdiger als diese Wartereihe von Militärautos war aber ein Zug ganz anderer Wagen, der an einem nassen Herbsttag vor unseren Fenstern Halt machte. Da standen auf einmal viele fremdartige Pferdegespanne am Straßenrand. Ganz andere Fuhrwerke waren das, als wir sie bei unseren Bauern gesehen hatten. Panjewagen wurden sie von den Leuten genannt. Alte Decken und Planen, gespannt über das Halbrund von Holzbügeln, dienten den Wagen als Dach. Auch das Geschirr der Pferde sah ganz anders aus. Jedenfalls bei den Einspännern, wenn das Pferd in einer Deichselgabel ging. Eine Art Kummet schien das Tier nicht wirklich zu berühren. Und tatsächlich, sah man genauer hin, dann ging das Pferd unter dem knappen Bogen eines Rundholzes, das über den Widerrist hinweg die beiden Deichselstangen miteinander verband.

Aber was waren das für Leute, die sich hier in Bauernwagen aufhielten? Auch Frauen waren unter ihnen, scheinbar ganze Familien. Von Landbevölkerung war die Rede und das Wort „Zivilrussen" machte die Runde. Möglicherweise, so mutmaßte man, waren diese Leute mit ihren Fuhrwerken für den militärischen Nachschub verpflichtet worden, als es Anfang des Krieges bei der Roten Armee noch nicht genügend Transportkapazität gab. Den Überfall durch Nazideutschland hatte sich in der Sowjetunion niemand träumen lassen, die aus dem Boden gestampfte Produktion von Lastautos könnte längere Zeit nicht gereicht haben.

Auch grobe Dummheiten mussten wir durch die Schlitze der Jalousien mit ansehen. So etwa, wenn aus der nahen Fabrik „Brennabor", einem modernen, metallverarbeitenden Werk, Maschinen abtransportiert wurden. Von Raupenschleppern gezogen, wurden sie auf Blechen über Straßenpflaster und Bordsteine zum Güterbahnhof geschleift.

„Das dort ist eine Spitzendrehbank", sagte unser Vater einmal beim schmalen Blick durch die Jalousie, „sie ist jetzt schon nichts mehr wert!"

Anstatt sich als Siegermacht mit hochwertigen Erzeugnissen versorgen zu lassen, riss man hier heraus, was sich dort allzu oft nicht mehr gebrauchen ließ.

Im Haus gab es drei Invaliden. Zu Familie Speck war Gerd, der Sohn, kurz vor Kriegsende auf Krücken nach Hause zurückgekehrt, unterhalb des einen Knies hatte er kein Bein mehr. Aber er war lebend davongekommen, das einzige Kind seiner Eltern. Onkel Hans, unseres Vaters älterer Bruder, hatte seinen rechten Fuß schon im Ersten Weltkrieg verloren. Unser Vater, von 1916 bis 1918 selbst Soldat in diesem schrecklichen Gemetzel, wohnte in den ersten Weimarer Jahren mit seinem Bruder Hans zusammen, um ihn zu unterstützen.
Das schlimmste Schicksal aber hatte einen Mann ereilt, der mit seinen beiden jugendlichen Söhnen unten im Souterrain hauste. Er hatte gar keine Beine mehr, sie waren bis oben hin vollends abgetrennt. Wenn seine Söhne ihn über den Hof auf die Toilette trugen, sahen wir jedes Mal auf die beiden blau-rot verfärbten Stümpfe. Auf ihren verschränkten Armen sitzend, mussten seine Söhne ihn erst über ein paar enge Stufen hinauf ins Freie schleppen, um sich dann mit ihm in einen Bretterverschlag unter der Hoftreppe zu zwängen, wo sie ihn auf ein provisorisches Klo setzten. Dieser Mann brachte es dennoch fertig, mit breitem Lächeln ein paar heitere Worte an uns Kinder zu richten, wenn er dergestalt auf den Armen seiner Söhne unterwegs war.
Zu solchen Begegnungen kam es manchmal auf dem Hof des Hauses, dessen Rückseite in voller Breite durch flache Schuppen begrenzt war. Dahinter die hohen Linden des Neustädtischen Friedhofs, deren Kronen bei tiefstehender Abendsonne erfrischend kühle Schatten warfen, wenn die Männer nachts um halb Elf auf dem Hof Skat spielten. Kein Irrtum, um 22:30! Im Sommer 1945 wurde die Moskauer Zeit für die Sowjetische Besatzungszone verbindlich, sie war der Mitteleuropäischen Zeit um zwei Stunden voraus. Natürlich dachte niemand daran, bei hellem Sonnenschein schlafen zu gehen; zu einer Zeit also, da der normale Mann sich nach des Tages Müh' und Arbeit zum Kartenspiel hinsetzt. Für uns Kinder Gelegenheit, das nun gänzlich veränderte Gebaren der sonst so ernsten Männer beim Skat zu beobachten. Selbst unser Vater war nicht wiederzuerkennen, wenn er im Finale eines schon gewonnenen Spieles mit lautem „Trumpf! … und Trumpf! … und Trumpf!“ seine letzten Karten auf den Tisch krachte. Unser

sonst so zurückgenommener Vater... Letzten Endes blieb das aber nur eine Episode. Die Moskauer Sommerzeit auch.
Was die Männer tagsüber machten, welcher Arbeit sie nachgingen, darüber haben wir später leider nie gesprochen. Jedenfalls ist unser Vater, wenn ich an die ersten Nachkriegsmonate denke, oft auch tagsüber bei uns. Wenn nicht, dann ist er unterwegs, um irgendetwas Verwendbares für uns aufzustöbern. Etwa auf dem Neustädtischen Schützenplatz drüben, gleich hinter den Bahnschranken, dort, wo später immer der Zirkus... aber halt, das kommt erst noch!
Hier, auf dem Schützenplatz wurde in den ersten Nachkriegsmonaten Schutt aus Ruinen abgeladen, in dem sich noch mancherlei Verwertbares finden ließ. Immer waren dort Leute, die irgendwelche Gegenstände vor ihren Augen hin und her wendeten. Unser Vater stöberte hier eines Tages ein gutes Küchenmesser auf und auch diesen wunderbaren hölzernen Topfuntersetzer, der unseren Eltern bis zuletzt gedient hat. Für uns Jungs eine kindheitslange Augenweide Er war rund, hatte den Durchmesser eines großen Topfes und war mit feinster Kerbschnitzerei ausgeziert. In Kreisen gereiht auf der einen Seite, auf der anderen in geraden Zeilen über die ganze Breite hin. Mit den Jahren wurden seine Kerben immer flacher, schliffen sich rundlich ab, unsere Hände strichen mit Zärtlichkeit darüber.

An ganz andere Gefühle denke ich im Zusammenhang mit einem heißen Sommersonntag, als wir mit unseren Eltern auf Feldwegen nach Schmerzke hinüber unterwegs waren, einem Dorf in der nahen Umgebung. Wir waren schon auf dem Rückweg, überquerten gerade wieder den schmalen Wiesenbach, als unser Vater eine Rast vorschlug, im klaren Wasser da unten sollten wir Jungs uns erfrischen, sollten einmal richtig planschen können. Ich war gleich ratlos. Sich auf freiem Feld so einfach nackt ausziehen? Du lieber Himmel, was hat schon das für Überwindung gekostet! Als dann aber auch noch fremde Leute über uns an der Böschung Halt machten, da war mir das so peinlich, dass ich meine Nacktheit hilflos mit den Händen zu verbergen suchte, was unsere Mutter mit einem unwilligen „Jetzt hab dich mal nicht so!" missbilligte. Woher diese Regung bei einem Fünfjährigen? Wie alle anderen Jungs auch haben wir doch später am Beetzsee ausschließlich nackt gebadet, und das noch mit Vierzehn, direkt unterhalb des Uferweges.

Unsere Verhältnisse änderten sich erst im Frühjahr 1946, als uns eine Wohnung zugewiesen wurde. Wir zogen ins Parterre eines dreistöckigen Mietshauses in der Silostraße. Von einem Umzug konnte nur deshalb die Rede sein, weil uns die paar Möbel, in denen wir fast ein Jahr gehaust hatten, einstweilen überlassen wurden.

Von nun an blickten wir auf eine üppige Gründerzeitfassade. Sie war übersät mit Einschusslöchern, die Gewehrkugeln in den letzten Kriegstagen hineingerissen hatten. Über dem schweren hölzernen Haustor ragte eine Kunstschmiedearbeit in die Straße, aufs schönste verflochten waren da Hammer, Ambos und Hufeisen aufgereiht - die Zunftzeichen der Schmiede. Darunter am Tor ein weißes Emailleschild mit einer „9" darauf, meiner Lieblingszahl. Ihr Klang lässt an ein leuchtendes Blau denken.
Hier beginnt unsere so unendlich lange Kindheit damit, dass Klaus und ich an einem grauen Wochenende mutterseelenallein vor dem Haustor stehen und die fremde, völlig menschenleere Straße hinunterblicken, an deren himmelhellem Ende sich die tiefdunkle Silhouette einer Linde abhebt, darunter ein flacher Streifen dunklen Grüns.
Los also, wir müssen das hier kennenlernen! Am Baum dahinten angekommen, bemerken wir gegenüber bei den Gärten ein reges Hin und Her. Da muss irgendwas los sein. Als wir näherkommen, sehen wir um eine Flak herum eine Menge Jungs. Die Großen sitzen oben am steil aufgerichteten Geschützrohr und drehen wie wild an einer Kurbel, wodurch sich die ganze Flak um sich selbst dreht, die Kleineren dürfen eine Etage tiefer mitfahren. Wir merken, dass sich die Jungs hier alle kennen, nur wir stehen noch völlig fremd am Rande. Zögernd rücken wir dem Geschütz langsam näher und dürfen am Ende tatsächlich auch mal mitfahren. Eine solche Wonne! Die erste Karussellfahrt in unserm Leben. Auf einer endlich sinnvoll genutzten Flugzeugabwehrkanone.

Unsere neue Umgebung

Ich glaube, unsere Mutter ist mit unserer Nachkriegswohnung nie wirklich warm geworden. Nach einer wohl eher freudlosen Kindheit bis in den ersten Weltkrieg hinein, nach jugendlicher Zuversicht und froher Mutterschaft Mitte der zwanziger Jahre, war es für sie, als gehe die Sonne über ihrem Leben auf, als sie mit Mann und Tochter in eine schön gelegene, moderne Wohnung am Stadtrand einziehen konnte, die, man denke, mit Bad und Toilette ausgestattet war. Und es kam immer noch besser. Geld konnte zurückgelegt werden, schon sahen sich unsere Eltern in einem eigenen kleinen Haus. Dann aber brach der Krieg aus. Am Ende war alles verloren. Die Wohnung mit dem weiten Blick über Land und See war in Rauch aufgegangen, die Ersparnisse verloren, jede Hoffnung auf bessere Tage dahin.

Nun saßen wir im Frühjahr 1946 in einer alten Parterrewohnung, hatten zwar Platz genug, waren aber auch wieder zu den Nachttöpfen zurückgekehrt. Zum Klo mussten wir im Zickzack drei Treppen hinauf, es lag zwischen dem ersten und zweiten Stock. In dem engen Gelass saßen wir, nur durch eine dünne Holztür getrennt, direkt am Treppenhaus und hielten nicht nur den Atem an, wenn draußen jemand die Treppe hoch kam. Außerdem mussten wir uns das Örtchen auch noch mit Nickels teilen, mit Familie Nickel also, die im ersten Stock über uns, aber eben auch immer noch unterhalb des Klo's wohnte. Eine Toilette für acht Leute. Da konnte man nicht immer, selbst wenn man nötig musste. Wenn's dringlich war, die Toilette aber besetzt, wurde zur Eile gedrängt, indem wir mit einem kurzen Knüppel gegen das Abwasserrohr klopften, das neben unserm Stubenfenster mit einem Knie aus der Wand hervortrat. Beide Familien drängten durch Klopfen zur Eile, was aber, von gelegentlicher Verstimmung abgesehen, den Hausfrieden nicht weiter trübte. Allerdings muss ich zugeben, dass sich meine Sitzungen oft über Gebühr hinzogen, weil das Klopapier aus kleingeschnittenen Zeitungsblättern bestand, also eine Menge Lektüre bot. Auf eine grobe Papierstrippe gefädelt, hingen die harten Blätter neben uns an einem Wandnagel. Vor Gebrauch unbedingt zu knittern!

Diese Toilette hatte aber auch eine ganz wunderbare Eigenheit. Als kleine Jungs hätten wir jahrelang nicht durch das sehr hoch gelegene Fenster blicken können, wenn sich das Klobecken nicht unter einem den engen Raum gänzlich ausfüllenden Holzkasten befunden hätte, in dessen Mitte ein oval ausgesägtes Loch die sonst übliche Brille ersetzte. Während alle anderen Nutzer auf dem Kasten nur saßen, wussten Klaus und ich voneinander, dass wir „danach" fast jedes Mal hinaufstiegen, um aus dem Fenster gucken zu können. Von hier oben kamen wir endlich einmal über unsern eingeschränkten Hofblick hinaus, sahen über die weiten Gärten und die fernen Häuser der Gerostraße hinweg direkt auf die breit und dunkel ruhende Gotthardtkirche. Ihre Turmspitze, die anfangs noch aus den Metallfetzen der halb herunter geschossenen Laterne bestand, endete jetzt in einer hölzernen Plattform, auf der ein hohes, aus dicken eckigen Balken gezimmertes Holzkreuz stand.

Für Klaus und mich war es das hohe helle Kreuz, das uns über die Jahre hin schon deshalb immer lieber wurde, weil es die Messlatte für unser Wachstum war. Seit wir sein oberes Ende zum ersten Mal aus dem Stand heraus sehen konnten, war es dann eine riesige Genugtuung für uns, als nach und nach sogar der Querbalken sichtbar wurde.

Genauso wie an der Klotür oben, trennt uns auch am Wohnungseingang unten nur eine schlichte Holztür vom Treppenhaus. Zum Greifen nah hören wir jeden Mieter neben uns die Treppe hinaufsteigen.

„Das ist Herr Bethke", sagt unsere Mutter, und richtig, nach einigem Trapsen geht im ersten Stock die Tür. Unsere Mutter kann alle Mieter am Schritt erkennen. Ein dicker Wollvorhang schirmt uns zwar später ein wenig ab, soll uns aber im Grunde nur vor der Zugluft schützen, denn die Stube ist im Winter so schon nicht warm zu kriegen.

„Immerhin 17 Grad!", gibt sich unser Vater dennoch zufrieden, als er auf das nagelneue Thermometer neben der Küchentür blickt. Merkwürdigerweise schiebt er den Kopf immer weit in den Nacken, wenn er die Temperatur abliest. Er hat doch die Zahlen in Augenhöhe vor sich und guckt noch dazu durch eine Brille, die auf jeder Seite sogar zwei Gläser hat.

An einen Aufenthalt ohne dicken Pullover und hohe warme Hausschuhe ist winters in der Stube nicht zu denken. Die Pullover strickt unsere Mutter, die Hausschuhe fertigt unser Vater über einem Leisten an, den er sich unsertwegen geschnitzt hat. Die schön rundlich geschliffene Holzform wächst mit unseren Füßen, indem vorn immer mal ein dicker Lederflecken draufgepinnt wird.

Wir Brüder können zum Gemeinwohl kaum anders beitragen, als dass wir unserer Mutter gelegentlich helfen, altes Strickzeug aufzuräufeln und den Faden zu einem Knäuel zu wickeln, oder dass wir unsere Füße hoch genug heben, um dem väterlich strengen „Schlurft nicht so!" zu entgehen. Es heißt sparen, auch bei der Besohlung.

Was uns im Winter zu schaffen macht, wirkt sich im Sommer als wahrer Segen aus. Trotzdem das Fenster dauernd offen steht, verharrt die Stube selbst an den Hundstagen in erfrischender Kühle. Sogar die Fliegen spielen dann lieber um unsere sechsarmige Lampe herum, als sich bei der Hitze draußen mit den Pferden abzugeben. Ein lautloses, zahlloses Hin und Her ist das da oben unter der Decke. Und nie ein Zusammenstoß! Sie können einander im letzten Augenblick rechtwinklig ausweichen. Ich sehe ihnen gebannt zu.

Die Hundstage. Leichter Teergeruch strömt durch das offene Fenster. Die Dächer sind butterweich, vom Dach der Veranda tropft es schwarz in den Hof. Am tiefblauen Himmel heulen kleine Flugzeuge in allen Tonhöhen, wenn sie nach einem Sturzflug fast senkrecht wieder aufsteigen. Vom Dorf Briest draußen fliegen sie die Stadt an. Neben dem Dorf liegt ein Flugplatz der ehemaligen Wehrmacht, die dort stationierten Flugzeuge konnten übernommen werden. Nun trainieren russische Piloten auf den wendigen, einmotorigen Jägern.

Wenn wir Jungs es nach stundenlangem Baden nachmittags vor lauter Hunger nicht mehr aushielten, dann rannten wir nach Hause, um Stullen zu essen. Bis zu sechs Stück gestand uns unsere Mutter zu, als wir größer wurden. Wir durften sie, natürlich ohne irgendein Fett darunter, auch selbst schmieren: eine mit Kunsthonig, die andere mit hausgemachter Marmelade, die nächste wieder mit Kunsthonig usw.
Und dann ab damit ans Fenster! An eins der Schlafstubenfenster, gelegen nach „vorne raus“, wie unsere Mutter das nennt, zur Straße hinaus also, wo es auch nachmittags noch immer rege zugeht. Hausfrauen brauchen noch dies und das, begegnen sich, bleiben stehen: „Ham Sie schon jehört, was da neulich...?“ Man versucht, Mundart zu meiden, gibt sich bürgerlich.
Bauer Deckert kommt mit Trecker und Anhänger von den Feldern rein. Da kein Fahrerhaus ihn verdeckt, lenkt der kleine Mann aller Augen auf sich, wenn er auf seinem frei federnden Fahrersitz, vom Kopfsteinpflaster hin und her geworfen, mit nacktem Oberkörper durch die Straße wippt - ein kleiner schwarzbraun gebrannter Muskelprotz. Nachdem er durch ist, machen sich die Spatzen wieder über die Pferdeäpfel her. Sie wohnen gegenüber in einer Brandmauer, die zurückblieb, als zwischen den zwei hohen Mietshäusern drüben der Platz für ein weiteres ausgespart wurde, zu dessen Bau es aber nicht kam. Die schattige Wand des einen Hauses blieb unverputzt stehen, mit all ihren Vertiefungen und herausstehenden Ziegeln ein idealer Nistplatz. Ursprünglich hatten Schwalben da drüben gewohnt. Es war spannend für uns, wenn sie bei untergehender Sonne mit ihren flüggen Jungen so lautlos wie unbegreiflich schnell um das Haus segelten. Später waren sie von Spatzen verdrängt worden, die dort so lange allein hausen konnten, bis sich ganz oben ein paar Fledermausfamilien einquartierten. Im Abendlicht kreisten dann auch die Fledermäuse mit ihren Jungen um das Dach, aber anders als bei den Schwalben war das bei ihren Jungvögeln ein noch recht ungelenkes Mitfliegen.

Weil Klaus und ich gerade aus dem Fenster gucken und die Spatzen beobachten, fällt mir noch ein Spektakel ein, das mit diesen munteren Gesellen zusammenhängt. Es konnte sich nur alle paar Jahre, das heißt in guten Maikäferjahren ereignen. Wir alle waren dann nachmittags mit unseren Pappkartons unterwegs, in deren Deckel wir Löcher gebohrt hatten, um den Käfern genügend Luft zu verschaffen. Gegen den Hunger wurden ihnen immer ein paar Lindenblätter in die Schachtel gelegt.
Hatten wir dann aber so an die zwei, drei Tage lang mit unseren Schätzen angegeben, mit unsern 'Müllern' und 'Schornsteinfegern', wie die wertvolleren Käfer unterschieden wurden, dann wurde die Geschichte langweilig, dann wurden wir der Krabbler langsam überdrüssig. Aber sie einfach freilassen, einfach so? Nein, wenigstens sollten sich die Käfer ihre Freiheit verdienen, sollten zeigen, was in ihnen steckte. Als Startplatz entschieden wir uns für den Bretterzaun drüben, an der Lücke zwischen den beiden hohen Häusern, in deren linker Wand noch die Spatzen hausten. Schon hatte auch jeder von uns einen Maikäfer auf der Handfläche und behauchte ihn warm, um ihn zum Aufsteigen zu bewegen. Die Käfer pumpten immer erst eine Weile, wie wir ihre Bewegung vor dem Abflug nannten, aber endlich startete der erste. Er gewann schon an Höhe als ... „Mensch, Klaus, kuck' mal...!" Zwei Spatzen hatten sich förmlich aus der Wand fallen lassen, einer von ihnen erwischte die Beute. Die nächsten Käfer kamen nicht mal so weit - immer mehr Spatzen im Sturzflug! Solange, bis zufällig mal mehrere Käfer gleichzeitig in der Luft waren und einer von ihnen tatsächlich durchkam. Rüdiger neben mir hob die Faust: „Sieger!" Er war's nicht lange. Trotzdem sich jetzt jedes Mal die ganze Spatzenmeute aus der Wand stürzte, surrte doch ab und zu einer der Käfer in den hellen Himmel hinauf. Gesiegt hatte am Ende, wer die meisten seiner Maikäfer durchgekriegt hatte.
Ganz anders als bei den Maikäfern wurde mir eines Tages nicht das Aufsteigen, sondern das Runterfallen beinahe zum Verhängnis.
Aus lauter Übermut knieten wir uns einmal nach dem Stullenessen vom Fensterbrett bis in die Leibung hinaus. Eine Mutprobe: wer von uns beiden konnte sich ohne Halt am Fensterkreuz am weitesten hinauslehnen! Natürlich hatten wir eine Hand in Bereitschaft, um uns notfalls doch noch an das Fensterkreuz klammern zu können. Doch gerade als ich weiter als Klaus rausguckte, griff meine ungeschickte Linke ins Leere und ich stürzte kopfüber

hinunter auf den Bürgersteig. Zwar versuchten meine Arme, den Aufprall abzufangen, aber aus zweieinhalb Metern Höhe wird das nichts, ich schlug kopfüber aufs Pflaster und blieb ohnmächtig liegen. Klaus raste in die Küche: „Mutti, Mutti, Hans is aus'n Fenster jefalln, ick globe, er is tot." Unsere Mutter raus, mich aufheben und nach einem Lebenszeichen suchen war alles eins. Ich atmete, sie trug mich hinein und legte mich auf die Couch, wo ich aus der Ohnmacht in einen tiefen Schlaf hinüberglitt. Es war schon dunkel draußen, als ich wieder erwachte. Augenscheinlich hatte ich keinen Schaden genommen, wie immer ging ich am nächsten Morgen mit Klaus zur Schule. Wir waren so um die neun Jahre alt.

Jetzt haben wir lange genug aus dem Fenster geguckt, die Stullenbretter sind leer, wir wollen wieder ans Wasser zurück. Da wir unser Zuhause nie anders verlassen, als über die Hoftreppe, müssen wir die ganze Wohnung durchqueren. Gelegenheit, das hier einmal gemeinsam zu tun.

Da die Fenster des Schlafzimmers zur Straße raus gehen, essen wir unsere Stullen nachmittags also nur dort. Gerade eben haben wir unser Fenster geschlossen, sind mit dem nächsten Schritt schon neben den Ehebetten unserer Eltern, da sagt Klaus auf einmal:

„Weeste noch, wie hier mal..."

„Klar weeß ick", falle ich ihm ins Wort.

Wenn wir hier vorbeimüssen, denken wir oft an jene Nacht, als wir durch eine Art Unfall geweckt wurden, der besonders mir buchstäblich nahe ging, weil ich gerade eine Woche lang mit der Besuchsritze an der Reihe war, dem Nachtlager zwischen den Eltern. Ich wurde wach, weil aus der pechschwarzen Finsternis heraus unsere Mutter mit gequälter Stimme den Vater anrief: „Mann, mach doch mal Licht, ich komm nicht mehr hoch... nun mach doch schon..." Eigentlich hätte ich die Stimme neben mir hören müssen, aber da kam sie nicht her. Als unser Vater die Nachttischlampe anknipste, sah ich unsere Mutter inmitten ihres Bettes eingeklemmt in einem Loch sitzen, durch das sie mitsamt der dünnen Matratze bis auf den Fußboden durchgesackt war. Nur mit Mühe zog unser Vater sie da wieder raus. Im Federboden hatte sich einer der Stahlhaken aufgebogen, wodurch gleich noch die übrigen Verkettungen nachgaben. Klaus, im Leiterbettchen drüben an der Wand, saß die ganze Zeit reglos in seinem Bett, mit großen Augen und off'nem Mund. Beide sagten wir kein Wort. Auch am nächsten Morgen gab es zwischen uns nur ein kurzes Zunicken -

wir wussten genau, wie es zu der nächtlichen Katastrophe hatte kommen können. Immer dann nämlich, wenn unsere Mutter die Betten neu bezog, nahm sie auch die Matratzen heraus, um sie einmal „ordentlich durchzulüften". Für uns d i e Gelegenheit, Trampolin zu spielen. Da waren wir schon Schulkinder.
Wenn hier immer noch von einer Besuchsritze die Rede ist, dann deshalb, weil wir das Zimmer nebenan, jenes mit der Kartoffelsuppentapete, die ersten beiden Jahre nicht nutzen konnten. Bis Kriegsende hatte Familie Stübe, zuvor die Eigner des Hauses und der Schmiede, hier unten gewohnt. Stübes waren aber 1945 sofort enteignet worden und mussten sich jetzt mit einer anderen Familie eine Wohnung im ersten Stock teilen, wo sie ihr Mobiliar aus den alten Räumen nicht ganz unterbringen konnten. Auf Ihre Bitte hin blieb davon so viel bei uns stehen, dass für längere Zeit gerade noch eines unserer Betten dort Platz fand. Versteht sich, dass unsere große Schwester dort schlief, solange sie bei uns wohnte.
Vom Schlafzimmer aus kommen wir in die geräumige, kühle Stube, die immer ein bisschen schummrig ist, weil sie nur das eine Fenster zum Hof raus hat. Heute fällt sommerlich warmes Nachmittagslicht herein.
Rechter Hand haben wir neben uns gleich die Wohnungstür am Treppenhaus, die aber fast nur für den Gang zum Örtchen hinauf benutzt wird. Zwei Schritte weiter das mahagonifarbene, zierreiche Vertiko, um die fünfzig Jahre alt und auch geliehen. Daneben das einzige bereits käuflich erworbene Stück, eine alte SINGER, die Nähmaschine unserer Mutter, auf der alles entsteht, was wir Jungs so zum Anziehen brauchen, von den Hemden und Hosen bis zu unseren Winterjoppen. Dann schon das Fenster, durch das wir zunächst nur erst auf unsere Verandatür und die hellrote Ziegeltreppe sehen, zwei Schritte
weiter aber schon den ganzen Hof überblicken.
Mitten im Wohnzimmer steht der große Ausziehtisch, um den wir herumlaufen, das heißt, um den herum Klaus und ich voreinander ausreißen können. In der Ecke linkerhand der hohe alte Kachelofen mit verschnörkeltem Aufsatz, leider „zieht er nicht richtig", wird nur halb warm. Daneben füllen ein altes Sofa und ein noch älterer Kleiderschrank die Wand - irgendwo aufgetrieben das eine, immer noch Leihgabe der andere.
Damit sind wir dort angelangt, wo bei allen Mietern über uns ein zweites Fenster die Stube erhellt. Nur bei uns im Parterre ist an

dieser Stelle eine Tür, der Eingang zu unserer ausgedehnten Küche. Sie fällt deshalb so großzügig aus, weil sie aus dem hohen Mietshaus als ein flacher Anbau hervortritt, der sich am Ende, eine Spanne tiefer, in einem weiteren Anbau fortsetzt, der Waschküche. Hier plagen sich alle Hausfrauen mit ihrer Großen Wäsche herum.

Der lange Anbau, der unsere Küche aufnimmt, hat zwar noch einen anderen Vorzug, aber noch halten wir uns im Augenblick ja in der Stube auf. Wirklich regelmäßig sind wir Brüder hier nur in der Zeit nach Weihnachten zu finden, wenn der duftende Tannenbaum zwischen Fenster und Küchentür auf seinem Extratischchen steht und fast den hohen Kasten unserer Wanduhr verdeckt. Nur das sehr vernehmliche Tack - Tack - Tack verrät dann, dass das Pendel noch schwingt. Aber was heißt hier schon Tannenduft, eigentlich halten uns nur das Schmuddelwetter draußen und die Bunten Teller in der Stube fest. Und die Tatsache, dass auch die andern Jungs sich kaum sehen lassen. Es ist langweilig draußen. Jedenfalls aber hat man so viel Süßes als Eigentum und in Reichweite nur einmal im Jahr. Ostern fällt ja schon stark ab.

Unsere Stube! Zu guter Letzt ist sie auch noch die „Gute Stube", in der an den Geburtstagen das Stimmengewirr der Verwandten um den ausgezogenen Tisch herum nur dann abebbt, wenn endlich die belegten Brote auf den Tisch kommen. Gottseidank halten sich hier aber alle sehr anständig zurück, unsere Verhältnisse sind bekannt. Vom Essen wird noch die Rede sein.

Sind wir, wie sonst immer, nur zu viert am Tisch, dann sitzen sich unsere Eltern auf der Breitseite des Tisches gegenüber, Klaus und ich an den beiden Enden. Unser Heranwachsen macht sich besonders unter dem Tisch bemerkbar, wo unser beider Füße schließlich aneinanderstoßen. Wir müssen zur Ordnung gerufen werden, diese neue Art Platzmangel da unten finden unsere Eltern durchaus nicht lustig.

Hier am Tisch, mein Platz war der Küche am nächsten, habe ich eine Kindheit lang diese vier Silben gehört: „HansholmalSalz", denn unser Vater aß Suppen und Soßen gerne scharf, worunter man bei uns gut gesalzen verstand. Ein ums andere Mal musste das Essen auf solche Weise korrigiert werden und so trabte Hans all seine Kinderjahre hindurch treu und brav in die Küche, um Salz zu holen.

Uns Jungs ist unsere anheimelnde Küche in den ersten Jahren vertrauter als die kalte Stube, die ja gewöhnlich auch nur am Ende

des Tages genutzt wird, wenn unser Vater von der Arbeit kommt und wir schweigend beim Abendbrot sitzen. Unser Vater hat dann seine Stulle in der rechten Hand und in der linken die „Volksstimme", unsere Tageszeitung. Immer kommt er sehr spät von der Arbeit und hat auch nach dem Abendbrot noch zu tun. Da sind unsere Schuhe zu besohlen, da setzt er sich beim Schein der Karbidlampe - wir haben wieder mal Stromsperre - mit uns an den Stubentisch und versucht unser Wissen im Rechnen zu festigen, oder er sitzt unserer Mutter gegenüber und beide sind dabei, von den getrockneten Mohnköpfen den oberen Kranz abzuschneiden, um die dunkelblauen Mohnkörner herausrieseln zu lassen.
In unserer Küche stehen die wenigen Möbel, die unsere Eltern aus der einstigen, der ausgebrannten Wohnung hatten retten können. Linker Hand der ausziehbare Abwaschtisch mit dem Wandbord darüber, der die eckigen Porzellandosen aufnimmt: SODA, SAND, SEIFE... Wenn es für Klaus und mich ein ungeliebtes Möbel gibt, dann ist es dieser Abwaschtisch. Jeden Tag nach dem Mittagessen zieht ihn unsere Mutter aus, mit seinen zwei tiefen Emailleschüsseln - weiß mit dunkelblauem Rand - ist er nun doppelt so breit, engt die Küche ein. Und wie immer um diese Zeit wird das ganze gebrauchte Geschirr abgewaschen. Einer von uns beiden ist dann immer mit dem Abtrocknen an der Reihe, was andauernd zu Streit führt. „Nö, nö Klaus, ick war jestern dran, heute musst du..."
„Stimmt nicht", fällt mir unsere Mutter ins Wort, „gestern hat Klaus abgetrocknet." Nichts zu machen, ich muss ran.
Die Mutter spricht selbstverständlich Hochdeutsch, unsere Ausdrucksweise findet sie „so gewöhnlich", sie nennt uns „Deutschverderber".
Am Ende der Küche gibt es eine zweite, kleinere Tür, sie führt in unsere Speisekammer, einem schmalen Gelass, das seinen Namen durch eine dort aufgestellte Mausefalle gerade noch glaubhaft macht. Dass wir dort überhaupt etwas schützen mussten, sollte Folgen haben, die uns Brüder entzückten. Wir werden sehen.
Nur weil es in unserer Küche auch noch eine dritte Tür gibt, können wir unsere Wohnung sogar über den Hof verlassen. Noch vor der Speisekammer geht es rechts in die sogenannte Veranda, einem frei in den Hof hinausgezogenen viereckigen Anbau. Damit er den Namen Veranda rechtfertigt, ist er auf zwei Seiten in voller Höhe mit kleinen quadratischen Scheiben verglast. Eigentlich

aber dient der Kasten nur dem Zweck, oben unsere Hoftreppe und unter sich einen Kellereingang aufzunehmen.
Für Klaus und mich war die Veranda ein Segen. Nie haben wir zu Hause vor verschlossener Tür stehen, nie anklopfen müssen, immer konnten wir vom Hof aus durch die Veranda zur Küche rein und raus wie wir gerade wollten. Durst im Sommer? Von der Küchentür war es nur ein Schritt und schon hatten wir den Eisentopf mit kaltem Malzkaffee am Mund, der im Sommer immer griffbereit auf dem eisernen Extraherd stand. Ein sehr besonderer Topf war das: ziemlich schwer, am oberen Rand rau abgeschnitten, die dunkle Emaille grob aufgepinselt - eins der allerersten Nachkriegserzeugnisse. Für Töpfe dieser Art war der Preis zwar niedrig, aber erstehen konnte sie anfangs nur, wer dafür einen Stahlhelm abgab.
Den eisernen Herd - oder Ofen, er war beides -, ein Gestell auf hohen gewinkelten Stahlbeinen, hatte unser Vater gebaut, weil die Küche mit dem vorhandenen Kachelofen nicht warm zu kriegen war. Zwei Außenwände mit einem Teerdach darüber, unter uns ein Keller - die staatlich zugeteilten Briketts reichten hinten und vorne nicht. Im neuen Eisenofen konnten wir endlich auch mit Sägespänen heizen, ja sogar mit Torf, der schlanke Ofen zog gut; und weil er so sperrig mitten in der Küche stehen musste, heizte das dicke, lange Abzugsrohr zum Schornstein hinüber gleich noch kräftig mit.
Sägespäne - schon vor dem Wort möchten wir Brüder am liebsten ausreißen. Denn gewöhnlich sind es kalte, windige Herbsttage, an denen wir mit unserer Mutter zum Sägewerk stiefeln müssen, um erste Vorräte für den Winter zu holen. Ein paar große Säcke werden in den eisernen Handwagen gelegt, dazu die breite Handfegerschippe, und los geht's. Wir scheppern zur Homeyenbrücke hinauf und dann den langen Grillendamm hinunter. An seinem Ende müssen alle andern Fahrzeuge entweder nach links oder rechts abbiegen, nur wir nicht. Wir rattern mit unserm Wagen geradeaus durch eine Einfahrt und sind damit bereits auf dem Gelände des Sägewerkes. Die hohen gelben Späneberge bei den Havelarmen dahinten weisen uns den Weg. Bei ihnen ist immer ein älterer Arbeiter zu finden, der hier für Ordnung sorgt, wobei er besonders den abseits liegenden Holzverschnitt im Auge behalten muss. Wir sind überrascht, als ihm unsere Mutter zwei Zigaretten gibt, woraufhin wir ein paar Schwarten zugesteckt bekommen, diese rindigen Seiten, die beim letzten Zuschnitt der

Bretter abfallen. Dann erst beginnt das, was wir fürchten. Beim Einschippen stiebt der Wind die Sägespäne durch die Luft, sie wirbeln am Hals unter das Hemd, Brust und Rücken fangen an zu jucken. Ein Auge tut weh, ich kann den winzigen Span bis zum nächsten Morgen nicht loswerden - zum Verrücktwerden. Kein Wunder also, dass wir den Marsch zum Sägewerk jedes Mal mit gemischten Gefühlen antreten.

Wirklich allein in unserer Wohnung waren wir Jungs höchstens mal in den Schulferien, wenn unsere Mutter vormittags einkaufen ging. Seit wir etwa Neun waren, verließ sie uns mit einem gewissen Argwohn. Kam sie dann später vom Hof aus wieder zur Küche herein, dann blieb sie in der Tür stehen, hob den Kopf, schnupperte mit geblähten Nasenflügeln in der Luft herum und schon hieß es: „Ihr habt wieder gekokelt!" Natürlich hatte sie recht. Aber wir hatten die Küche doch derart gelüftet, dass man eigentlich gar nichts mehr riechen konnte. Wir hatten da einen Verdacht, der sich endlich auch bestätigen sollte. Denn obwohl wir uns dies eine Mal zusammenrissen und kein Streichholz anrührten, hieß es wieder: „Ihr habt gekokelt!" Erst nachdem wir der Mutter unsere vollständige Unschuld glaubhaft machen konnten, gab es ferner keine Verdächtigungen mehr, noch einmal wollte sie sich nicht ins Unrecht setzen lassen.

Es blieb also beim Kokeln und Lüften. Und nicht nur dabei. Unser Gasherd hatte außer den beiden normalen Flammen noch extra ein Messingrohr an der Seite, vorn mit offenem Schlauchanschluss. Weil dieses Rohr mit einem eigenen Hahn ausgestattet war, konnten wir am offenen Ende ein Feuer von der Stichflamme bis zum mühsam flackernden Flämmchen regeln. Das wurde auch nötig, als wir etwas Besonderes ausprobierten. Wir hatten „uffe Asche", der Müllhalde am Kanal, Glasröhren gefunden, gut zentimeterstark und ziemlich dickwandig. Wertgegenstände also, die Jungs nicht links liegen lassen. Sowas kann man immer mal gebrauchen. Zum Beispiel dann, wenn ergründet werden muss, wie Feuer und Glas sich zueinander verhalten. Wir waren doch überrascht, als sich die Röhren nach ein paar Augenblicken in der kurzen Stichflamme biegen ließen. Ein nutzloses Unterfangen zwar, denn anschließend konnten wir sie zu nichts mehr gebrauchen, aber spannend war es schon, wenn das Glas im Feuer weich wurde, ja endlich sogar zu tropfen begann. Und riechen konnte das hinterher auch keiner!

Kamen wir über unsere Hoftreppe zur Veranda herauf, dann schützte uns auf der Hofseite ein schmiedeeisernes Geländer, dessen starker Handlauf am unteren Ende in einer wohltuend schönen Spirale endete. Nur wenn im Sommer die Mittagssonne über der Treppe lag, hüteten wir uns, das schwärzlich - braune Eisen zu berühren, es war dann glühend heiß. Umso kühler war es dann drinnen, wenn wir durch die Küche in das schattige Wohnzimmer kamen. Weil über den Kellern gelegen, war es auch im Hochsommer so frisch dort, dass wir zu Hause immer ein Turnhemd anziehen mussten. Beim Essen sowieso, ein nackter Oberkörper am Esstisch wurde nicht geduldet.
In der geräumigen Stube hat sich unser Kinderleben abgespielt, wenn wir aus irgendeinem Grund nicht raus konnten. Etwa, weil es regnete, oder weil wir Stubenarrest hatten - für uns die schwerste Strafe. Konnten wir partout nicht draußen spielen, dann haben wir auf dem geräumigen Tisch bauklotzbegrenzte Straßen gezogen und unsere Bauernhöfe aufgebaut. Begegneten sich unsere Gespanne, so fragte ich etwa: „Na, Paul, jeht's uf 't Feld raus?", und Klaus gab zurück: „Jenau, Max, ick muss die Rüben rinhol'n." - Gestandene Bauern eben! Abgehorcht bei den echten Bauern, die mit Pferd und Wagen unter unseren Straßenfenstern warteten. Sie konnten nicht gleich ausspannen, weil im Hof noch beschlagen wurde. Immer waren wir Max und Paul, egal in welcher Rolle wir uns begegneten.
Hier in der Stube war es auch, wo ich einmal ein ganz starkes Glücksgefühl erlebt habe. Das war 1946, im ersten Winter in der Silostraße. Draußen war es schon dunkel geworden, unser Vater von der Arbeit noch nicht zurück, und wieder mal Stromsperre. Man konnte die Hand vor Augen nicht sehen. Weil an Arbeit nun einstweilen nicht zu denken war, wollte unsere Mutter sich kurz ausruhen. Sie hatte sich auf die Chaiselongue gelegt und warm zugedeckt. Da unterbrachen wir unser Versteckspiel im stockdunklen Zimmer, schmiegten uns unter der Decke an ihre Seite und unsere Mutter begann auf einmal, uns eine Geschichte zu erzählen, sie erfand ein Märchen. Da hat mich solch ein Wohlgefühl durchwärmt, wie ich es danach zu Hause nicht wieder erlebt habe.
Die häufigen Stromsperren im Winter waren eigentlich nur unsern Eltern lästig, für uns Jungs boten sie willkommene Abwechslung. Da musste dann die Kerze angezündet werden, und alles um uns her wurde ruhiger und milder. Selbst unser Vater, dessen Geduld

wir bei einer Nachhilfestunde in „Rechnen" strapaziert hatten. Klaus und ich gingen bei Stromsperre gern auf den dunklen Hof hinaus. Kein Lichtschein über der Stadt. Der sternklare Nachthimmel schwarz und doch aufregend hell, die Milchstraße über uns wie ein scharf abgegrenzter Nebel, in dem dennoch jedes winzige Licht zu unterscheiden war. Und dann die großen Sterne! Ein einziges gleißendes Funkeln war das. An einem solchen Winterabend hat unser Vater uns zum ersten Mal den Großen Wagen gezeigt, und dann auch noch den winzigen Kleinen Wagen, der fast über uns stand - unsere ersten Sternbilder. Und als ich einmal auf jene bekannten drei Gürtelsterne deutete, da lernten wir auch noch den Orion kennen, den wir die nächsten zwanzig Jahre immer auf der ersten Silbe betont haben.
Mussten wir etwas aus unserem Keller holen, so hatten wir den ganzen Hof zu überqueren, am Tor der Einfahrt vorbei zur anderen Haushälfte hinüber, wo unter einem rundlich übermauerten Anbau vor der Hauswand die Kellertreppe hinunterführte. Dort unten angekommen, galt es dann, sich durch einen gruselig langen stockdunklen Gang bis zur eigenen Kellertür zu tasten. Die seltenen Angstträume meiner Kindheit spielen sich alle dort unten ab: Jemand kommt im Dunkeln hinter mir her, ich will weglaufen, komme aber trotz rennender Beine nicht vom Fleck.
Dort hinunter mussten wir Jungs aber nur selten, meist gingen unsere Eltern in den Keller. Schon deshalb, weil im Sommer alle verderblichen Speisen dort aufbewahrt wurden. Ein Kühlschrank? Gewiss, davon hatte man schon mal etwas gehört.
Eine Zeitlang musste dort unten, fast im Dunkeln, sogar unser Kaninchenstall Platz finden, nachdem uns auf dem Hof wieder mal ein Hase gestohlen worden war. Einmal hat dort im Keller eine Häsin sogar Junge gekriegt, obwohl ihre Buchte von der ihres Bruders nebenan durch solide Bretter getrennt war. Rätselhaft! Solange jedenfalls, bis unser Vater das Loch entdeckte, das sich Bruderherz durch das Holz genagt hatte.

Die Schmiede

Der helle Hof war gepflastert mit hartgebrannten Ziegelsteinen. Offenbar Fehlerware, wie sie die umliegenden Ziegeleien früher preiswert abgaben. In ihrer Länge hochkant eingelassen, ergaben sie ein Bild von liegendem Mauerwerk. Die eisenbewehrten hölzernen Radkränze der Bauernwagen hatten sie rundlich abgeschliffen, was sommers unseren nackten Füßen zugutekam. Wir sind groß geworden unter dem Klang von Hammer und Amboss, und mit dem Horngeruch angesengter Pferdehufe. Tagtäglich sahen wir die Bauern nach hinten gestemmt dastehen, das angewinkelte Hinterbein ihres Pferdes unter der Achsel und mit beiden Händen den Huf umklammernd, hoch genug, um dem Schmied seine Arbeit zu erleichtern. Der klemmte und ruckelte das abgeschliffene alte Eisen mit einer langen Zange vom Huf ab, zog die abgeklemmten Nägel heraus und säuberte dann mit einem kurzen Messer die Vertiefungen unter dem Huf, bis das Dreieck in der Hufsohle wieder sauber und gut ausgeschnitten sichtbar war. Dann erst wurde das rotglühende neue Eisen leicht aufgebrannt, um den Sitz zu prüfen, danach musste es wegen kleiner Korrekturen fast immer noch einmal zurück auf den Amboss.
Junge Pferde schlugen vor Angst manchmal aus oder gingen regelrecht die Wand hoch, wenn sich beim Aufbrennen der Eisen beißender Qualm ausbreitete. Während der Bauer dann meistens zur Seite springen konnte, wurde der Schmied manchmal rückwärts aufs Pflaster geschleudert. Passierte das dem Altgesellen Fritz, dann rappelte der sich mit irrer Wut wieder hoch und gab dem scheuenden Gaul einen Fußtritt unter den Bauch. Wir waren so empört, wenn wir das mit ansehen mussten. Das arme Pferd! Wie ungerecht der Geselle Fritz doch war! Aber in Gegenwart der Erwachsenen konnten wir uns ja nicht Luft machen, also sprangen wir dann sofort die paar Stufen zur Küche hinauf, um unsere Empörung wenigstens bei unserer Mutter abzuladen. „Ja, ja“, sagte sie dann wohl, „die Leute wissen alle, dass der Geselle Fritz sehr jähzornig ist.“
Kluge Bauern nahmen schon die größeren Fohlen zur Schmiede mit, wenn deren Mütter beschlagen wurden, der erste eigene Hufbeschlag verlief bei ihnen dann meist glimpflich.
Wegen Wind und Wetter war das große Schmiedetor meistens geschlossen, aber die Seitentür dicht beim Schmiedefeuer stand fast immer offen. Dort standen auch wir immer dann, wenn wir

mal so gar nichts mit uns anzufangen wussten, woran entweder der Regen schuld oder irgendeine Wartezeit zu überbrücken war. Dann hatten wir den Schmied am Amboss dicht vor uns, wir konnten ihm genau auf die Finger sehen, konnten beobachten, wie das glühende Eisen mit jedem Schlag seine Form veränderte, begleitet vom anhaltenden Klingen des Ambosses. Denn Schmiede lassen den Hammer immer springen, lassen ihn nach gezielten Schlägen auf dem Amboss tanzen; dann etwa, wenn die Linke das glühende Werkstück dreht - der Ambos klingt weiter.

Immer war hinter dem Schmied das Lodern des Feuers zu hören, das er zu fauchender Weißglut anfachte, wenn das Hufeisen noch einmal erhitzt werden musste. Der Ton der Windmaschine wurde dann höher und aus dem weißglühenden Koks zischten kurze Stichflammen.

Aber dann das! Das Kreischen an der Schleifmaschine fällt jäh im Ton ab, das Schalapp-Schalapp der Transmissionsriemen unter der Decke wird kraftlos, was eben noch weiß glühte, wechselt über gelb und rot ins Graublau und ein Fluchen geht durch die Schmiede. Stromsperre! Während des Arbeitstages! Inzwischen ist das zwar selten geworden, kommt aber immer noch vor. Zu unserm Glück! Denn auf einmal erleben wir eine Schmiede, in der es zugeht wie vor hundert Jahren. Schon steht ein Geselle an der schwärzlichen Wand neben der Esse, ergreift in Schulterhöhe eine bislang nie bemerkte eiserne Stange und fängt zu pumpen an, wobei sich der unscheinbare Kasten neben ihm als Blasebalg entpuppt. Unter Fauchen beginnt sich wieder Glut zu bilden und bald klingt wenigstens der Amboss wieder durch die stille Schmiede. Zum Segen für die Pferde, die halbbeschlagen auf dem Hof stehen.

Unter den Schmiedearbeiten gab es eine, die an Spannung nicht zu überbieten war. Sie kam so selten vor, dass wir sie während unserer Kinderjahre wohl kaum mehr als drei-, viermal erlebt haben. Hoffnung jedenfalls gab es immer schon dann, wenn wieder mal ein Leiterwagen auf den Hof geschoben wurde. Durch die Toreinfahrt gezirkelt wurde, sollte man sagen, denn die wulstig herausstehenden Naben der Speichenräder waren nur schwer von den sowieso schon zerschrammten Flurwänden fernzuhalten. Riesig groß kam uns solch ein Wagen vor, weil auf dem sonst so geräumigen Hof auf einmal nur noch halb so viel Platz war. Über die hohen hölzernen Speichenräder konnten wir anfangs nicht einmal hinwegblicken.

Den Weg zur Schmiede machten meist die Eisenreifen nötig, die das Rad umgaben. Sie hatten die Holzfelge zu schützen, sie in ihrem Verbund zusammen zu halten. Das Metall hatte sich abgenutzt, war mit der Zeit so dünn geworden, dass die Stahlbänder dem hölzernen Radkranz kaum noch Schutz boten, sie mussten dringend gegen neue Reifen ausgetauscht werden. Welcher Schmiedekunst es bedurfte, dem nackten Holzrad wieder einen genau bemessenen stählernen Reif anzupassen, das wurde uns lange gar nicht bewusst. Hinzu kam ja, dass in diesen Nachkriegsjahren wirklich alles improvisiert werden musste. An Bandstahl etwa, den man nur hätte zu biegen und zu schweißen brauchen, war überhaupt nicht zu denken. Noch heute ist uns schleierhaft, wie die Schmiede solche in Stärke und Breite genau bemessenen Eisenbänder zustande brachten, denn einen in Radumfang und Felgenbreite genau passenden Reifen zu fertigen, war eine Kunst für sich. Schon deshalb, weil sein Innenmaß ja auch noch ein ganz klein wenig geringer sein musste, als der des Holzrades außen. Wir werden gleich sehen, warum.
Für uns Jungs kam es nur auf das an, was nun weiter passierte. Schon wurden nämlich von der halbkreisförmigen Grube neben der Schmiede die Eisendeckel abgenommen und inmitten der geraden Seite des Halbkreises ein starker stählerner Dorn aufgerichtet, der die Grube bislang unter den Deckeln überspannt hatte. Schon wurde auch Wasser herangeschleppt und die gut knietiefe Grube ausreichend gefüllt. Zwei Gesellen rollten das erste der Speichenräder heran und legten es, der dicke Dorn spießte durch die Nabe, in die Waagerechte. Der alte abgeschliffene Reifen wurde abgeschlagen, und nun wurde es wirklich spannend. Gleich drei Mann griffen sich starke, gut mannshohe Rundhölzer und postierten sich gleichmäßig um das Rad. Noch ein prüfender Blick von Meister Ahlert, dann gab er das Zeichen und aus der Schmiede schleppten zwei Gesellen an starken Zangen den glühenden Stahlreif heran und passten ihn auf das zischende Holzrad, während die anderen Drei schon eilig ihre Rundhölzer als Hebel ansetzten und das glühende Eisen auf das beißend qualmende Holz zu pressen begannen. Die beiden jetzt freien Leute sprangen indessen zwischen den Speichen herum und hieben mit schweren Hämmern dort zu, wo es klemmte. Rasend schnell musste das jetzt gehen - nicht zu viel Holz verglühen lassen - schon wird das qualmende Rad hochkant ins Wassert gekippt - wird wie wild um seine Achse gedreht - ringsum erlischt die

Glut! - Eine furchtbare Hetzerei das Ganze! Der erkaltete Reif klemmt endlich fest auf der Felge, die Leute halten erschöpft inne, eine halbe Stunde früher als sonst gebietet Meister Ahlert: „Mittag!“

Alltag

„Ach, guten Tag Frau Baier, ich hab grade von Frau Mewes gehört, dass sie kommendes Wochenende Große Wäsche haben. Na gut, dann muss ich noch 'ne Woche warten, hoffentlich hält sich das Wetter.“
Frau Nickel war unserer Mutter über den Weg gelaufen. Es ging um die Waschküche, deren Eingang nur wenige Schritte von der eben noch offenen Wassergrube entfernt ist. Was in anderen Mietshäusern alle Tage getan werden konnte, das Wäscheaufhängen nämlich, das war bei uns nur an Wochenenden möglich, weil in der Schmiede bis Sonnabendmittag gearbeitet wurde. Das bedeutete, den riesigen Kupferkessel in der Waschküche schon am Freitagabend mit Wasser zu füllen und anzuheizen, damit er am nächsten Morgen schnell zum Kochen gebracht werden konnte. Unterm Fenster wurde der Waschzuber auf die Böcke gehoben und daneben ein Bottich für die ausgewrungene Wäsche bereitgestellt. Brauchte die Schmiede den Hof nicht mehr, dann konnten freitags gerade noch die Leinen gezogen werden und am frühen Sonnabendmorgen stand unsere Mutter bereits in der Waschküche, hatte sich den Zuber mit warmem Wasser gefüllt und begann schon die kleine Wäsche zu rubbeln, während die großen Stücke im offenen Kessel zu kochen begannen. Den ganzen Tag stand sie dann im Wrasen, rieb die Wäsche zwischen ihren Fäusten, musste die Stücke spülen und mit wunden Fingern wringen. Im Bottich gesammelt und endlich aufgehängt, war dann am Nachmittag der ganze Hof in weißer Bewegung von geblähten Laken und Bettbezügen. Unsere erschöpfte Mutter konnte endlich innehalten, konnte ihre wunden Hände ein Weilchen ruhen lassen. Wenn es nicht etwa plötzlich hieß: „Nanu, das wird ja so dunkel... ich guck mal raus.“ Schnell ans Fenster, ein Blick die Silostraße runter und richtig: da hinten kommt es ganz schwarz hoch. Jetzt muss es schnell gehen. Hastig wird Stück für Stück im Wäschekorb verstaut und noch bevor die ersten Tropfen

in den Hof klatschen, schleppen wir den schweren Korb die vier Etagen zum Dachboden hinauf.
„Schade, die Wäsche war schon so schön angetrocknet." Mehr als die Plackerei stört unsere Mutter, dass die Wäsche da oben so langsam trocknet und deswegen über Nacht auf dem Boden bleiben muss. Wo sie nicht mehr im Blickfeld ist. Nun gut, man kennt die Mieter zwar alle, muss sie durchaus für ehrliche Leute halten, aber in diesen schlechten Zeiten - wer kann schon wissen...
Die Hände unserer Mutter. Ihr Tagewerk war Handarbeit von früh bis spät. Oft von weit her mussten die Einkäufe nach Hause geschleppt werden. Dann gleich das Essen vorbereiten, Kartoffeln schälen, Gemüse putzen. Nachmittags die Arbeit an der Nähmaschine, von unsern Hosen bis zur Winterjoppe entstand alles auf der fußgetriebenen „Singer". An die Pullover, die Fausthandschuhe und Mützen für den Winter musste gedacht, sie mussten endlich gestrickt werden. Und das jedes Mal für zwei Jungs, die aus allem bald wieder herauswuchsen.
Aufs Feld raus mussten man ja im Herbst schließlich auch noch, Kartoffeln stubbeln, wie das bei uns hieß.
„Heut' Nachmittag is'n Kartoffelacker am Ziegelweg dran, ziemlich weit draußen, ick hab'et eben bei Briese jehört." Briese war der Kaufmannsladen an der Ecke. Als wir nachmittags auf den beschriebenen Acker zukommen, schon Himmel und Menschen am Feldrand, mühsam zurückgehalten von den Landarbeitern, der Acker ist noch gar nicht ganz abgeerntet. Mit einem Wink freigegeben, gibt's dann kein Halten mehr, mit Feldhacken, Körben und Säcken stürmen die Leute aufs Feld. Mit breiten Zinken geht es dem Acker zu Leibe, hastiges Buddeln und Sammeln. Unsere Mutter wirft die Erde um, wir suchen zusammen, was an Kartoffeln im Boden geblieben ist. Auch die kleinste Murmel wird aufgelesen.
Zwei Monate zuvor war es die Kornernte gewesen, die uns auf die Felder trieb: Ähren lesen. Wenn hier der Mähbinder seine Arbeit getan hatte, musste sogar noch gewartet werden, bis die Garben, bei uns Puppen genannt, zu Mandeln zusammengestellt waren. Wer ihnen später zu nahe kam, drohte vom Acker gejagt zu werden. Es gab da ja auch Leute, die kamen mit Scheren zum Ährenlesen.
Wir verdrehten die Augen schon, wenn unsere Mutter das Wort 'Ährenlesen' nur erwähnte. Diese Hitze auf dem Feld, die spitzen

Grannen der Ähren, die so schmerzhaft unter die Fingernägel fuhren. Und dann die Stoppeln! Barfuß, wie wir waren, hatten wir zwar schnell gelernt, sie beim Schreiten mit schlurfenden Füßen umzubiegen, aber wenn so ein starker Halm verquer lag, dann konnte das schmerzhaft werden, die Haut war dünn zwischen den Zehen.
Zu Hause wurden die Ähren in einem Sack gedroschen und anschließend, wenn es windig genug war, in der Zugluft des Hausflurs geworfelt. Das heißt, am Boden wurde ein Tuch für die Körner ausgebreitet, darüber ließ man aus dem hoch erhobenen Sack das Gedroschene nach und nach herausfallen, wobei der Zugwind die leichte Spreu forttrug und sie damit von den Körnern trennte.
Ja, die Hände unserer Mutter! Sie hat gearbeitet von früh bis spät, hat so viel gearbeitet, dass sie nie ihre Fingernägel zu schneiden brauchte. Ihr Ehering war am Ende nur noch ein ganz zarter schmaler Reif, mehr schon ein goldener Draht.

Das liebe Essen

Wenn sich bei Besuch das Gespräch wieder einmal um die allgemeine Notdurft, besonders um das Hungern gedrehte hatte und ein kurzes Schweigen eintrat, dann kam aus der Runde bestimmt ein nachdenkliches „Ja, ja - das liebe Essen...!", worauf die ernsten Gesichter in der Runde alle ein bisschen vor sich hin nickten; für die Frauen, die sich mit ihren Küchenproblemen bisher zurückgehalten hatten, nun aber auch Gelegenheit, aus dem Vollen zu schöpfen.
„Habt ihr schon mal Kaffeetorte gemacht? Nein? Also, das müsst ihr mal probier'n!" Kaffeetorte! Natürlich war bei „Kaffee" nur an Malzkaffee zu denken, der echte Kaffee war nur noch ein Stück Erinnerung. Von unserm Gerstenkaffee wurde er schon durch die Aussprache unterschieden, die erste Silbe gedehnt und in höherer Tonlage, war das dann BOHnenkaffee.
„Vier Wochen vorm Fest hab' ich angefangen, Kaffeegrund zu sammeln, das hat für die Torte gerade gereicht." Rund und schön stand sie dann auf dem Tisch, braun in der Farbe, leicht bitter im Geschmack, kunstvoll ausgeziert mit einer Creme, die aus Pud-

ding bestand - Klaus und ich zweifelten nie daran, eine richtige Kakaotorte zu essen. Genau das also, was sie sein sollte.
Mit Abstand das Größte für uns war aber Eichelkonfekt! Von den Eicheln, die Klaus und ich im Herbst für die Kaninchen sammeln mussten, wurde ein Teil für den Weihnachtsteller abgezweigt. Wenn die Zeit ran war, wurden die Eicheln gekocht und dann geschält.
Sie hatten nun den größten Teil ihrer Bitterkeit verloren und auch in ihrer Festigkeit etwas nachgegeben - waren also der vollwertige Ersatz für Haselnüsse. Feingehackt, mit Zuckerguss vermengt und eckig geformt, galt das braungefleckte Eichelkonfekt bei uns Jungs als ausgesprochener Leckerbissen. Es hatte hohen Tauschwert, ein gewöhnliches Stück Fondant musste als Gegenwert beinahe doppelt so groß sein.
Die Mandeln auf dem Honigkuchen waren auch schon einmal durch unsere Hände gegangen, abends, bei Kerzenlicht, bei Stromsperre also, wenn wir getrocknete Kürbiskerne auspulen mussten.
Machte die Not auch erfinderisch, so reichte es in Wirklichkeit doch hinten und vorne nicht - wir haben als Sechsjährige eine Zeitlang hungern müssen. Trotzdem sich unsere Mutter das Ihre noch vom Munde absparte, konnte sie uns nicht ausreichend Brot geben. Der Futterneid zwischen uns Brüdern ging so weit, dass unsere Mutter die Brotscheiben für uns abwiegen musste, wenn sie einen neuen Laib anschnitt, denn da wurden doch die Stullen anfangs von Scheibe zu Scheibe größer.
„Klaus hat mehr!"
„Aber ich hab' doch seine Stulle extra 'n bisschen dünner geschnitten."
„Trotzdem, det is mehr!"
„Na gut, ich wieg' das jetzt ab, du wirst ja sehn. Na bitte, ist doch wirklich nicht der Rede wert."
„Is aber mehr!"
Unsere Mutter schneidet mir vom Rand einen hauchdünnen Keil zusätzlich ab.
„Nun zufrieden?"
„Mm..." – Kopfnicken.

Die Bäume waren schon voll belaubt, als es 1947 in der Jahnschule hieß: morgen ist Schuluntersuchung, kommt anständig gewaschen! Das bedeutete, ein Arzt würde kommen, um sich nach und nach jeden der Jungen anzusehen und seinen Gesundheitszustand zu bewerten. Wir stellten uns morgens also vor dem bestimmten Klassenzimmer an und wurden nacheinander aufgerufen. „Der Nächste! ... Hände zeigen", kurzer Blick des Arztes an mir runter, und zur Schwester gewandt: „Negativ." Bei Klaus ebenso. Bei fast allen Schülern genauso. In knapp zehn Minuten war die ganze Klasse durch, gut fünfzig Schüler.

An diesem einen Tag hat uns unsere Mutter von der Schule abgeholt. Sie fragte gleich: „Was hat'n der Arzt gesagt?"

„Negativ hat'er jesacht, det is doch jut, nich?"

„Ja", unsere Mutter dachte kurz nach, „ja, das ist gut."

Wie die meisten anderen Jungs auch, hatten wir dicke Wasserbäuche, waren schmächtige Gestalten mit Kugelbauch. Das Gefühl, endlich einmal satt zu sein, war nur durch Suppen zu erreichen. Sie waren das pure Wasser, angereichert mit Kohl und Kartoffeln. Vor dem Verzehr wurde das Ganze gequetscht, wie es bei uns hieß, also gestampft, um eine breiartige Konsistenz zu erreichen, was unbedingt zum Wesen eines Eintopfes gehörte. Jeder konnte so viel essen, wie er schaffte, Wasser war wohlfeil.

Zu unserer Verwunderung schlug unser sonst so ernster und schweigsamer Vater manchmal mit hellerem Gesicht vor: „Wir woll'n mal die Fettaugen zähl'n..." War am Ende einer von uns bis zehn gekommen, dann galt das schon als eine Art Übervorteilung. Nach dem Essen wurden die Teller an den Mund gehoben und abgeleckt, noch jahrelang ging das so, nichts durfte umkommen. Nur der Teller unserer Mutter blieb immer auf dem Tisch.

An Sonntagen gab es zu den Quetschkartoffel - steifem Kartoffelbrei - anfangs nur Schweinsohren. Erst später schwammen in der heißen Fleischbrühe auch mal Rippchen. Für Klaus und mich war bei dieser Art Essen die Spielerei genauso wichtig wie das Fleisch. Wenn die Quetschkartoffel nämlich einen genau begrenzten Berg auf dem Teller bildeten, dann drückte unsere Mutter in dessen Mitte ein Loch hinein, in das sie die heiße Brühe füllte. Für uns eine Art Stausee, den wir beliebig ablassen und wieder schließen konnten. Von der mütterlichen Ermahnung begleitet: „Mit dem Essen spielt man nicht!", wurde dann ein bisschen Fleischbrühe nachgefüllt. Bei den Schweinsohren, die ja nur dicke Haut über dünnem Knorpel waren, haben wir lange Zeit auch den knorpligen Teil mitgekaut.

Ganz unerwartet endete einmal das Mittagsmahl an einem Sonntag, weil unser Vater nicht verstand, dass ganz normale

Arbeitsabläufe auf dem Hof von Bauer Lenz uns Brüder dazu animierten, das Spinatessen jedes Mal mit der Aufforderung „Los, wir machen Schweinefraß!" ausklingen zu lassen, woraufhin wir die Salzkartoffeln quetschten und mit dem dunkelgrünen Spinatbrei verrührten. Und w i e das dann rutschte! Hatten wir dabei doch die vergnügt schmatzenden jungen Schweinchen vor Augen, wie sie sich über den grünen Brei hermachten.
Vor ein paar Tagen erst hatten wir wieder mal die Zubereitung beobachtet, hatten beim Spielen immer ein Auge auf den mannshohen Kessel, in dem die Kartoffeln zu kochen begannen. Allesamt kleine Kartoffeln, die durch das Sieb gefallen waren. Hungrig aber, wie wir immer waren, lüfteten wir den Deckel von Zeit zu Zeit ein bisschen und rollten dann eine kochendheiße Kartoffel so lange von einer Hand in die andere, bis wir sie pellen konnten. Wenig später füllten zwei Hofarbeiter eine Menge Grünzeug über die Kartoffeln und begannen mittels eines Riesenstampfers alles zu vermengen.
Genau das schwebte uns vor, als wir beide uns ein leider letztes Mal zum Schweinefraß aufforderten und gerade Kartoffeln und Grün vermengen wollten, als unser Vater plötzlich mit der Faust auf den Tisch haute und ein drohend lautes „Schluss jetzt mit der Schweinerei!" hören ließ. Wir erstarrten förmlich, waren völlig verdattert. All die Jahre hatten wir das Spinatessen doch so …
Wieso denn jetzt auf einmal …?! Wir kannten unsern Vater nicht wieder. Jedenfalls haben wir ein Jahr später zur Spinatzeit an den Hof des Bauern Lenz lieber nur gedacht.

Warmes Essen gibt es werktags immer nur abends, wenn unser Vater von der Arbeit kommt. Bei „Scholten" draußen, der Kartoffelstärke-Fabrik, wo er seit Kriegsende in seinem erlernten Beruf als Schlosser arbeitet, gibt es noch jahrelang kein Betriebsessen. Jeden Morgen geht er mit einem Paket Klappstullen im Rucksack zur Arbeit. Weil eine Brotbüchse nicht aufzutreiben ist, wickelt unsere Mutter die Stullen in Zeitungspapier, das sie, einmal benutzt, abends in den Ofen steckt. Eines Morgens sucht unser Vater seine Zahnprothese, er hat das scheuernde Etwas doch gestern noch vor Feierabend ins Stullenpapier gewickelt... Zum Glück hatte er noch alle seine Schneidezähne, konnte also zur Not auch zustimmend lächeln.
Erst Jahre später kann unsere Mutter ein Mittagbrot zubereiten. Seit unser Vater mittags im Werk essen kann, kocht sie für uns Drei

jeden Tag ein Mittagbrot. Ja tatsächlich, so heißt das damals in Brandenburg noch allgemein. Von alters her gibt es Frühstück, Mittagbrot und Abendbrot. Mittagbrot selbst dann, wenn ein Teller Suppe auf dem Tisch steht. Altes Tagewerk steht hinter dem Wort; ein Bauer etwa, weit draußen auf seinen Feldern, konnte mittags nicht schnell mal seinen Hof aufsuchen, er aß da draußen sein Brot. Bei uns dagegen konnte das Mittagbrot auch schon mal ein Vanillepudding sein mit rotem Fruchtsaft darüber - aber nur an heißen Sommertagen.

Unter den Eintöpfen ist ein Gericht, mit dem wir Brüder einfach nicht fertig werden. Wörtlich genommen. „Ihr bleibt so lange sitzen, bis der Teller leer ist!", so unsere Mutter, wenn sie uns widerwillig im Kohlrübeneintopf herumstippen sieht. Es hilft also alles nichts, irgendwie muss das Zeug runter, also Blick stur geradeaus und nur schlucken. Schlucken als zu erledigende Pflicht, als Arbeit, die Zunge bleibt aus dem Spiel.

Ganz anders sieht es dagegen bei der Zubereitung der Eintöpfe aus. Denn beim Zuschneiden auf dem Küchentisch bleibt vom Kohl am Ende schließlich der begehrte Strunk übrig. „Kannst du ihn s o o lang teilen?", bitten wir unsere Mutter, dieweil der Zeigefinger am Strunk hinunterfährt.

Und dann die rohen Kohlrüben! So ein weicher, sogar ein wenig lieblicher Geschmack. Wir stehen beim Schälen so lange um unsere Mutter herum, bis wir endlich unser Stück abbekommen haben. Heilfroh sind wir deshalb, als wir uns endlich selbst versorgen können. Zum 10.Geburtstag haben wir jeder ein Taschenmesser geschenkt bekommen. Eines der großartigsten, der allerbesten Geschenke in unserer ganzen Kindheit. Wenn wir uns jetzt beim Indianerspielen auf dem Kanalwall lange genug abgehetzt haben und durstig sind, dann brauchen wir nur über den Hang zum Acker runter, um uns eine Futterrübe auszubuddeln. Endlich können wir sie schälen und schneiden; eine große Rübe reicht für vier Mann.

Gleich uns haben alle Jungs gegessen, was sich am Wegesrand irgend finden ließ. Hirtentäschel wuchs überall, auf feuchten Böden reichlich Saure Lempe, am seltensten war der sogenannte Käse zu finden, die kleinen, grünumkränzten Früchte der Wegmalve, die einem runden, fünfteiligen Käselaib ähneln.

Aber „Saure Lempe"? Wir zählen uns schon zu den Großen Jungs, als uns ein Erwachsener eines Tages über Sauerampfer belehren will. Sauerampfer? Wir gucken uns fragend an, keiner sagt was.

Endlich kapiert er. „Na das da mein' ich", und weist nach unten. „Ach sooo! Sie meinen Saure Lempe!"
Einmal im Jahr ging es bei den Jungs richtig üppig zu, zur Zeit der Rotdornblüte nämlich. Die schmale Straße neben den Grünanlagen zum Beetzseeufer runter war dann ein einziges rotes Blütenmeer. Das heißt, oben leuchteten die Blüten des Rotdorns, unten war der Asphalt bedeckt mit zertretenen Ästen und Blättern. Die ganze Straße hinunter schmissen Jungs mit aller Wucht Knüppel in die Bäume, um möglichst gleich Äste mit Blüten herunter zu brechen. Das hielt dann länger vor, weil die süßlichen Blüten gleich büschelweise an den Zweigen saßen. Wir haben gegessen was reinging - nur dieser gewisse strenge Geschmack im Hintergrund mag irgendwann Einhalt geboten haben.
Ab 1948 war die Hungerzeit vorbei. Es gab zwar noch lange kaum Butter, aber ausreichend Brot und Margarine. Nur die Kartoffeln waren noch zu knapp. Die Herbsternte wurde streng rationiert an die Bevölkerung verkauft. Gottseidank konnten wir unsere Einkellerungskartoffeln bald leidlich durch eine Gartenernte ergänzen. Unser Garten, das war neuerdings die Fläche, die wir innerhalb des Werkgeländes von „W. A. Scholten" beackern durften.
Ein von fast mannshohen Erdwällen umgebenes Geviert, etwa 30 mal 30 m, das ursprünglich als eines der Absetzbecken für Pülpe gedient hatte, war in mehrere Gartenparzellen aufgeteilt worden. Weil ausschließlich Werksangehörigen vorbehalten, konnte auf Zäune verzichtet werden, handwagenbreite Wege grenzten voneinander ab.
Was aber ist „Pülpe"? Pülpe ist der feuchte Kartoffelbrei, der bei der Herstellung von Stärkemehl zurückbleibt. Zum Entwässern wurde sie von kippbaren Loren über ein ausgedehntes Gleisgefüge in die beschriebenen Klärbecken gebracht. Anfangs noch von Arbeiterhänden geschoben, später von einer Lok gezogen, die unser Vater ersonnen hatte. Auf das Grundgestell einer Lore wurde ein Elektrokarren gesetzt, dessen eines Antriebsrad abmontiert und durch einen Zahnkranz ersetzt wurde, der andere wurde außen auf die Achse der Lore geschweißt, beide über eine Kette miteinander verbunden und schon konnte der Elektrokarren drei volle Loren gleichzeitig ziehen.
War die Pülpe später zu einem guten Teil durchgetrocknet, dann wurde sie gern von Bauern abgeholt, sie war ein begehrtes Viehfutter.

Unser Stück Garten wurde vorn durch eine gelbgeklinkerte Werksmauer von der Straße getrennt, eine der Längsseiten lag direkt neben, ja eher schon unter dem Bahndamm, der hier mit leichter Steigung zur Havelbrücke hinaufführte. Diese Steigung muss deshalb erwähnt werden, weil sie für uns manchmal zum spannenden Beispiel gewisser Mängelerscheinungen in der Ostzone wurde, etwa bei den Güterzuglokomotiven. Weil nur zu wenige Loks zur Verfügung standen, mussten sie oft unsinnig viele Waggons ziehen. Eines Nachmittags, es hatte geregnet, musste ein Güterzug genau oberhalb unseres Gartens am Signal Halt machen. Als er auf der leichten Steigung wieder anfahren wollte, rutschten bei der riesigen Dampflok die Räder durch, die Pleuelstangen rasten hoch und runter, die Räder drehten durch, der Zug kam nicht vom Fleck. Es blieb nichts anderes übrig, der Heizer musste aufs Schotterbett hinunter, musste mit einer Schippe neben der schnaufenden Lok herlaufen und im Gehen Kies vor sich abheben, um ihn mit Schwung vor die Räder der Lok zu werfen. Zwischen Knirschen und Durchrutschen ging es nun quälend langsam über die angeraute Schiene voran. Erst als stoßweise aufsteigender Dampf von jenseits der Brücke die Lok nur noch ahnen ließ, begannen vor uns die Waggons hörbar zu rollen.

Es sind drei sehr unterschiedliche Erfahrungen, die mich an unseren Garten da draußen am Stadtrand denken lassen. Die erste hängt tatsächlich mit Fahren zusammen, es geht dabei um unsern fürchterlich lauten Handwagen. Nachdem wir werweißwielange alles haben kilometerweit nach Hause schleppen müssen, sind wir froh, als die Männer im Betrieb endlich ein paar Handwagen zusammenschweißen. Der Radkranz ist jeweils aus Bandeisen, er wird zur Nabe hin kreuzweise von vier eisernen Rohren gestützt. Der Kasten darüber besteht rechts und links aus je vier aufsteigenden Rohren gleicher Stärke - 30 Millimeter -, die sich durch waagerechte Rohre zu einem konischen Geviert verbinden. Ein stabiles Gebilde zwar, als Ganzes aber wie Luft auf Rädern.

Das musste nun erstmal zu einem befüllbaren Kasten ausgekleidet werden. Weil aber an Bretter überhaupt nicht zu denken war, kam nur Blech in Frage. Irgendwo muss ein LKW-Wrack herumgestanden haben, denn unser Vater konnte die beiden Seitenbleche einer Motorhaube auftreiben, diese bewussten Bleche mit den vielen senkrechten Luftschlitzen hintereinander. Er schnitt sie zu, schweißte Führungsschienen drauf und brauchte nun vorn und hinten nur noch die beiden trapezförmigen Bleche

einzulassen, und schon schoben wir mit einem fertigen Handwagen los. Aber könnt ihr euch das vorstellen - ein mit Blechen ausgekleideter Eisenwagen auf Kopfsteinpflaster? Das ohrenbetäubende Geschepper war nur zu dämpfen, wenn einer von uns Brüdern als Kutscher im Wagen saß, während der andere das Pferd spielte. Auf dem Rückweg mussten wir immer beide die Pferde sein, an Blechgeklapper war bei dem nun voll beladenen Wagen nicht mehr zu denken. Er war gerade laut genug, um unsere Gespräche vor den Ohren der Eltern zu verbergen, die auf dem Bürgersteig neben uns her gingen:
„Bei die eene Weiche wär' die Lore fast umjekippt, jedenfalls bin ick lieber abjesprung'."
„Ick hab ooch jedacht, 'Mensch Klaus, spring ab'!"
„Jing noch ma' jut. Die Lore hätten wa nich mehr hochjekricht."
„Glob'ick ooch, aba 'n unheimlichet Ende jefahrn sind wa heute, wa?"
„Mann, det war wat! Schade, det wa schon uffhörn musstn."
Weil es ein Sonnabendnachmittag war und das Betriebsgelände somit menschenleer, hatten wir das ganze lange Gleisgefüge vom Havelbollwerk bis zur Eisenbahnbrücke nutzen können.
Das war es, was uns den Weg an den Stadtrand so leicht machte, das Schienennetz auf dem Werksgelände. Die Gleise wurden dort immer wieder neu gezogen, je nachdem, welches der Becken die Pülpe aufnehmen sollte. Wenn schon zu Hause an eine Eisenbahn mit Schienen nicht zu denken war, hier wenigstens konnten wir Weichen stellen und abwechselnd Lokführer sein. Verbotenermaßen allerdings! Diese schweren Loren! Unsere nackten Füße! Aber ein Vater ist auch mal Junge gewesen, er weiß wohl manchmal mehr, als seine Söhne ahnen. Zuweilen muss er etwas verbieten, was er danach nicht kontrollieren möchte.
Was uns da draußen aber noch mehr am Herzen lag, das war der Betriebskahn. Bevor wir beide mit den Loren starteten, sie standen geordnet beim Bollwerk, mussten wir erstmal zum Kahn runter, der hinterm Ende der Kaimauer an der Spundwand schaukelte. Nichts Erstrebenswerteres gab es für uns im Leben, als einen Kahn zu besitzen, jederzeit aufs Wasser hinaus zu können... nicht auszudenken...
Der Betriebskahn war angeschlossen, Werksangehörige konnten ihn sich ausleihen. Wir haben unserm Vater dauernd in den Ohren gelegen, er möge doch endlich mal wieder mit uns Kahn fahren,

das letzte Mal sei schon soo lange her. Irgendwann ließ er sich dann doch erweichen. Wir waren selig, als es mitten auf die windgekräuselte Havel hinaus in Richtung Luckenberger Brücke ging. Diesmal bogen wir vorher rechts in den Jakobsgraben ab und glitten dort bald unter der Wredowbrücke hindurch. Täglich überquerten wir diese breite kurze Holzbrücke auf unserm Weg zur Jahnschule, nun konnten wir sie endlich auch mal von unten sehen, mit all den dicken, nassen Stämmen, die sie stützten. Gleich hinter der Brücke ging's bei „König" vorbei, wie die Süßwarenfabrik, längst verstaatlicht, bei den Brandenburgern weiterhin hieß. Für uns Jungs eine Institution, denn hier arbeitete Tante Grete, von hier kam beinahe alles, was uns unsere Kinderjahre versüßt hat.
Mit der Bemerkung: „Ich denke, jetzt sind wir lange genug gefahren", kehrt unser Vater nach einer guten halben Stunde um. Und dann muss sowas passieren! Unser Vater sitzt auf der Ruderbank, Klaus hinten am Steuer, ich zwischen beiden am Boden. Wir treiben wieder auf die Wredowbrücke zu, auf die breite Durchfahrt zwischen den Holzstämmen. Doch diesmal ist es, als wenn wir ein Scheunentor verfehlen: Klaus lenkt den Kahn frontal auf einen dicken Stamm, unser Vater fällt rücklings in den Kahn, Beine nach oben. Verdammt! So ein Mist! Wir kennen doch unsern Vater! Vor seinen Söhnen ein Bild der Lächerlichkeit abzugeben, ist wohl das Schlimmste, was ihm passieren kann. Auf der Weiterfahrt dann kein Wort mehr. Der Groll unseres Vaters verleiht dem Kahn Fahrt. Auch nachmittags wird noch geschwiegen. Klaus musste sich bei der Brückendurchfahrt im letzten Augenblick zu einer Kursänderung entschieden haben, die das zu kurze Steuerruder nicht mehr zuließ.
Wenn wir heutzutage an diesen Unfall denken, haben wir augenblicklich gute Laune. Für mich gehört er zu den drei Ereignissen, die sich am tiefstem mit unserer Gartenzeit da draußen am Stadtrand verbinden.
Der zweite Fall war eine Art praktischen Biologieunterrichts. Von Anfang an wurde uns eingeschärft, niemals in die kugeligen Früchte der Kartoffeln zu beißen, die oben im Kraut gedeihen, sie seien giftig hieß es. Noch lange, bevor wir etwas von Nachtschattengewächsen hörten, musste ich aber die Erfahrung machen, dass Tomaten und Kartoffel enge Verwandte sind. Fingen die Tomaten an rot zu werden, stibitzten wir Jungs uns immer mal eine, sie war gut gegen den Durst. Ich bemerkte bald, um wieviel kräftiger die nur angeröteten Tomaten schmeckten - je grüner, desto

besser. Also noch eine und noch eine. Ich kann euch sagen! Auf einmal wurde mir schlecht, so schlecht wie in meinem ganzen Leben nicht. Die Tomaten flogen da wieder raus, wo sie eben reingekommen waren, ich selbst muss beinahe grün ausgesehen haben. Jedenfalls kommt unsere Mutter vorbei und als ihr Blick mich streift, fragt sie:
„Was is'n los, is' dir nicht gut?"
„Och, ick weeß ooch nich..., ick hab' nur 'ne Tomate probiert..."
„Na, wird schon wieder werden."
Sie hat zu tun.
Das dritte Ereignis lässt unsere Zeit am Stadtrand in gewisser Weise tragisch enden. Der Tabak gedeiht prächtig. Entlang der Straßenmauer hat unser Vater drei Reihen angelegt, ein regelrechtes kleines Feld, Vorrat für den ganzen Winter. Gut mannshoch stehen die Pflanzen jetzt Anfang August, die großen kräftigen Blätter beginnen schon gelb zu werden, kommende Woche wird geerntet!
Als unser Vater am nächsten Tag auf unser Stück Land zusteuert und - er bleibt wie angewurzelt stehen - dahinten ist nur die gelbe Mauer zu sehen - davor einzig lange dünne Strünke - kein Blatt Tabak mehr. Alles gestohlen! Die ganze Arbeit umsonst. Die Augenblicke des Innehaltens, die Pause mit der Piepe - unserm Vater ist alles genommen. Was soll bloß im Winter werden...?
Die Erinnerung an diesen Moment tiefster Trostlosigkeit sollte erst verblassen, als uns im Jahr darauf ein Stück Land innerhalb einer Gartenkolonie zugewiesen wurde, die am Beetzseeufer im Entstehen begriffen war.
Unser alter Garten an den Gleisen liegt heute unter einer breiten Straße begraben, die Brandenburg nach Westen hin umgeht. Als sie eben fertiggestellt war, habe ich zwischen Straße und Bahndamm noch einmal den schattigen Holunderbusch aufgesucht, unter dem einst unsere Gartenbank stand.

Kater Peter

Wie immer kommen wir über die Hoftreppe zur Küche rein, aber nanu... alles so still hier... und warum ist jetzt im Sommer die Tür zur Stube nicht offen? Mal nachsehen. Ein Schritt über die Schwelle - und wir bleiben wie angewurzelt stehen. Vor uns zieht sich ein Wollfaden durch die Stube, vom Kleiderschrank neben uns bis zu unserer strickenden Mutter am Stubenfenster.

„Warum is'n hier..."

„Seht mal nach".

Aber was soll da unterm Schrank schon sein, er lässt ja auf seinen kurzen Beinen nur acht Zentimeter Platz in der Höhe. Wir knien uns hin, stützen unsere Köpfe auf dem Linoleum auf und - können es nicht fassen! Im Dunkeln hockt da ein winzig kleines schwarz-weißes Kätzchen. Wir erkennen es zuerst nur an seinen blanken Äuglein. Vor lauter Glück bringen wir kein Wort raus, in unserm Innern ist alles lauter Jubel, der sich endlich Luft machen muss...

„Nicht doch! Leise! Ihr erschreckt den Kleinen ja!"

D e n Kleinen, auch noch ein Kater!

„Er heißt Peter, ich habe ihn vor 'ner Stunde von Frau Vogt drüben geholt."

Frau Vogt wohnt auf der anderen Straßenseite hinter dem hohen Bretterzaun, der die Lücke zwischen den beiden Mietshäusern schließt. Just der Zaun, vor dem wir unsere Maikäfer hatten starten lassen. Eigentlich kein Zaun, sondern eine zwei Meter hohe Bretterwand, die keinen Blick auf das dahinter liegende Grundstück zulässt, an dessen Ende Frau Vogt mutterseelenallein in einem kleinen Häuschen wohnt. Ein scheues Mütterchen, dem man kaum einmal begegnet. Sie betreibt eine Art Gärtnerei, was aber auch nur in der Nachbarschaft halbwegs bekannt ist, oder überhaupt so gesehen wird. Ein einziges Mal sind Klaus und ich durch den langen Garten gegangen, hinter unserer Mutter her; weil sie dringend einen Geburtstagsstrauß brauchte, fragte sie am Ende bei Frau Vogt nach.

Umso überraschender also, dass unsere Mutter vom Katzennachwuchs da drüben wusste und dabei an ihre Jungs dachte. Nicht die geringste Andeutung hatte es zuvor gegeben. Zwar war in der Vergangenheit immer mal das Wort Katze gefallen, wenn unser Vater die Mausefallen in der Speisekammer mit neuen Ködern bestückte, aber nach Jahren bloßen Erwägens hatten wir das nicht mehr ernstgenommen. Nun lagen wir auf einmal beide

längelang auf dem Fußboden und spielten mit einem kleinen Kater, ließen ihn nach den Papierstreifen tapsen, mit denen wir vor ihm hin und her fuhren. Herrgott, was waren wir glücklich!
Als Peter zu uns kam, war er gerade entwöhnt. Er war so klein, dass er unter einem Schrank hockte, unter den er als erwachsener Kater nicht einmal seinen starken Kopf schieben konnte,

selbst wenn er es auf der Seite liegend versuchte.
Da war er zu einem strammen Kerl herangewachsen, konnte mit bassartigem Singsang drohen, wenn ihm Rivalen begegneten und hatte, wenn ihn Anfang Januar die Katzen zu interessieren begannen, ein so weites Einzugsgebiet, dass er sich oft erst nach zwei Tagen wieder sehen ließ. Weckte uns unsere Mutter mit ihrem singenden „Guten Morgen", dann hörte sie von uns oft nur ein hastiges: „Is' Peter wieder da?" Das war jedes Mal ein sorgenbeladener Schulweg, wenn Peter schon den zweiten Morgen nicht am Küchenfenster gehockt hatte, von wo aus er immer heißhungrig Einlass begehrte. In ruhigen Zeiten war er meist schon früh nach Hause gekommen und döste in der Veranda auf seinem Nachtlager vor sich hin, einer schmalen Kiste, ausgepolstert mit Heu und einem Kaninchenfell darüber. Hier konnte er kommen und gehen wann immer er wollte, denn eines der kleinen quadratischen Fenster, das er draußen über den umlaufenden Sims erreichte, stand immer für ihn offen, auch im Winter.

Auf dem schmalen Sims begegnete er manchmal seinem Rivalen, seinem Erzfeind Pussy, aus dem Haus nebenan, einem ganz schwarzen Kater, schlanker und noch höher gebaut als unser Peter. Standen sich die beiden da oben mit hohem Buckel gegenüber, dann setzte ein langanhaltendes jaulendes Drohen ein, wobei Pussy ab und zu einen winzigen Schritt auf unsern Peter zu machte. Wir wollten's nicht wahrhaben, dass er unserm Kater überlegen war, mit Geschrei und drohend fuchtelnden Fäusten sprangen wir bis in seine Nähe hinauf, aber selbst das konnte ihn nicht zum Rückzug bewegen. Erst wenn wir ihm eins mit einer Rute überzogen, machte er fauchend kehrt.
Je größer und erwachsener unser Kater wurde, desto mehr haben wir seine Intelligenz bewundert. Er hatte beobachtet, wie wir die Türen öffneten, bald versuchte er das selbst. Er sprang an die Klinke, zog sie unter seinem Gewicht nieder, das Schloss schnappte nicht wieder ein, mit krummer Pfote krallte er sich die Tür auf. Oder er drückte sie mit dem Kopf nach außen, je nachdem. Weil er das an der Stubentür mit Vorliebe tat, wurde sie endlich mit einer Vorlegekette gesichert. Und was passiert? Wieder springt er an die Klinke, öffnet die Tür, kommt dann aber mit seinem breiten Kopf nicht durch den nun zu engen Spalt. Er hat den Versuch nie wiederholt, wenn er oben die blanke Kette vorgelegt sah.
Am meisten habe ich unsern Peter aber einmal im Winter bewundert, als wir auf dem Hof spielten, wo wir uns am Wochenende eine geräumige Schneehütte ans Schmiedetor gebaut hatten. Ich stand auf der gegenüberliegenden Hofseite, als Peter gerade von der Mauer zum Nachbarhof zu uns herunter gesprungen kam. Ich rief ihn heran, um ihm die Neuigkeit zu zeigen und wies quer über den Hof aufs Schmiedetor. Jede andere Katze hätte jetzt nur zu der ausgestreckten Hand hochgeblickt, so auch Peter für einen Augenblick, aber dann begriff er was ich meinte und sah mit mir in die gewiesene Richtung.
Klaus hatte schon seine Tischlerlehre angetreten und ich wohnte bereits im Internat in Potsdam, als ich bei einem Besuch zu Hause erfuhr, dass unserm Kater etwas zugestoßen sein musste. Er war vor einiger Zeit ausgeblieben. Tag für Tag hatte man auf ihn gewartet und musste endlich jede Hoffnung aufgeben. Eine traurige Nachricht zwar, die mir vielleicht aber deshalb nicht so nahe ging, weil ich, eigentlich ein Kind noch, mehr mit mir selbst, mit meiner Trennung vom Elternhaus zu tun hatte.

Dennoch haben wir all die Jahre danach immer an ihn denken müssen, besonders im Mai, Peter hatte zwei Tage vor uns Geburtstag. An jedem 9. Mai hatte ihm unsere Mutter eine ganze Bockwurst in seinen Napf gelegt.

Die Leute

Nur Nickels über uns und wir im Parterre hatten, weil vierköpfige Familien, eine Wohnung für uns allein. Alle anderen Mieter in unserem Haus mussten sich in der Nachkriegszeit eine Wohnung mit zunächst ganz fremden Leuten teilen. Trotz nun engster Nachbarschaft - es gab ja auch nur die eine gemeinsame Küche - blieb es bei den schon älteren Leuten immer beim „Sie". Auf der uns gegenüberliegenden Seite des Hausflurs hatte zunächst nur Herr Schneider gewohnt, ein älterer Junggeselle, der sehr zurückgezogen lebte. Außer einem höflichen Gruß hat wohl niemand je ein privates Wort mit ihm wechseln können. Erst recht nicht, als er später wegen seiner Staublunge schwer krank das Haus hüten musste. Er hatte vor dem Krieg als Bergmann unter Tage gearbeitet.
Wegen seiner Uneigennützigkeit war Herr Schneider im Haus sehr geachtet. Ohne damit beauftragt zu sein, schob er im Winter schon in aller Herrgottsfrühe Schnee und hielt den Bürgersteig vorm Haus begehbar, indem er bei Glätte Sand streute. Selbst als kranken Mann sahen wir ihn noch unter seinem Fenster auf dem Bürgersteig knien, sahen ihn mit einem Taschenmesser Grashälmchen und Moos aus den Ritzen zwischen den kleinen grauen Steinen entfernen. Die Angst vor dem Ende mag Ursache für solche Ruhelosigkeit gewesen sein. Nicht viel später starb Herr Schneider. Um die sieben Jahre war er unser fast unsichtbarer Nachbar gewesen.
Klaus weiß noch, dass Herr Schneider mit irgendjemand anderem die Wohnung teilte, als wir im Frühjahr 1946 in der Silostraße einzogen. Ich dagegen weiß nur von Frau Bünger, die mit ihrem Ziehsohn Rüdiger Maybaum erst später einzog. Sie hatte den Jungen, eine Waise, auf der Flucht irgendwo in Ostpreußen unter ihre Fittiche genommen. Lange glaubten alle im Haus, das seien Mutter und Sohn, bis sich Frau Bünger eines Tages unserer Mutter offenbarte.

Frau Bünger war es jedenfalls auch, die sich am Ende des sterbenskranken Herrn Schneider annahm. Früher konnte sie ihm gegenüber auch mal ziemlich laut und ungemütlich werden, nun aber ließ sie den kranken Mann nicht im Stich.
Über uns Familie Nickel mit ihren zwei Töchtern Bärbel und Margot. Die einzigen Mädchen, mit denen wir, wenn's der Zufall wollte, auch mal spielten. Etwa dann, wenn sie sich auf dem Bürgersteig vor dem Haus mit Kreide solche Hopse-Karos gezogen hatten, die in verschiedenen Varianten durchsprungen werden mussten ohne dabei auf die weißen Striche zu treten. Oder wenn sie sich uns Jungs beim Murmeln anschlossen. Das heißt, eigentlich war es nur Bärbel, die in unsere kindliche Kameradschaft mit eingeschlossen war. Margot, ein Jahr jünger als wir, mied den Umgang mit den Kindern auf der Straße vollständig, wir wurden nicht recht schlau aus ihr.
Die engere Nachbarschaft zu Nickels ergab sich nicht nur aus der notgedrungen gemeinsamen Nutzung des Treppenhaus-Klo's. Sie hatte sich auch in der Gartenkolonie ergeben, als bei der Vergabe der Grundstücke Nickels und Baiers selbst dort zu Nachbarn wurden. Den Gepflogenheiten dieser Zeit blieb man dennoch treu, selbstverständlich hieß es weiterhin „Sie“. Erst viel später hörten wir ein Alfred und Franz zwischen den beiden Männern.
Gegenüber von Nickels teilten sich zwei Familien die Wohnung, Bethge und Stübe, wobei Bethges den längeren Weg durch den Korridor hatten. Stübes waren vorn am Treppenhaus einquartiert.
Herr Bethge - was machte er eigentlich den Tag über? - verließ selten das Haus. Wenn aber doch, dann tat er sehr geschäftig, dann hatte er sich fein gemacht und ähnelte, mit einer Art Steifhut auf dem Kopf und seinem knapp gestutzten Bärtchen unter der Nase ein wenig Charlie Chaplin. Viele Männer trugen noch dieses gewisse Bärtchen, ohne deshalb gleich in einen üblen Verdacht zu geraten, diese Form männlicher Zierde war schon vor 1933 Mode.
Nach Meinung von uns Jungs mussten Herr und Frau Bethge schon Rentner sein, besonders die Beschaffenheit der langsamen Frau schien darauf hinzudeuten. Sie war aber wohl eher verhärmt, litt unter der lähmenden Angst um ihren einzigen Sohn, der noch immer in russischer Kriegsgefangenschaft war.
Bethges waren die einzigen im Haus, die jeden Sonntag in die Kirche gingen. Nur ein erhörtes Gebet schien ihnen noch helfen zu können. Es dauerte lange, bis sie Gehör fanden, über unsere

Kinderjahre hin warteten Bethges vergebens. Ich war schon Internatsschüler in Potsdam, als ich 1955 an einem "Langen Wochenende" zu Hause erfuhr, dass nach dem Adenauer-Besuch in Moskau alle Kriegsgefangenen freikommen würden. Wenig später war es soweit, Bethges konnten ihren Sohn in die Arme schließen. Wenn auch nicht lange, denn er war nur auf der Durchreise; wie fast alle Spätheimkehrer durchquerte er Ostdeutschland nur, um sein Leben „drüben" aufzubauen, in der Bundesrepublik also. „Nach drüben" zu gehen - bei ihm ausnahmsweise eine legale Entscheidung - das war sonst der gängige Ausdruck für einen Ortswechsel, den die DDR-Oberen Republikflucht nannten:
„Müllers an'e Ecke sind ja nu' ooch nach drüben jemacht!"
„Na bei det Alter jeht'et noch, für uns is'et zu spät."
Bethges wussten ihren Sohn in Sicherheit, sie lebten wieder auf, für den sonntäglichen Kirchgang allerdings waren sie nun doch zu alt geworden. Auch Stübes, die Mitmieter in der Wohnung, kamen nur schwer mit der Nachkriegssituation zurecht, wenn auch aus ganz anderem Grunde. Familie Stübe war Eigentümer von Haus und Schmiede gewesen. Die beiden hatten, kinderlos wie sie waren, allein in der großen Wohnung gelebt, die nun die unsere war. Herr Stübe, selbst Schmiedemeister, war nach Kriegsende enteignet worden, die Schmiede, das Haus Nummer 9 und noch ein zweites Haus am anderen Ende der Straße wurden „Volkseigentum" und Stübes fanden sich als beengte Teilmieter im einstigen Eigentum wieder. Als wir mit unseren paar geliehenen Möbeln einzogen, bat uns Frau Stübe, ein paar ihrer Schränke, die sie im ersten Stock nicht hatte unterbringen können, eine Weile bei uns stehen lassen zu dürfen. Sie standen jahrelang in unserem sogenannten Kinderzimmer, unserm Schlafraum, dem Zimmer mit der Kartoffelsuppentapete. Einschränken mussten wir uns deshalb nicht, die paar Stücke Wäsche, auf die wir inzwischen zurückgreifen konnten, füllten die verfügbaren Fächer unseres eigenen Schrankes nicht mal aus.
Dass Stübes mal eine andere Rolle in der Straße gespielt hatten, merkte man besonders ihm an. Nur notgedrungen wechselte er mal ein Wort mit anderen Mietern - so einfach verließ er seine höhere Ebene nicht.
Sie dagegen, Frau Stübe, war in punkto Redseligkeit genau das Gegenteil. Zwar ließ auch sie die höhere Geburt durchblicken, aber wenn es darum ging, endlich mal wieder mit jemandem die

ganze Umgebung durchzuhecheln, dann gab's bei ihr kein Halten mehr.
„Man wird sie einfach nicht wieder los", sagte unsere Mutter jedes Mal, wenn sie höflichkeitshalber eine Weile Zuhörer gewesen war, „denkste man kommt zu Wort? Die redet und redet und mir rennt die Zeit weg." Sowas passiert immer dann, wenn unsere hurtige Mutter die Wohnung verlässt, ohne vorher zu horchen, ob jemand im Treppenhaus ist. Im Kopf noch einmal alle Einkäufe durchgehend, hat sie eben die Wohnungstür geöffnet, als über ihr auf halber Treppe schon Frau Stübe stehen bleibt. Halb umgewandt, jedes Bein noch auf einer anderen Stufe, heißt es sofort „Ach Guten Morgen Frau Baier, schön, dass ich sie sehe also wissen Sie was man mir eben bei Esthel drüben..." Frau Stübe redet ohne Punkt und Komma, braucht nie Luft zu holen, die wulstigen Bäckchen im rotgeäderten Gesicht begleiten die Bewegungen des gewandt formulierenden Mundes.
Wenn wir Jungs über „die Stüben" sprachen, so wurde uns das gerade noch nachgesehen, es klang schließlich abwertend. Erst Jahre später ließ unser Vater einmal durchblicken, dass diese Namensvariante so verkehrt gar nicht sei, Mann und Frau seien früher durchaus „der Stübe" und „die Stübin" gewesen. Na bitte!
Eine Treppe höher wohnten über Stübes nur drei Personen, im hinteren Teil der Wohnung Fräulein Doll und vorn am Treppenhaus Frau Carl mit ihrem Sohn Jochen. Frau Carl war eine noch dunkelhaarige, stets freundliche Frau, die sich mit den anderen Mietern aber wenig einließ. Ihr Mann, Jochens Vater, war im Krieg geblieben, sie hatte jetzt für den Unterhalt zu sorgen, ging arbeiten, wir begegneten ihr selten.
Mit Jochen war unser Umgang kameradschaftlich, wir lachten gern miteinander, wenn wir uns gegen Abend zufällig auf dem Hof trafen. Zu mehr konnte es schon wegen des Altersunterschiedes nicht kommen. Und wohl auch wegen des intellektuellen Anspruchs. Als sehr guter Schüler ging er schließlich schon auf die Oberschule und schnitt im Gespräch, ohne sich hervortun zu wollen, bald Themen an, die uns einfach zu hoch waren, zu erwachsen auch. Er schloss sich auch keiner der Jungsgruppen an, war nie an der Badestelle zu sehen. In gewisser Weise war seine Mutter mit ihm wohl immer auf dem Wege dorthin, wo sie einmal hergekommen war, zurück ins Bildungsbürgertum. Als es eines Tages hieß: „Carls sind ja nun auch weg", da bemerkten wir erst, dass wir Jochen schon ein paar Tage nicht mehr gesehen hatten.

Seine Mutter hatte den Weg „in den Westen“ gewählt. Wurde unsere Mutter in unserm Kaufmannsladen danach gefragt, dann klang das etwa so: „Stimmt'et, wat man so munkelt, Carls sin' nun ooch nach'n Westen jemacht?“

Fräulein Doll war nun auf einmal mutterseelenallein in der großen Wohnung, ein altes Mädchen mit roter Knollennase und augenscheinlich ganz ohne Anhang. Wenn wir ihr unterwegs irgendwo begegneten, kam sie immer allein daher, trug immer ein hellbraunes Mäntelchen über ihrem runden Rücken und hatte sommers wie winters das gleiche rote Hütchen auf dem Kopf. Weil nie verheiratet, wurde sie auch in ihr faltiges Gesicht hinein noch mit „Fräulein“ angeredet, die Höflichkeitsregeln wollten das so. Unsern Gruß erwiderte sie immer nur kurz angebunden, die Mundwinkel hoben sich nicht dabei.

Frau Amelung im dritten Stock war eine großflächige Erscheinung; ihr Gewicht tagtäglich in den dritten Stock hochzuwuchten, muss für sie eine ziemliche Tortur gewesen sein. Jedenfalls gelang das nicht ohne Verschnaufpausen, wobei Einkaufstasche und -netz auf dem Treppenabsatz abgestellt wurden. Wir konnten manchmal förmlich sehen, was wir vor uns hörten, wenn wir hinter der ächzenden Frau mucksmäuschenstill auf dem Klo saßen.

Weil F r a u Amelung, musste sie einmal verheiratet gewesen sein. Ein Thema, über das in Gegenwart von uns Jungs nicht gesprochen wurde. Sie war so um die Fünfzig, hatte dunkle wellige Haare und im breiten blassen Gesicht genauso dunkle Augen. Diese Augen lachten wenigstens immer ein bisschen, wenn wir ihr begegneten. Eines Tages trauten die Hausbewohner ihren Ohren nicht, als sich herumsprach, Fräulein Doll habe sich nach so vielen Jahren auf einmal mit Frau Amelung angefreundet, die beiden tränken da oben im dritten Stock nun immer Kaffee miteinander. Das ungleiche Pärchen trank den Kaffee nicht allzu lange gemeinsam, Fräulein Doll und Frau Amelung verkrachten sich am Ende derart, dass sie sich fortan als nicht existent betrachteten, wenn sie im Treppenhaus notgedrungen aneinander vorbeimussten.

Mit Familie Mewes zusammen da ganz oben zu guter Letzt Herr und Frau Hass. Wir sahen die beiden nur selten, eher hörten wir sie. Das heißt, nur Frau Hass war zu hören. Auch das nur selten zwar, dafür dann aber ungewöhnlich laut. Und ziemlich lange. Was aber am weiten Weg lag, den sie dann mit ihrem Gemahl

bis unters Dach zurücklegen musste. Beide im rüstigsten Alter, so um die Mitte Vierzig, waren sie die einzigen Hausbewohner, die dann und wann für ein Riesentheater im Treppenhaus sorgten. Immer dann nämlich, wenn Frau Hass wieder mal von irgendjemand mit der Bitte aufgesucht worden war, ihren total betrunkenen Mann aus der Kneipe abzuholen. Bitte möglichst gleich!
Das war meistens um die Tageszeit, wenn die Linde am Ende unserer Straße schon als schwarze Silhouette vor dem leuchtend roten Abendhimmel stand, wenn kaum noch jemand auf der Straße zu sehen war, wenn die Leute bei letzter Abendsonne in den Fenstern lagen und den Tag ausklingen ließen. Dann kam sie mit ihrem hilflosen Mann die Straße runtergezetert: „Du besoffner Kerl, schämste dir nich? - Wat soll'n bloß die Leute denken! - Immer un ewig besoffen der Kerl..." Und das mit einer Lautstärke, die manche Leute überhaupt erst ans offene Fenster trieb.
Waren die beiden schließlich bei uns im Treppenhaus, dann hatten wir das Ohr so lange an der Tür, bis der laut herausgeschimpfte Ärger oben verklang. Eine resolute Frau war das, selbst bei guter Laune ziemlich streng aussehend. Er ein richtig netter, vertrauenerweckender Mann, gut mittelgroß und ganz schlank, der Kopf schmal, die dunklen strähnigen Haare streng nach hinten an den Kopf geklatscht, ganz, wie es Mode war. Immer grüßte er breit lächelnd zurück. Und um der Gerechtigkeit willen muss hier auch angemerkt werden, dass solche Auftritte nur deshalb zum Ereignis wurden, weil sie selten genug vorkamen. Dem Ansehen Hassens, so der heimische Genitiv, schadeten sie kein bisschen.

Wir hatten das Glück, unter einfachen Leuten aufzuwachsen, Teil von ihnen zu sein. Die vielen Gewerke, die unterschiedlichen Schicksale und die Unverstelltheit der Leute sorgten für eine Umgebung, wie sie reicher nicht sein konnte. Selbst wenn man sich durch die Art der Selbstbehauptung - wir hatten schwere Zeiten - manchmal nicht grün zu sein schien, der gute Kern war unseren Leuten geblieben. Sie dachten so mitmenschlich und gerecht, dass es bei uns einmal sogar zu einer Gemeinsamkeit kommen konnte, die ich als Zehnjähriger wie ein Wunder, wie ein Stück Himmel empfand.
Das war an einem Sommerabend. Der schattige Hof wurde vom warmen Licht der Hauswände beleuchtet, die bei tiefstehender Sonne rötlichen Frieden ausstrahlten. Wir beide spielten noch im

Hof, unsere Mutter kam heraus, um uns das nahe Abendbrot anzukündigen, blieb aber, um zu sehen, was wir gerade an der schweren Schraubzwinge im Hof entstehen ließen.
Die Gelegenheit war für Frau Nickel günstig, um mit einem Mülleimer aus dem ersten Stock herunter zu kommen, das heißt, um noch ein Wort loszuwerden. Da die Fenster alle offen standen, blieb das Reden im Hof nicht unbemerkt, schon kam auch Frau Stübe durch den Hausflur, Bethges kamen dann sogar beide herunter: So viele Leute auf dem Hof - mal hören, was da unten los ist - man will ja Bescheid wissen. Bald waren fast alle Mieter in den Hof gekommen, standen im Abendfrieden beisammen, sprachen verständnisinnig miteinander und die Schönheit des Augenblicks begann alle zu beseelen.
„Abend wird es wieder..." war auf einmal eine Frauenstimme zu hören, „... über Wald und Feld..." sangen schon fast alle mit, mir war, als habe sich der Himmel aufgetan, es war wie ein Wunder. Aus der warmherzigen Gemeinschaft heraus wurde nun ein Volkslied nach dem anderen angestimmt, sie alle kannten die Lieder, sie alle waren froh und ergriffen. In Frieden miteinander zu singen - ein Abend wie ein Himmelsgeschenk.

Wie wir gehört haben, war der gelegentliche Ausrutscher von Herrn Hass dem Ruf des Ehepaares durchaus nicht abträglich. Denn zum einen kam das nur gelegentlich vor und zum anderen wurde auch von anderer Seite für solche Art Heiterkeit gesorgt.
Den Begriff „andere Seite" können wir hier sogar wörtlich nehmen, weil es jetzt um Herrn Löper geht, der schräg gegenüber wohnt, im einstöckigen Mietshaus mit der geräumigen Einfahrt, hoch genug für eine Fuhre Heu. Hinten auf dem Hof steht ein bisschen Vieh im Stall, vielleicht hat er draußen auch noch ein Stück Acker. Eigentlich aber ist Herr Löper Fuhrmann. Auf dem Kutschbock seines luftbereiften Kastenwagens sitzend, die Zügel locker in der Hand, so sehen wir ihn fast alle Tage mit seinem Einspänner vorüber kommen: ein kräftiger, grundsolider Mann, etwa Ende Vierzig, das noch dichte Haar ganz dunkel, das Gesicht gebräunt.
„Löper kommt", sagt Klaus beiläufig, als das Fuhrwerk da hinten in die Silostraße einbiegt, wir sind gerade beim Murmeln.
„Mensch, Klaus, kuck ma, warum fährt'an jetzt schon uffe linke Seite?"
„Und wo iss'an übahaupt?", fragt Klaus.

Kein Löper zu sehen, das Pferd kommt mutterseelenallein mit dem Wagen angezuckelt und bleibt gegen die Fahrtrichtung vor seinem Zuhause stehen. Mit uns haben das noch mehr Leute beobachtet. Um diese Zeit hat man sein Tagewerk hinter sich und liegt ein Weilchen im Fenster.
Wer Frau Löper auf ihren einsamen Gaul draußen aufmerksam macht, kriegen wir zwar nicht mit, aber kurz darauf kommt sie schon heraus, spannt mit versteinertem Gesicht das Pferd aus und verschwindet mit ihm im Torweg. Nicht lange, und sie ist wieder draußen. Diesmal ohne Kittelschürze, macht sie sich auf den Weg dorthin, wo das Pferd eben herkam.
Bald darauf füllt fürchterliches Geschimpfe die abendlich stille Straße. Ihre Hand unter der Achsel des taumelnden Mannes, beschimpft sie ihn vor aller Ohren laut und mit einem Wortschatz, den unsere Mutter „ziemlich gewöhnlich" zu nennen pflegt. Aber die Leute sollen schließlich hören, wie ihr, der grundsoliden Frau Löper, der Suff ihres Mannes gegen den Strich geht. Als die beiden in ihrem Torweg verschwunden sind, heißt es von Fenster zu Fenster: „Ham Se det jehört? Mensch, die kann aber loslejen!" Ein großartiger Tagesausklang, man kann sich zufrieden in seine vier Wände zurückziehen.
Sonnabends im Abendsonnenschein einem schwankenden Mann zu begegnen, ja mein Gott, das war doch gang und gäbe. Nach der langen Arbeitswoche bis in den Sonnabend hinein trafen sich die Männer an diesem Tag nachmittags gern bei einem Glas Bier. Denn wenn die Hausfrauen das Allerneueste jederzeit miteinander durchhecheln konnten, sei es in der Schlange vorm Kaufmannsladen, oder spätestens - „Ham se schon jehört?" - auf dem Heimweg, dann mussten weltbewegende Dinge von ihren Männern eben am Wochenende in der Kneipe aufgearbeitet werden. Wozu ganz gewiss auch die Gewinnchancen von MOTOR SÜD gehörten, der Brandenburger Fußballmannschaft, die am nächsten Tag gegen einen verflucht schweren Gegner anzutreten hatte. In der „Sportlerklause" dahinten, gleich um die Ecke, ein Dauerthema, lag doch der Sportplatz vom Stammtisch aus gesehen „nur hundert Meter de Straße runter uff 'e andre Seite"
Eine recht merkwürdige Erscheinung in unserer Nachbarschaft war ein Mann von nebenan. Merkwürdig schon deshalb, weil ihn nie jemand zu Gesicht bekam, und, was noch eigenartiger war, nie sprach jemand über ihn, in gewisser Weise war er nicht existent. Wir beide wussten nur, „der hat'n Opel Adler".

Wenn dieser ungeheuer große, eckig-elegante schwarze Kasten nebenan vor dem Haus stand, dann musste gleich auch Herr Kröchert herauskommen. Und da kam er auch schon, wie einer der keine Zeit zu verlieren hat, zum Torweg heraus. Im Frack, mit Fliege unter dem Doppelkinn, einen blanken Zylinder auf dem Kopf, die Hände in weißen Stoffhandschuhen. Unsern Gruß nur mit einem Kopfnicken erwidernd, ging er schnell ums Auto herum. Tür auf, Zylinder ab, hinsetzen, Zylinder auf! Tatsächlich - den Zylinder wieder auf! Der dickliche Herr ist kurz und der blanke Kasten hoch genug, um der Angströhre oben genug Luft zu lassen. Das Kinn ein wenig hochgereckt, vor sich die nächsten Meter im Blick, so setzt sich unser vornehmer Nachbar in Bewegung.
Als wir unserer Mutter erzählen, in welcher Aufmachung wir Herrn Kröchert gerade gesehen haben, weiß sie gleich Bescheid. Wir erfahren von ihr das, was wir Brüder einige Zeit später selbst beobachten können, als wir einmal kurz vor Mittag über den Gotthardtkirchplatz kommen.
„Sach ma, is det nich Kröcherts Auto?"
„Klar, det is sein Adler!"
„Da steht'a ja ooch, bei de Kirchentür."
„Jetzt seh ick'n ooch... kieck ma, jetzt nimmter'n Zylinder ab..."
„De Kirchentür is uffjejang..."
„Mensch weeste wat, det is ne H o c h z e i t !"
„Tatsächlich, da komm'se ja schon raus!"
Sie im langen weißen Kleid, er in festlichem Schwarz, kommt das junge Paar gemessen und mit langem Gefolge aus der Kirche. Den Zylinder in der Linken, die rechte Hand an der offenen Autotür, so lässt Herr Kröchert die Braut unter einer Verbeugung einsteigen, er eilt um das Auto herum und reißt dort die Tür für den Bräutigam auf, die Verbeugung fällt hier knapper aus. Die Gäste verteilen sich auf die anderen Autos, kurz darauf fährt alles hinter dem blanken Adler her.

Unsere Kaufmannsläden

In unserer gut hundert Meter langen Straße konnten sich vier Kaufmannsläden halten. Uns am nächsten war BRIESE, der ein paar Häuser weiter an der Ecke sein Geschäft hatte, und dann LEHMANN mit seinem Eckladen da ganz hinten am anderen Straßenende. Bei beiden wohnte der Großteil ihrer Kundschaft eher in den breiten Straßen um die Ecke, in der Silostraße jedenfalls boten das Notwendige zwei Läden genau in der Straßenmitte an, so dass im Schaufenster von KUGLER sich die Aufschrift von ESTEL gegenüber spiegelte, und natürlich stand über allen Läden in großen Buchstaben KOLONIALWAREN.
Kunde oder nicht Kunde zu sein, das war ein sensibler Unterschied. Uns Jungs sträubten sich die Haare, wenn uns unsere Mutter aus irgendeinem Grunde zu Estel rüberschickte, wo wir doch Kunden von Frau Kugler waren! Frau Estel unterschied das sehr genau. Da hieß es dann nicht: „Was möchtet ihr?", sondern sehr unverbindlich: „Was wollt ihr?" Ein Glück, dass wir immer zu zweit unterwegs waren, ‚eener alleen hätte det Stottern jekricht'.
Als Kunden bei Frau Kugler waren wir schließlich etwas ganz anderes gewöhnt. Bei ihr machte sich ein angenehmes Gefühl von Zugehörigkeit breit und des Willkommenseins, das manchmal sogar durch Frau Kuglers Griff in eines der riesigen Bonbongläser bestärkt wurde, wenn sie für jeden von uns einen Drops herausangelte. Ein Bonbon mitten in der Woche, da glänzten unsere Augen!
Aber auch die zierliche Frau Kugler konnte anders gucken. Immer dann nämlich, wenn sie uns Brüder an einem Sonntag vor ihrer ganz privaten Wohnungstür stehen sah.
Da stellte sich meinetwegen bei der Zubereitung des Sonntagsessens heraus, dass nicht mehr genug Salz da war. Am Vortag glatt vergessen. Was nun? Kurzes Hinundherüberlegen und dann unser Vater mit einem Achselzucken:
„Jungs, ihr müsst zu Frau Kugler."
„Aber heut is doch zu!"
„Na, da müsst ihr eben hintenrum."
Hintenrum! Auch das noch! Das bedeutete, gleich hinter ihrem Laden rein in den fremden Hausflur, links ein paar Stufen hoch und dort an ihre Wohnungstür klopfen. Wir kannten das schon: wenn sie uns beide zu so unpassender Zeit vor ihrer Tür stehen sah, dann sagte ihr Gesicht nur allzu deutlich, als wie ungehörig sie

solch ein sonntägliches Eindringen in ihren Privatbereich ansah. Kam sie dann aus ihrem Laden wieder zurück, wurde uns das Gewünschte nur durch einen schmalen Türspalt heraus gereicht.
Noch zwei andere Dinge erinnern mich an die kleine Frau mit den grauen Löckchen um den runden Kopf herum. Sie konnte ihren Kunden nämlich sogar mit einer elektrisch betriebenen Wäschemangel dienen - im Schuppen drüben, quer übern Hof. Ein mit Feldsteinen gefüllter Kasten war das, der auf Holzrollen langsam über die darunter liegende Wäsche walzte - von einem elektrischen Antrieb langsam hin und her zurückbewegt und durch nichts aufzuhalten. Eine Eigenschaft, die nur deshalb erwähnenswert ist, weil sie mir Dummkopf einmal sehr eindringlich bestätigt wurde.
Die etwa meterbreiten Holzrollen hatten nämlich auf beiden Seiten einen Knauf, der zur Auflagefläche darunter einen knappen Zentimeter Luft bot. Wie mag es sich anfühlen, dachte ich, wenn ich mir den Knauf über den Nagel des Zeigefingers rollen lasse, der Abstand ist ja ausreichend. Ich muss das probieren! Die Rolle kommt heran, der Knauf drückt die Fingerkuppe zusammen, es tut weh, und als ich mir danach meine Fingerspitze ansehe, sind dort lauter kleine Bluttröpfchen ausgetreten. Als später im Fach Heimatkunde von mittelalterlicher Folter die Rede war, konnte ich mir unter Daumenschrauben etwas vorstellen.
Zuletzt verbindet sich mit Frau Kugler nur noch unsere Verwunderung über ihren Vornamen. „W i e?“, wir trauen unsern Ohren nicht, als unsere Mutter zum ersten Mal den Vornamen erwähnt, „Wiiie heißt die? Aaagnes? - wat iss'n det für'n Name?“ Hatten wir nie gehört. Kam uns eher wie ein Zungenbrecher vor: Agnes Kugler... merkwürdig!
Nach den vier Kaufmannsläden sollen auch Fleischer und Bäcker zu ihrem Recht kommen, die den Einkauf in „unserer Ecke“ so leicht machten. Denn am Straßenende da hinten gab es auch noch einen Fleischer, bei dem unsere Mutter die ersten Jahre einkaufte. Warum sie dann auf einmal den langen Weg bis fast zum Marienberg auf sich nahm, wissen wir nicht. Unsere Mutter war sehr feinfühlig.
Jedenfalls mussten Klaus und ich mit unserm Kochgeschirr von nun an jeden Sonnabend die lange Brielower Straße hinunter und rechts rum bis an die Ecke zur Bergstraße, weil es beim Fleischer nur an diesem einen Tag gegen Mittag Wurstbrühe gab. Wurstbrühe, die noch warm war! Immer wurden wir zu zweit dorthin

geschickt, einer allein hätte der Versuchung auf dem Rückweg nicht widerstehen können.
Unser kürzester Weg war der zum Bäcker. Vom Fenster aus sahen wir auf die Breitseite des hohen Mietshauses, in dem Bäcker Granzow sein Geschäft hatte. Fünf, sechs Stufen, schon innerhalb der Mauern, führten in den Laden hinauf. Was nur deshalb erwähnenswert ist, weil unsere Mutter hier kurz vor unserer Geburt etwas wirklich Heiteres erlebte. Eine Nachbarin sagte eines Tages zu ihr: „Also wissen'se Frau Baier, immer wenn'se von Granzow rauskomm', denn kommt erstmal 'ne janze Weile bloß Bauch, und denn komm' Sie." Der wirkliche Segen für unsere Straße aber war n e b e n Bäcker Granzow zu finden. Eine hausbreite Lücke neben seinem, dem letzten der ganz hohen Mietshäuser, ließ Himmel und Helligkeit in die Silostraße fließen. Von dort drüben durchleuchteten die langen Strahlen der Morgensonne unsere ganze Straße, das warme Morgenlicht ließ den Tag heiter beginnen, ließ Pferdewagen kopfstehend über die Rückwand unseres Kinderzimmers fahren, ließ selbst den Gedanken an einen ganzen Vormittag Schule erträglicher werden.
Und dieser offene Himmel nach Osten hinaus hatte ja noch ganz andere, ganz ungewöhnliche Vorzüge. Bis zu uns hörten wir im Sommer das Gequake der Frösche vom Beetzsee her, weit entfernt von uns hatten sie auf unserer Uferseite ihr Quartier. Und kam die Zeit der Sommerferien heran, dann drangen sogar vom jenseitigen Seeufer, von der Badeanstalt her jeden Nachmittag Stimmengewirr und Geschrei spielender Kinder bis zu uns herüber.
„Drü'm inne Badeanstalt is janz schön wat los - hörste?"
„Is ooch keen Wunder bei so'n Wetter."
„Aber ick staune trotzdem - Mensch, det is doch unheimlich weit weg!"
„Ick globe, der Wind kommt heute von da."
„Einglich merkt man jar keen Wind, ansonst'n müsst'er ja von - warte mal, von - unjefähr von Osten komm'"
„Stimmt!"
Schon sind die Stullenbretter leer - jetzt nischt wie an't Wasser!

Herr Kutzer

Wenn wir nach rechts über die Straße kucken, dann hat drüben an der Ecke Kutzer seinen Laden. Will sagen, H e r r Kutzer, wie es jedenfalls in Gegenwart von uns Kindern nur heißt. Soviel muss sein! Haben wir Ferien und feste Pläne für den Tag, dann müssen wir noch vor dem Frühstück wissen, wie das Wetter wird. Immer wieder laufen wir durch die ganze Wohnung zu den Straßenfenstern, von wo aus wir den Himmel von West nach Ost überblicken können. Manchmal entdecken wir dabei auch Herrn Kutzer, wie er eben in aller Frühe und schon im weißen Kittel mit seiner Trittleiter aus dem Laden kommt und sie unter der fein gearbeiteten Halterung an der Hauswand aufklappt, wie er dann nochmal in den Laden zurückgeht und mit zwei großen silbernen Tellern, den Innungszeichen der Barbiere, wieder herauskommt. Den einen hakt er oben sorgfältig ein, sodass er in unsere Straße hineinblinken kann, den zweiten hängt er - Leiter dahin tragen - um die Ecke in der Watstraße an.

Herr Kutzer ist nicht nur Friseur, er ist eine Institution, er ist der Herrenfriseur in der ganzen weiten Umgebung. Konkurrenzlos. Es gibt weit und breit keinen anderen Herrenfriseur. Müssen wir Jungs wieder mal zum Haareschneiden, dann bedeutet das meistens ein ewiges Herumstehen, denn der Laden ist fast immer voll und wir dürfen den Erwachsenen die Plätze nicht wegnehmen. Selbst wenn wir noch einen freien Platz ergattert haben, stehen wir auf, wenn ein Erwachsener hereinkommt und keinen leeren Stuhl mehr vorfindet. Das gehört sich so. Warten müssen die Älteren zwar genauso, aber erstens dürfen sie sitzen und zweitens können sie sich auch eine der Zeitungen runterangeln, die über ihnen, in lange blanke Holzlatten geklemmt, an den Kleiderhaken baumeln.

Diese Warterei! Die älteren Herrn halten den Laden ja nicht wegen ihrer paar Haare auf, nein, sie müssen sich auch noch rasieren lassen. Da wird erst das Rasiermesser am Lederriemen gewetzt, dann wird mit dem Pinsel ewig Schaum aufgetragen, und dann drückt Herr Kutzer den eingeschäumten Kopf vor sich immer wieder sanft in die eine und die andere Richtung, und schabt und schabt, und wir stehen uns die Beine in den Bauch...

Wir sind s o ungern zum Friseur gegangen bzw. zum Barbier, wie unser Vater zu sagen pflegte. Sein letztes, bestimmendes Wort war zuvor immer: „Aber kurz!“ Kurzschnitt also. Das sollte länger vorhalten, sollte Geld sparen. Für uns beinahe ein Grund zum Verzweifeln. Wie sah man denn hinterher aus! Kahl bis hoch über die Ohren. Zum Glück hatten wir aber unsere Schwester, sie verstand es, unserer Mutter das Einverständnis zum gewohnten Fassonschnitt abzuringen. Kam unser Vater abends von der Arbeit, dann sah er, dass seine Söhne beim Friseur waren, damit war das auf einmal erledigt.

Zwar dachten wir ans Haarschneiden wegen des hinterher juckenden Rückens noch immer mit einer gewissen Gänsehaut, längst aber erfreute uns mehr, dass Herr Kutzer uns von Mal zu Mal ernster zu nehmen schien. Gewissermaßen auch unter seinen Händen aufgewachsen, begann er nach und nach, mit uns wie mit vollwertigen Kunden zu reden. Was schließlich darin gipfelte, dass er uns nach unserer Konfirmation mit Sie anredete. Was aber damals im Geschäftsleben durchaus üblich war. Als ich mir, fünfzehnjährig, schon Internatsschüler in Potsdam, von Herrn Kutzer ein letztes Mal die Haare schneiden ließ, da fragte ich ihn, ob er noch immer so leidenschaftlich gern angeln gehe, und er erwiderte: „Ach wissen Se, mit det Angeln jeht et ja noch, aba mit'et Bierdrinken...!"
„Wieso'n det?"
„Na, stelln se sich vor, ick sitze da neulich anne Ecke bei't Bier un eener sacht Prost un ick krieje mein' Arm nich hoch", er zeigt, wie

er mit seinem angespannt zitternden Arm den Mund nicht erreichen kann, „un uff eenmal jibtet'n Ruck, und ick kipp' mir det Bier üba de Schulta."
Der ganze Laden lacht, Herr Kutzer schnippert erfreut weiter.

Wir fahren nach Berlin

Schon zwei Tage zuvor veränderte sich der Alltag, wenn eine Fahrt nach Berlin bevorstand. Wo schon Straßenbahnfahrten eine Ausnahme waren, da galt die Fahrt mit der Eisenbahn als Ereignis. Noch dazu ging es ja nicht irgendwohin, es ging schließlich nach Westberlin! Ein Begriff, der gleich nach dem Garten Eden kam.
Ganz unbegründet war die Unruhe schon deshalb nicht, weil unsere Eltern nicht mit leeren Händen bei unsern Verwandten aufkreuzen wollten, bei Tante Anna, Onkel Paul und Tante Lieschen. Garantiert würden sie uns beim Abschied irgendetwas mit auf den Weg geben, was in der Ostzone rar oder noch gar nicht wieder zu haben war. Das eigentliche Problem aber war der Übergang von Ost nach West. Alle wussten, da wurde scharf kontrolliert. Von wegen Wertsachen aus dem Osten abziehen und mit denen da drüben Geschäfte machen! - sich bereichern wollen! Nicht mit uns, sagte die Staatsmacht! Längst hatte der Kalte Krieg begonnen, man fuhr zum Klassenfeind. Da musste also sorgfältig abgeschätzt werden, was man halbwegs legal oder gut versteckt durch die Kontrolle bringen konnte.

Unsere erste Eisenbahnfahrt also, im Frühjahr 1947 Wie immer liegen an diesem Sonntagmorgen frisch gewaschene Hemden und Hosen bereit. Wie immer auch „kratzen" die Zellstoffhemden nach der Wäsche, aber damit halten wir uns heute nicht auf, Großes steht bevor.
Schweigsames Frühstück am zeitigen Morgen. Auf einmal unser Vater:
„Sind eure Schuhe sauber?",
„Aber Mann, das haben wir doch längst gestern Abend erledigt", erwidert unsere Mutter für uns. Dann wieder Schweigen. Die Stille ist heute anders. Endlich brechen wir auf. Unser Vater greift sich die neue Einkaufstasche, oben offen, mit einem Geschirrtuch abgedeckt. Unsere Mutter hat im Netz das große rechteckige Blech

mit dem Mohnkuchen. Man kann doch nicht mit leeren Händen kommen.
Schon der Weg bis zur Haltestelle in der Ritterstraße kostet Zeit, und die Warterei auf unsere Bahn genauso. Wir stehen schräg gegenüber vom Museum und kucken unentwegt in Richtung Plauer Straße, von dort sollte die Blaue Linie längst...
„Da kommt se!“ Klaus war schneller als ich.
Während der Fahrt sind wir beide recht schweigsam, jedenfalls für unsere Verhältnisse. Das schnell ausgestoßene „Kuck ma!“, das sonst zwischen uns nur so hin und her fliegt, wird im Kopf schon von Bildern verdrängt, die eine richtig große Dampflok zeigen und Schienen und Weichen und überhaupt...
Am Bahnhof angelangt erstmal Fahrkarten holen, dann durch den langen Tunnel zum hintersten Bahnsteig. Wir meinen, dahinten schon beinahe wieder aus dem Bahnhof rauszulaufen., als sich rechts doch noch eine Treppe nach oben bietet. Oben angelangt, geht's auch noch hinaus bis fast ans Ende des Bahnsteigs, wo es längst keine Überdachung mehr gibt. Und das alles, weil unser Vater meint, am Ende des Zuges könnte man am ehesten Sitzplätze ergattern.
Da stehen wir nun im kalten Morgenwind, sehen auf den Rand der Stadt da drüben. Neben letzten hohen Mietshäusern auf einmal nur noch das flache Grün von Schrebergärten. Unsere Mutter hat sich ein bisschen hinter den Vater geschoben, der frische Morgenwind lässt uns leise bibbern. Der Bahnsteig ist bald voller Leute.
„Dahinten kommter!“ Klaus ist schon wieder der Erste. Ärgerlich. Dann geht tosendes Rattern an uns vorüber, danach kreischen Bremsen und auf einmal Stille. Der Zug steht. Sofort ist jede Tür umlagert. Gedränge. Unser Vater stemmt sich dem Druck entgegen, lässt uns schnell die zwei Trittbretter hinaufklettern, er selbst hat Mühe in den Wagen zu kommen, nicht abgedrängt zu werden. Endlich haben sich alle an dem langen senkrechten Stahlgriff zum Perron hinaufgezogen, mit Nachdruck lässt der Mann mit der Kelle ein paar noch offene Türen ins Schloss krachen, steckt dann die Trillerpfeife in den Mund, hebt seine Kelle, ein Pfiff, und schon geht ein leichter Ruck durch den Wagen.
Apropos Perron: Wer ein bisschen was auf sich hielt, nannte den oberen Eingangsbereich des Personenwagens Perron. Eine Meinungsverschiedenheit hätte sich durchaus so anhören können:

„Wat saren Se? N' Perron, det is eijentlich der Bahnsteich? Also nu machen se mal 'n Punkt; 'n Perron is dett, wo Se jrade stehn!"
Von unserm „Perron" aus hasten wir nun mit raschem Blick durch den Wagen und können in der Mitte gerade noch ein paar Plätze ergattern - sogar ein Fensterplatz ist mit dabei!
Weil handbreit runtergelassen, verschwindet das Fenster neben uns ein Stück in der Zugwand, ein langer, lappiger Lederriemen hängt mitten aus dem Spalt heraus. Lauter Löcher sind darin eingestanzt, eines von ihnen ist über einen knubbligen Messingknopf gedrückt, der das Fenster nun auf seiner Höhe hält.
Der Fensterplatz in Fahrtrichtung gehört abwechselnd Klaus und mir. Ich weiß das nur deshalb noch so genau, weil das für mich einen tödlichen Schreck zur Folge hat. Gerade bin ich auf den begehrten Platz gewechselt und beobachte eben, wie hoch wir über der grünen Umgebung dahinrollen, sehe da hinten Wasser, das Ufer kommt näher und auf einmal - nur Luft unter uns! - es durchfährt mich wie ein Schrei: Wir stürzen ab! ... Aber nanu... der Zug fährt ja...! Mir fällt ein Stein vom Herzen, gottseidank haben die andern nichts bemerkt.
Weil vor der anrückenden Roten Armee auch hier alle Brücken gesprengt worden waren, hatte man nach dem Krieg behelfsweise ein Balkengerüst für die Gleise gezimmert. Nur gut schienenbreit war es so knapp bemessen, dass beim Blick aus dem Fenster nur noch Wasser zu sehen war, auch wenn man noch so steil hinunter schielte.

Als wir in Potsdam aussteigen, drängt unser Vater:
„Beeilt euch, da drüben steht schon die S-Bahn!"
Gemessen an den Schilderungen dieser Bahn haben wir uns die rot-gelben Wagen schnittiger vorgestellt. Erst als es losgeht wird sie unsern Erwartungen wieder gerecht. Und wie das losgeht! Nach dem schleppenden In-Gang-kommen der Eisenbahn staunen wir, wie unheimlich schnell die S-Bahn auf Tempo kommt.
Kurz bevor wir das zweite Mal anhalten, wird's auf einmal eigenartig still im Zug. Die Bahn hält, und schon sind Uniformierte im Wagen. Kontrolle! Der Blechkuchen, den unsere Mutter etwas anhebt, wird gar nicht beachtet, unser Vater muss den Inhalt der Tasche zeigen, „In Ordnung!", der Uniformierte wendet sich dem Nachbarn zu. Unsere Eltern atmen auf; ein paar andere Leute müssen die Bahn mit ihren Habseligkeiten verlassen. Da wird noch

mal genauer hingesehen, bevor sie die nächste Bahn nehmen dürfen.
Wir sind nur eine kurze Strecke weitergefahren, als wir auf einmal hellwach sind:
„Mensch, Klaus, kuck ma, lauter Westautos!"
„Und so ville!"
Unsere Eltern sehen Anderes. Mit den Augen nach draußen weisend, nicken sie sich immer wieder zu. Linkerhand nur Ruinen, die ganze lange Straße neben dem Bahndamm liegt in Trümmern. Für uns Jungs zählen weiterhin nur die Autos, Trümmer sind normale Welt.
„Haste d e n eemd jesehn?"
„Det muss'n janz Neuer sein!"
„Vielleicht kriejen wa noch raus, wat det für eener is."
Als wir am Bahnhof Zoo aussteigen und unten aus der Halle treten, da verschlägt es selbst uns Jungs die Sprache - von hier aus bis zur kaputten Gedächtniskirche hinüber ist alles eine einzige Trümmerwüste, zwischen sich reckenden Mauerreste nur Schutt. Und als wir zum Wittenbergplatz hin einbiegen, stehen zwar rechts noch ein paar Häuser, und auch die U-Bahn-Station da hinten gibt es noch, aber da ganz weit drüben, jenseits der Straße, da steht wirklich kein einziges Haus mehr. Wir sehen dort so lange nur auf Ruinen, bis wir schon kurz vor dem Nollendorfplatz sind und die schräg aufsteigenden Gleise der U-Bahn uns den Blick zu versperren beginnen, ihn dann zwar bald wieder freigeben, aber - wir sehen uns fragend an - wieso fährt eine U-Bahn denn oben?!
Hier nun, auf dem Nollendorfplatz angelangt, setzen sich meine Erinnerungen an unseren Besuch 1947 nicht fort. Ausgenommen eine Begebenheit auf dem nachmittäglichen Spaziergang durch die kaputte Stadt, und das auch nur deshalb, weil sie eine kuriose Enttäuschung darstellt.
Von Tante Anna geführt sind wir also nachmittags ein Stück durch die Stadt unterwegs und kommen an einem Kellerladen vorbei, der tatsächlich heute, an einem Sonntag, geöffnet hat. An der Treppe draußen liegt neben dem Gemüse eine Stiege Bananen.
„Wartet mal'n Moment", schon ist Tante Anna da unten verschwunden und kommt die Treppe mit den Paradiesfrüchten wieder hoch.
BANANEN! Wenn unsere Mutter das Wort zu Hause aussprach, dann hatten wir Jungs zwar jeder ein anderes Bild vor Augen, aber dem Klang ihrer Stimme nach musste eine Banane

geradezu von einem Lichtschein umgeben sein. Manchmal kommt's aber anders, als man denkt. Nachdem uns Tante Anna gezeigt hat, wie man eine Banane abpellt, lassen wir Brüder uns hinter die Erwachsenen zurückfallen, ziehen hastig die Schale ab, ich beiße rein - und bleibe wie angewurzelt stehen... Menschenskinder, wat is'n det? Is det eklich! Ein kremiger Pamps zwischen den Zähnen, wo mir etwas Saftigsüßes den Mund füllen sollte. Schnell drehe ich mich um, keiner soll sehen, wie ich alles wieder ausspucke - wer will denn s o eine Tante enttäuschen?! Als mir nur noch die Schalen über die Faust hängen, heißt es:
„Na Junge, dir hat's wohl jeschmeckt!"
Augenbrauen hoch, nicken: „Au ja!"
Fünf Jahre später. Wieder zu Besuch in Berlin. Zu Fuß vom Bahnhof Zoo kommend endlich auch wieder auf dem Nollendorfplatz angelangt. Für unsere Eltern werden da drüben in der Nollendorfstraße schon die Parterrefenster von Tante Anna und Onkel Paul sichtbar. Klaus und ich haben hier nur noch Augen für den flachen Bau vor uns, der mit einer knallig bunten Cowboy-Szene über die ganze Fassade hin für den neuesten Wildwest-Film wirbt. Und dann erstmal die Bilder in den Schaukästen! Man kann sich kaum losreißen. Bestimmt wird uns Tante Anna nachher wieder das bestimmte Kleingeld in die Hand drücken, so hoffen wir, und dann ab ins Kino. Am Ende wäre damit ja allen gedient, während wir im Kino vor Spannung beinahe platzen, können die Erwachsenen sich in Ruhe unterhalten.
Unter solchen Aussichten sind wir an der Nollendorfstraße, an der geöffneten Eckkneipe angekommen, ein paar Schritte weiter und wir stehen vor der Nummer 37. Abgeschlossene Haustore gibt es nicht. Will man jemand aufsuchen, so geht man ins Haus und klopft an die richtige Tür. Oder klingelt, indem man draußen die handliche kleine Scheibe dreht und es drinnen bimmeln hört. Wir klopfen im Parterre und gleich darauf hören wir Tante Anna drinnen die kurze Treppe herunterkommen:
„Da seit'er ja wir haam schon jesaacht eijentlich müssten se längst da sein aba nu is ja allet jut kommt ma rin." Ohne Luft zu holen empfängt uns Tante Anna mit dem langen Satz. Oben an der Treppe steht schon Onkel Paul, der uns mit seiner stark angerauten Stimme ebenso herzlich begrüßt. Hinter der offenen Wohnzimmertür geht's dann um einen Schrank herum und schon stehen wir vor Tante Lieschen. Sie ist schon lange bettlägerig, in ihren

Äußerungen aber höchst lebendig, halbsitzend umarmt sie uns voller Freude.
Onkel Paul und Tante Lieschen sind Geschwister, sie sind Cousin und Cousine unseres Vaters. Krank sind beide. Was Tante Lieschen hat, wissen nur die Erwachsenen, sie kann nicht aufstehen. Onkel Paul hat schweres Asthma. So schlimm, dass Tante Anna abends immer mit dem großen Henkelglas zur Eckkneipe gehen muss, um unserm Onkel das gewohnte Bier zu holen. Sie ist es, die allen dreien ein gut erträgliches Leben gewährleistet, sie arbeitet nämlich noch. Und zwar nicht irgendwo, nein, bei Siemens! Und auch das nicht einfach nur so, nein, sie ist dort Vorarbeiterin! Mehr unabsichtlich wird das immer mal mit erwähnt, aber das will ja auch wirklich etwas heißen.
Tante Lieschen wurde in die Familie aufgenommen, als ihr Mann früh verstarb. Sie hatte mit ihm ein paar Häuser weiter einen kleinen Laden geführt.
Was kurz nach Kriegsende für alle noch als ein erlösendes Wiedersehen galt, bot in den Jahren danach wenigstens einen plausiblen Grund, ab und zu „in den Westen" zu fahren. Natürlich waren es auch ein paar Kleinigkeiten, richtiger Kaffee für unsere Mutter etwa, und Kaugummi für uns Jungs, die uns abends gutgelaunt wieder nach Hause fahren ließen.
Aber schließlich waren auch wir nicht mit leeren Händen gekommen. Als uns Tante Anna 1954 wissen ließ, sie wolle für die Schuhe zu unserer Konfirmation aufkommen, da sind wir vor Ostern mit dem Fleisch eines ganzen Kaninchens nach Westberlin gefahren. Die Einzelteile da- und dorthin verstaut, so kamen wir an der Zonengrenze ungeschoren durch die Kontrolle. Unsere Eltern hatten noch ziemlich kurz geatmet, als wir zuvor in die gefürchtete Station Griebnitzsee einfuhren, dem letzten Haltepunkt im Osten.
Der Schuhkauf am Nachmittag endet für mich dann in einer riesigen Enttäuschung. Als Vierzehnjähriger, also da fängt man doch an, ein bisschen Eindruck schinden zu wollen - und dann das!
Längst schon haben Klaus und ich nur noch Augen für diese neuartigen Schuhe mit den dicken Kreppsohlen, die es nur im Westen zu kaufen gibt - d i e sollen es sein! Klaus weiß noch ganz genau, wie wir nachmittags mit Tante Anna losgehen und zuerst bei LEISER ankommen. Der Verkäufer guckt sich Klausens (unser gewohnter Genitiv), guckt sich also Klausens Fuß an und kommt dann mit einem Paar prachtvoller Schuhe angerückt. Sie passen

wie angegossen, Klaus strahlt. Man wendet sich mir zu. Unsere Mutter: „Er hat 'ne Nummer kleiner." Der Verkäufer kommt mit leeren Händen zurück: „In d e r Größe haben wir den Schuh nicht." Enttäuschung. Was? Hier im Westen, und nicht haben?
Tante Anna will mir einen Gefallen tun: „Denn jehn wa det kurze Ende zu STILLER!", sie kennt sich da aus. Aber es ist zum Verrücktwerden, selbst im zweiten Schuhhaus keine Kreppschuhe in meiner Größe! Am Ende kommt es für mich auf einen gewöhnlichen Schuh mit Ledersohle heraus. Dabei bin ich doch sowieso schon einen Zentimeter kleiner als Klaus. Nun auch noch so'n Paar flache Sohlen. Einfach schlimm. Meine erwachende Männlichkeit ist verletzt.
Ich bin noch ganz bedrippt, als wir Tante Anna mit ganz veränderter Stimme sagen hören: „Und nu jehn wa noch zu'n KDW." Am Satzende bekommt hier sogar Tante Annas Stimme etwas Schwärmerisches. Leider aber können wir dieses Wunder von einem Kaufhaus nicht mehr von oben bis unten durchforsten, die Zeit rennt uns weg. Unsere Mutter denkt nur noch an die Hemden für die Konfirmation, jetzt also vor allem zur Stoffabteilung! Dort entdeckt sie feines hellblaues Leinen, reibt es prüfend zwischen den Fingern:
„Das nehmen wir!"
Sich auch den Stoff noch von Tante Anna bezahlen zu lassen, lehnen unsere Eltern ab, sie tauschen unser Geld gegen Westmark ein. Leider steht der Kurs heute am Wochenende 1:5 - das werden teure Hemden. Aber immer noch preiswerter, als fertig gekauft. Unsere Mutter kann schließlich alles nähen, sogar alles zweimal

Auch als Jugendliche haben Klaus und ich die beiden Tanten und den Onkel noch so lange besucht, bis die „Mauer" dazwischenkam. Und natürlich erinnere ich mich wieder nur an diese eine, letzte Rückfahrt, weil sie auf einen klaren Nachteil für mich hinausläuft: Wir kommen auf der Rückfahrt mit der U-Bahn am Bahnhof Zoo an, lassen uns auf der Rolltreppe - auch 1956 noch ein unerhörtes Erlebnis - bis ganz nach oben fahren, S-Bahn Richtung Potsdam, schlendern den Bahnsteig entlang, kommen an einem Kaugummiautomaten vorbei, Klaus hebt mehr so „aus Dafke" die Klappe an und - zieht doch tatsächlich einen verkaufsgerecht verpackten Kaugummi heraus! Ein unschätzbarer Wert. Und ich gehe leer aus. Wieder mal! Solch ein flaches

Scheibchen war unter Jungs glatt fünf Bugger wert, unsern dicksten, unsern wertvollsten Glaskugeln, für nur eine dieser Kugeln wurden immerhin so um die vierzig einfache Murmeln verlangt.

Große Ferien

„An't Wasser könn wa heut Nachmittach immer noch, wolln wa ma durch'e Stadt jehn?"
„Jut, machen wa!"
Ein sonniger Tag Anfang August, wir sind mitten in den Großen Ferien, sind nicht verabredet, müssen aber natürlich raus, wie immer, noch dazu bei dem Wetter heute. Die Idee ist schon deswegen gut, weil uns niemand und nichts drängen wird, wenn wir uns allein auf den Weg machen; die Mutter nicht, die sonst immer noch da- und dorthin muss, und heute nicht mal der Zwang, pünktlich zu sein, weil es zu Mittag Rote Grütze mit Vanillesoße gibt.
Los geht's also; wie immer barfuß. Die Watstraße runter über nackte Erde bis zu den Grünanlagen. Dort aber sofort auf die „Glatte Straße", so genannt, weil in der ganzen Altstadt nur hier ein bisschen Asphalt zu finden ist, ansonsten ist alles gepflastert. Die Glatte Straße meiden wir nur, wenn mittags die Sonne drauf steht.
Und schon sind wir an der Stadtmauer, wo es die schwache Steigung zur Gotthardtkirche hinauf geht.
„Hier bin ick mal kaum hoch jekomm, so schwach war ick."
„Kann ick mir nich dran erinnern, wenn war'n det?"
„Nach'n Kriech, als wa nich jenuch zu essen hatten."
Ein Augenblick Schweigen, dann ich:
„Ein Glück, det wa in'ne Ferjen nich zu sing' brauch'n."
„Na, ick ja sowieso nich",
meint Klaus, der nicht mit im Kinderchor zu singen braucht. Ich muss fast jeden Sonntag zum Gottesdienst erscheinen.
Wir überqueren den schattigen Gotthardtkirchplatz, drüben an der Ecke Mühlentorstraße wird's wieder sonnig. Hier an der Ecke hat Bäcker Eilert seinen Laden.
„Is lange her, det wa mal 'n Salzkuchen jekricht ham."
„Eingtlich könnte uns Mutti mal wieder een' koofen."

Unsere Mutter weiß, wie versessen wir auf Salzkuchen sind, aber jeder Pfennig muss dreimal umgedreht werden.
Die Salzkuchen gab's nur bei „Eilert". Das waren Roggenbrötchen, die im Unterschied zu den Weizenbrötchen flach und oben ohne Kerbe waren, stattdessen war die glatte, braungraue Kruste oben ein bisschen bemehlt und krümelweise mit grobkörnigem Salz bestreut, daher der Name. Einen Salzkuchen aufschneiden, Butter drauf und wieder zuklappen - wenn wir so etwas wirklich einmal kauen durften, dann kuckten wir uns nur stumm an - der pure Himmel!
Schon Butter gab's kaum mal, und Salzkuchen schon gar nicht.
Um wieder in den Schatten zu kommen, gehen wir zur anderen Straßenseite rüber, müssen uns aber gleich an der nächsten Ecke entscheiden. Hier an der Kreuzung, wo wir meistens nach links in die Bäckerstraße einbiegen, fängt praktisch „die Stadt" an. Von hier an reiht sich Laden an Laden, löst ein Geschäft das andere ab. Nun stehen wir hier an der Ecke Feeten gegenüber, dem Fischgeschäft mit der immer einladend offnen Ladentür. Auf der anderen Seite der Kreuzung steht bei der Drogerie „Saupe" die Tür kaum still. Das ist ein Kommen und Gehen da drüben den ganzen Tag über. Daneben belebt „Weiland" die Ecke, die Konditorei, neben der unsere Mutter nicht mal den Schritt verhält - viel zu teuer für uns, das geht einfach über unsere Verhältnisse. Jetzt aber, ganz auf uns gestellt, müssen wir da rüber! Mit Stielaugen starren wir durch das riesengroße Schaufenster, uns läuft das Wasser im Mund zusammen.
„Wat würdest'n dir jetzt koofen wenn de könntest?"
„Det viereckje Stück da mit de Kirschen druff und dit Gelee, und du?"
„Kiek ma, darüba is so'n rundet Stück mit ville Kreme druff, det, wat so spitz is."
„Am beste beede!"
„Det Taschenjeld reicht ja nich ma für eens."
„Wär' ooch schade, wenn allet' uff eenmal druffjeht."
Seit unserm zehnten Geburtstag kriegen wir 50 Pfennige pro Woche. Erwartet wird allerdings, dass wir damit auch sparen lernen, und dass vielleicht sogar eine kleine Aufmerksamkeit für den Geburtstag unserer Eltern dabei herausspringt - wenn wir zusammenlegen.
Es muss jetzt gegen Zehn sein, die Mühlentorstraße liegt auf der anderen Seite im Schatten und damit auch das Haus Nummer 12,

vor dessen offenem Torweg jeden Tag aufs Neue ein aus langen Brettern und stabilen Böcken aufgerichteter Gemüsestand entsteht. Dahinter eine ganz in Schwarz gekleidete Frau. Der Stand und diese Frau in Schwarz - die Leute würden etwas vermissen, wenn sie hier einmal n i c h t hinter ihrem Gemüse stünde.
„Weeßte noch, wat Mutti jesacht hat, als wa se jefracht ham, warum die Frau immer schwarz anjezogen is?"
„Klar weeß ick det - weil se ihr'n Sohn dootjeschossen ham. Weil'a nich in'n Kriech wollte."
„Ja, weil'a keene andern Menschen dootschießen wollte, hat se jesacht."
„Mutti hat 'ne janz andre Stimme jehabt als sonst, als se det jesagt hat."
„Ja, hab' ick ooch jemerkt."
Dass man einem Menschen einfach das Leben wegnimmt - wir sind richtig ratlos.
Am Altstädtischen Markt angekommen interessiert uns nicht etwa der Roland, der gehört sowieso zum Stadtbild, sondern Klaus fragt:
„Weeste, warum hier immer noch Straßenbahnschien' liejn? Hier is doch nie eene jefahrn."
„Doch! Kannste dir erinnern? Eenmal is hier eene um de Ecke jefahrn, bloß die Bahn, ohne Anhänger. Die zweete Kurve drüüm is'se ooch noch jefahrn, denn isse umjekehrt. Mann, hat det... also, wie soll ick'n det sagen... schrei'n wär zu ville..."
„Meinste kreischen?"
„Ja det is'et! Wie bist'n da druff jekomm'?"
„Weeß ick ooch nich, vielleicht weil't so ähnlich is - aba stimmt, eenmal ham se det hier ausprobiert."
„Ick weeß jar nich, wie weit die Schien' mal jehn sollten, die jehn ja noch an'n Rathenower Torturm vorbei und hör'n erst hinter de Kurve in'ne Brielower Straße uff."
„Wenn se da weiter jemacht hätten, denn hätten wa vielleicht ma bei uns oben an'e Ecke einsteijen könn'."
„Denn hätten wa ooch nich immer bis hierher loofen müssen."
Inzwischen sind wir nämlich schon in die Ritterstraße eingebogen und kommen gerade an der Haltestelle vorbei, wo wir vor kurzem noch mit unserem Gepäck auf die Blaue Linie gewartet hatten, die uns zum Bahnhof bringen sollte.
„Vati hat och nich jewusst, wie weit die Schien'n mal jehn sollten."
„Na wenn't Vati nich ma weeß, denn weeßet einglich keener."

Weiter geht's in Richtung Jahrtausendbrücke. Kurz vorher, Ecke Fischerstraße, kommen wir an der uns nur zu gut bekannten Apotheke vorbei.
„Ein Glück, det se letzten Sonntach uff hatte, sonst hätten wa noch weiter renn' müssen."
Weil unsere Mutter oft heftige Kopfschmerzen überkommen, müssen wir gelegentlich auch sonntags los, um ihr das bewährte, das hilfreiche „Dolosin" zu holen, dumm allerdings, wenn wir an der Tür dann lesen müssen: „Notdienst hat heute die Apotheke..." Wenigstens aber muss keiner von uns beiden allein mit dem Ärger fertig werden, wir sind immer zu zweit unterwegs.
Jetzt legen wir aber noch einen Schritt zu, ein paar Häuser weiter gibt's doch diese beiden ausladenden Schaufenster, in denen Bilder über Bilder hängen und auch liegen. Meistens große und auch ganz große. Fast immer in goldenen Rahmen. Offenen Mundes blicken wir in eine Welt, die so hinreißend anders ist, als das, was uns hier umgibt. Ein sommerlich grünes Tal, zwischen dessen baumbestandenen Rändern schon bräunliches Gestein sich aufbaut. Aber dahinter erstmal! In heller Sonne erheben sich ganz steile Felswände, über denen, noch viel höher... „Mensch Klaus, kiek ma, da janz oben liejt Schnee, mitten in' Sommer!"
Wir sind völlig hingerissen.
„Mensch, wie kann eena bloß so mal'n...!"
„Wat det für Berje sind!"
„Lauter Felsen."
„Mensch Klaus, wenn wa groß sind, denn fahr'n wa da hin."
„Eenmal bis da oben hochklettern - det muss wat sein!"
„Det machen wa!"
„Aber kiek ma hier det Bild, wat det für Well'n sind!",
Klaus hat schon das nächste Bild im Auge, der goldene Rahmen ist hier noch wulstiger als der beim Alpenbild.
„Kiek ma, wie sich die Well'n überschlagen! Mann, eenmal in solche Well'n baden, det muss wat sein!"
„Ick globe, die schmeißen een' um."
„Glob' ick ooch."
Schon die stählernen Motorboote einiger Fischer lassen uns, wenn sie unter der Homeyenbrücke auftauchen, ins Wasser stürzen und nahe an sie heranschwimmen, um ja von einer Welle angehoben zu werden, aber wie kümmerlich ist das alles gegen diese wilden, weißschäumenden Wogen hier.

„Det muss 'n richtjer Sturm sein, kiek mal det Schiff dahinten, det hat kaum noch Sejel, eens hat sich richtich losjerissen."
„Du meinst det, wat inne Luft flattert."
„Ja, det."
Der Dreimaster scheint dem Sturm hilflos ausgeliefert zu sein, er droht zu stranden. Ganz anders das wundervolle Schiff auf dem Bild darüber, das mit geblähten Segeln an uns vorüberfahren will.
„Komisch, det se hinten so'n ähnlichet Sejel haam, wie die Boote hier ooch."
„Ja, komisch, haam se aber alle."
Der Besan will uns nicht zu den Rahsegeln passen.
Natürlich röhren immer auch Zwölfender, sie werden aber schon gar nicht mehr kommentiert, genauso wenig die riesigen Sonnenblumen in der bauchigen Vase, und das Porträt des bayrischen Hirtenjungen mit Hütchen, wir haben nur Augen für Felsen und schäumende Wellen.
Das Mietshaus gleich neben den Schaufenstern hat einen offenen Torweg, durch den man in eine tiefschattige enge Gasse gelangt. Ein Emailleschildchen weist sie als „Kommunikation" aus.
Wer mochte dem dunklen Kopfsteingässchen diesen hochtrabenden Namen gegeben haben? Egal - allein die Verwendung dieses Wortes ließ doch immerhin auf Bildung schließen:
„Wo woll'n Se hin? Jotthardtkirche? Denn jehn Se am besten jleich hier durch de Kommunikation!"
„Wat is'n det?"
„Weeß ick ooch nich, aber hier is'et am nächsten!"
Klaus und ich gehen schon deshalb oft durch die Schattengasse, weil es bei der roten Klinkermauer immer nach Karbid riecht. Das rare Karbid! - ein wahrer Schatz für jeden Jungen! Schließlich kann man damit Glasflaschen explodieren lassen! Dazu hat es aber bei uns leider nie gereicht.
Die helle Seite der Gasse zeigt fast ausschließlich enge, verwinkelte Hinterhöfe, wo vor den Fenstern immer „kleine Wäsche" im Wind flattert, wo sich aber auch überall Blumenkästen der Sonne zuwenden. Die schmalen Grundstücke grenzen sich durch Maschendraht, Holzlatten oder bröckelnden Mäuerchen von der Gasse ab
Überrascht waren wir eines Tages, als uns hier jemand von oben her mit Namen anrief. Unser Blick irrte einen Augenblick an den verwinkelten Wänden hoch, bis wir ganz oben das lachende Gesicht von Junge entdeckten, einem Mitschüler aus unserer Klasse,

der tatsächlich so hieß, Junge! In unserer Jungsschule - es gab ja nur Mädchen- oder Knabenschulen - redeten sich alle nur mit dem Nachnamen an, so, wie wir es von den Lehrern her gewohnt waren.
Den schwarzhaarigen Burschen da oben konnten wir prima leiden, mit dem verstanden wir uns. Mensch, hatte der's gut! Immer die ganze Havel vor Augen und da drüben sogar die Thälmann-Werft. - Besser konnte man's einfach nicht haben.
Aber zurück zum Eingang der Gasse. Hier sind wir im Augenblick kurz vor der Jahrtausendbrücke und lassen die „Kommunikation" diesmal links liegen, weil wir heute schließlich in die Stadt wollen, und die geht hier, wenn man über die Brücke in die Neustadt kommt, erst richtig los. Erst hier sind die wirklich bekannten, die großen, namhaften Geschäfte zu finden, hier zieht es die Leute in diesen mageren Zeiten hin. Die Frauen, weil sie schließlich Übersicht behalten müssen; die Leute allgemein, weil es vielleicht irgendwas zu ergattern gibt.
Wir beide bleiben aber erstmal mitten auf der Brücke stehen, weil von der Werft her tiefes metallenes Dröhnen zu uns herüberdringt. Ein stählerner Schiffsrumpf mit weit hochgezogenem Bug liegt dort drüben neben der Werkhalle auf dem Wasser. Blauer Stahl schimmert durch den staubartig aufliegenden Rost, mal hier und mal dort blitzt es grell, hier wird geschweißt und gehämmert was das Zeug hält, das Schiff muss fristgerecht ausgeliefert werden. In Brandenburg weiß es jeder: die Schiffe werden für die Russen gebaut, für die Schwarzmeerflotte, wie man zu wissen glaubt. Und alle haben schon mal was von Reparationszahlungen gehört.
„Mensch müssen det Well'n sein, wenn'n Schiff vorne so hoch sein muss."
„Weeßte noch, wie mal eens fast nich durch de Homeyenbrücke jekomm' wär? Da dachten se schon, se komm' da nich durch, aber denn jing et doch noch - so 'n Stücke hat jefehlt."
Zwischen Klausens Daumen und Zeigefinger ist kaum noch Platz. Tatsächlich können die Schiffe ihre Fahrt nur bei günstigem Wasserstand antreten, ob sie das Meer dann über die Oder erreichen, darüber denken wir Jungs nicht nach. Auf jeden Fall werden bei uns seetüchtige Schiffe gebaut!
Von der Brücke aus abwärts wird die Hauptstraße richtig eng.
„Mensch Klaus, haste det eemd jesehn, die Straßenbahn fährt mit de eene Seite schon übern Bürjersteich!"

„Hab' ick jesehn, de Leute ham sich richtich an'e Wand jedrückt, Mann is det schmal hier!"
„Erst hinter de Eisdiele jeht's wieda einjermaßen..."
Stillschweigend gehen wir am Eisladen vorbei, Geld haben wir sowieso keins. Klaus deutet stattdessen zur anderen Seite rüber:
„Is lange her, det wa mal in'n ‚Metropol' war'n."
„Stimmt! Bloß, da spiel'n se ja sowieso keene Filme für uns, det ‚Konzerthaus' is ville besser!"
Tatsächlich dürfen wir seit einiger Zeit sonntags nach dem Mittagessen ins Kino gehen. Hin und wieder jedenfalls. Im „Konzerthaus", dem Kino in der Steinstraße, werden am frühen Nachmittag jetzt immer Kinderfilme gezeigt. Bei den Märchenfilmen sind die russischen die schönsten, die kucken wir uns später gern auch noch einmal an. Die Melodien aus der „Schönen Wassilissa" summen wir längst auch zu Hause.
„Bei 't letzte Mal sind wa extra früh dajewesen, aber als wa hinkam', jing die Schlange schon bis uffe Straße raus."
„Da ham wa schon jedacht, det wa janich rinkomm."
„Na, und denn ham sich ja immer noch welche vorjedrängelt."
Tatsächlich entsteht an der Kasse jedes Mal eine wüste Drängelei. Es geht manchmal tumultartig zu, mit viel Geschrei:
„Eeh! Du da! Vordrängeln jib's nich!"
„Halt' de Schnauze, der da hat mir freijehalten!"
„Det jibtet nich!"
Es nützt alles nichts, die Großen nehmen das Recht des Stärkeren in Anspruch und wir müssen zusehen, dass wir trotzdem noch reinkommen. Letzten Endes war der Weg aber nie umsonst. Schon deshalb nicht, weil wir anschließend, wie jeden Sonntag, unsere Tante abholten. Von hier aus war es ein kurzer Weg zu ihr und der Lohn stets verlockend.
Wir setzen unsern Weg durch die Stadt also am kommenden Sonntag fort, wenn wir dem langweiligen Nachmittag durch den langen Weg bis zum Trauerberg einen gewissen Sinn abgewinnen, denn dort wohnt unsere liebe ...

Tante Grete

„Ihr müsst euch langsam auf'n Weg machen", mahnt unsere Mutter.
„Wieso? Wie spät isset denn?"
„Is ja egal, 's wird jetzt immer schon früh dunkel!"
Das ist einzusehen, also machen wir uns fertig. Immer brechen wir so auf, dass wir bei unserer Tante noch ein viertel Stündchen Zeit haben, mit ihr dann aber noch bei Tageslicht zu Hause ankommen.
Also los!
Wieder durch die Anlagen und zum Gotthardt-Kirchplatz hoch.
„Ein Glück, det et nich mehr rejnet, als ick heute morjen zum Chor musste, bin ick janz schön nass jeworn."
„Ein Glück, det ick da nich mehr hin muss."
Klaus war nur kurze Zeit im Kinderchor, es war nichts für ihn und so hatten unsere Eltern ein Einsehen und nahmen ihn wieder heraus. Bei mir kam das gar nicht erst in Betracht, denn nicht nur, dass ich schon lange Zeit dabei war, für mich boten das sonntägliche Singen, der Blick von der Orgelempore und selbst die Predigt Abwechslung. Letzteres schon deswegen, weil wir immer auf einen der lautstarken Ausbrüche in Pfarrer Passauers Predigt warteten, um uns dann leise kichernd anzustoßen
Weiter also, wie schon ein paar Tage zuvor. Diesmal biegen wir aber in die Bäckerstraße ein und haben da links gleich das Mäuerchen mit dem alten verzogenen Holztor. Verwaschen blaugrau ist es und hat ein Astloch im linken Flügel. Ein Loch, wie ein Geschenk! Denn als wir da eines Tages vorbeikommen und von drinnen laute Stimmen hören, ist Klaus sofort am Loch, und dann kuckt er und kuckt:
„Mensch, is det spannend!"
„Lass' mir ooch mal",
ich dränge ihn beiseite und sehe drei Männer, die einen Metallring über das noch rohe, helle Holz von Dauben zwingen, über ein ganzes fast fertiges Fass.
„Jetzt ick wieder!",
Klaus will den Fortgang auch sehen. Zum ersten Mal erleben wir die Arbeit von Fassbindern.
„Mensch, wie die jebogenen Bretter zusammenpassen!"
„Ick staune ooch, det musste erstma' könn'!"

Unsere Anerkennung bleibt wortreich bis wir ein paar Schritte weiter an. den großen Schaufenstern des Möbelgeschäfts vorbeikommen.
„Möchste so wohn'?"
„Na, ick weeß nicht - det sieht so, ää, also - det könnt'n wa jar nich koofen..."
„Kann sich bestimmt keener leisten!"
Tatsächlich haben wir noch nie jemand in das Geschäft reingehen sehen, und unsere Mutter läuft jedes Mal daran vorbei, ohne einen Blick reinzuwerfen - nichts für einfache Leute! Die beiden Schaufenster nehmen sich fremd aus in der schlichten Umgebung hier.
„Jetzt jehn wa ma rüba, Klaus."
„Ick weeß schon wo de hinwillst."
Wir steuern auf das schmale Häuschen zu, das da drüben gerade eben Platz für eine Tür und ein kümmerlich kleines Schaufenster bietet. Was aber gerade dort zu sehen ist, verwundert uns jedes Mal. Ausgerechnet hier, wo man sich mit kleinen Läden und ein bisschen Handwerk durchschlägt, hier bietet einer Geigen an!
„Kiek ma, die linke da sieht jut aus."
„Die janz helle meinste, die so schön glänzt?"
„Ja die, die sieht aus wie neu."
„Bei de andern sieht man, det se ville jebraucht wor'n sind"
„Stimmt! Aber kiek ma, da hinten is noch so'n langet silbernet Rohr, ick globe, det soll ne Flöte sein." Das Wort Querflöte kannten wir noch nicht
Heute frage ich mich, wie sich ein Mann in der Nachkriegszeit mit Dingen über Wasser halten konnte, die in unserer Arbeiterstadt schon eher sowas wie Fremdkörper waren. Gab's am Ende doch mehr Fälle wie den meinen, der zum Wohl dieses Händlers beitragen konnte, als mir Elfjährigem eine Geige verordnet wurde? Unsere große Schwester hatte gedrängt, meine Musikalität zu fördern.
Und so bimmelte eines Tages das kleine Türglöckchen im Geigenladen, als unsere Mutter und ich gemeinsam mit Herrn Malepse dort eintraten.
Welche Beziehung Herr Malepse zum Geigenspiel hatte, darüber wird später zu berichten sein. Hier jedenfalls trat er ganz fachmännisch auf, hielt die dargereichte Geige sogleich mit der Linken hoch, pochte mit dem Mittelfinger knöchern auf ihren Boden, legte das Instrument erstmal beiseite und ließ sich die nächste

Fiedel reichen. Wieder Klopfen. „Eine ist noch da“, so der Inhaber. Am Ende war ein Instrument gefunden, blieb nur noch die Frage nach dem Preis. Ich glaube, unsere Mutter hat 75 Mark berappen müssen, für unsere Verhältnisse damals eine Unsumme, der Auftakt aber auch zu lebenslangem Geigenspiel.
Jetzt aber schnell weiter! Wir haben den Laden nur gestreift, nur einen Blick reingeworfen. Ohne ein Wort zu verlieren geht's wieder rüber auf die Schattenseite, wo die großen kühlen Granitplatten sonst den nackten Füßen wohltun, wo wir heute aber in Sandalen aufs Tempo drücken. Sonntags barfuß durch die Stadt, das kommt für unsere Mutter nicht in Frage, da gibt es Grundsätze!
„Kiek mal, da sind lauter Balken zu sehn.“
Klaus zeigt auf die Fassade gegenüber, auf das Eckhaus zur Schusterstraße - es ist das Quitzow-Haus. Hier lässt großflächig abfallender Putz altes Fachwerk zutage treten.

Kurz bevor wir die Ritterstraße erreichen, hält uns noch einmal ein Schaufenster auf, in dem es vor lauter Taschenmessern nur so blinkt.
„Eijentlich müssten wa ooch mal'n Taschenmesser kriejen, Dackel hat ooch schon eens.“
„Gulloot ooch!“
„Siehste! Bloß wir nich!“
Zur Ritterstraße gehen wir schon deshalb gern um die Ecke, weil wir das Eckhaus unterqueren können. Der Parterrebereich ist

schräg abgeschnitten, die Stockwerke darüber werden von einem starken Pfeiler abgestützt. Da hindurch, haben wir es immer besonders eilig, über die Straße zu kommen, was jedoch wochentags meist nicht gleich möglich ist, weil sich hier, an der engsten Stelle der Ritterstraße, die Autos und die Straßenbahnen förmlich aneinander vorbeidrängeln müssen.
Heute, am Sonntag, kommen wir aber zum Kleintier-Laden sofort rüber. Heute nur die paar grauen und weißen Mäuse, und dahinter ein Meerschweinchen, also weiter auf dem hier nur handtuchbreiten Bürgersteig, hinauf in die befreiende Breite und Helligkeit der Jahrtausendbrücke. Allein diese Eigenschaften prägen für uns das Bild der Brücke, kein Gedanke an den Sinn der fünf Silben, das Wort bedeutet hellen Himmel und breite Brücke.
„Ick staune, det Dampfer ‚Odin' heute nich unterwejs is!"
„Vielleicht isser schon wieda zurück..."
„Kann ooch sein."
Dampfer „Deutschland" ist unter den beiden Dampfern klar die Nummer Eins, er ist etwas länger als „Odin" und hat auch den höheren Schornstein. Dampfer „Odin" aber ist unser Lieblingsdampfer. Wenn überhaupt, dann sind wir mit „Odin" gefahren. Neben den beiden gibt es nur noch die kleinere „Havelland", die flacher auf dem Wasser liegt, und von vorn bis hinten aus Fenstern zu bestehen scheint. Sie ist ja auch kein Dampfer, bei ihr stoßen ruckartig kleine dunkle Wölkchen aus einem schwarzen Eisenrohr hervor. Das Wort Dieselmotor kennen wir nicht, es ist noch nicht geläufig.
Kein Wort verlieren wir über die Ruine der Johanneskirche im Hintergrund, Ruinen gehören zum Stadtbild. Außerdem kann sie sich mit unseren drei richtigen Kirchen sowieso nicht messen, die haben nämlich alle hohe, dicke Türme. Für uns Jungs verbinden sich ihre Namen allein mit dem Bild ihrer Türme.
Noch immer mitten auf der Brücke, werfen wir nur noch einen kurzen Blick die Havel bis zur Luckenberger Brücke hinunter, ein zweiter streift die Bauchschmerzenbrücke und schon geht's rechts runter, hin zu der Fussgängergasse, die auf ihrer einen Seite nur von einer runzlig-hellen Mauer begrenzt wird. Hier werden wir immer schneller, uns zieht's unwiderstehlich zur Mostrichmühle hin, zum „Wasserfall" daneben, wie der Überlauf bei uns heißt.
Aber Halt! Wir kommen gerade aus der Gasse um die Ecke und - bleiben wie angewurzelt stehen. In den einzigen einsamen Schaufenstern der Wallstraße sind Zeichnungen und Ölgemälde

zu sehen, die uns offenen Mundes dastehen lassen - unbegreiflich, wie es einer im Malen so weit bringen kann.
„Kiek ma, der da, der mit Bleistift jemalt is, der sieht aus als wenner lebt!"
„Mensch, wie kann eener bloß so mal'n!"
„Ick gloobe, von hundert Maler kann det höchstens eener!"
„Det gloobick ooch, janz bestimmt"

Dann treibt's uns aber doch weiter. Schon hören wir es rauschen. Die Schritte werden schneller, das letzte Ende rennen wir, und an das Balkengeländer geklammert starren wir auf den Wasserfall unter uns. Schnelles Fließen, weißes Brodeln da unten, wir können uns nicht satt sehen.
Hier ergießt sich das gestaute Oberwasser der Havel, das vor der Stadtmauer so lange die Neustadt geschützt hat, über ein geöffnetes Wehr in die Unterhavel. Braucht die Mostrichmühle nebenan das Wasser zum Arbeiten, dann wird hier das Wehr geschlossen und das Wasser treibt nun das Mahlwerk der Mühle an, sodass aus den Senfkörnern Mostrich werden kann.
Weiter geht's im Grün an der Stadtmauer entlang bis wir vor einem weiten Gräberfeld zur Wollenweberstraße hinaufmüssen, wo uns jedes Mal dieses ernste Haus gegenüber still werden lässt, es wirkt so verschlossen in sich.
„Mutti hat jesacht, da is 'ne Sekte drin. Det soll'n Leute sein, die an wat andret globen."
Zu den Gräbern für die russischen Soldaten neben uns sagt unsere Mutter nie ein Wort, das Kriegsende ist noch zu nahe.
Uns aber zieht es hier schon wieder ans nächste Wasser, zur Steintorbrücke, mit dem Blick zur beschädigten Stadtschleuse hinunter:
„Als wa noch inne Jahnschule warn, konnten se ooch nur uff de eene Seite hier durchschleusen, die andre Seite is immer noch kaputt."
„Na, wenichstens is det hier bloß für Sejelboote jedacht..."
„Für Motorboote ooch."
„Na jut, aba et jibt ja kaum welche."
„Trotzdem!"
Dass hier einmal sämtlicher Frachtverkehr von der Ober- zur Unterhavel durchging, erfuhren wir erst später, konnten uns das aber auch dann nicht vorstellen, zu sowas brauchte man doch 'ne richtige Schleuse, so 'ne wie bei uns draußen,

Wie immer wechseln wir hier auf die andere Brückenseite, wo sich die Bäume an der Stadtmauer dunkel im stillen Wasser spiegeln.
Hier hat uns einmal ein Erlebnis ganz eigener Art überrascht: Wir kommen zur Brücke rauf und staunen über den Anblick so vieler Leute, die da drüben dicht an dicht über die schützende Brüstungsmauer hängen und aufs Wasser hinunter starren. Für uns kann das nur heißen: nischt wie rüber! Wir finden eine Lücke, ein kurzer Hops bringt uns bäuchlings auf die Mauer hinauf und unsern Blick steil nach unten. Bloß - was eigentlich sehen die Leute da unten? Wir jedenfalls sehen da unten nur ein rückengroßes Stück Stoff schwimmen. Erst das Gemunkel um uns herum lässt Schlimmeres vermuten... was sich durch ein näherkommendes Feuerwehrsignal auch zu bestätigen scheint.
Schon biegt der rote Kasten quer über den Bürgersteig hinunter zum Promenadenweg ein, bremst hart vorm Ufer, vier Mann springen raus, zerren ein Schlauchboot herunter und setzen es aufs Wasser.
Mit Gummihandschuhen bewehrt rudern Zwei von ihnen auf das nasse Etwas zu, der Vordermann will es anheben, aber schon dreht es sich auf der Stelle, ein Gesicht und eine Hand werden sichtbar, der dunkel bekleidete Körper ist gekrümmt. Ein Raunen geht die Brücke lang, uns geht es durch Mark und Bein - ein toter Mensch! Unbegreiflich!
Die meisten Leute bleiben stehen, bis der Leichnam an Land gezogen ist, wir warten nicht ab, bis er ganz sichtbar wird.
„Woll'n wa jehn?" - mehr kriegen wir nicht raus.
Vor diesem dunklen Ereignis hatten wir zuletzt die sonnenhellen Ruinen an der Wassertorstraße liegen sehen, jetzt sind wir dort unterwegs und laufen an den losen Ziegeln entlang zum dunkel verschatteten Trauerberg hinüber. Nie fragen wir uns hier, warum eigentlich „Trauerberg"? Für uns verbindet sich mit dem Wort nur das Bild eines durch viele hohe Bäume verschatteten, dunklen Platzes. Erst im Heimatkunde-Unterreicht ist dann später die Rede von einer Pest im Mittelalter, von so vielen Toten, dass man sie hier vor den Toren der Stadt verscharren musste.

Bald wieder im Sonnenschein, können wir da ganz hinten schon das Haus unserer Tante sehen, dort, wo hohe Bäume die Straße am Jakobsgraben abriegeln. Bis dahinten kaum Leben auf der Straße, vor den Grundstücken ausgebleichte, dahinter weites Grün, hier das kleine Haus mit den ganz tief unten sitzenden

Fenstern, dann noch etwas Handwerk, etliche Schuppen, kleine Ställe, und auf einmal die Giebelwand eines dreistöckigen Mietshauses, dem bis zum Jakobsgraben noch ein paar weitere folgen, unter denen aber gleich im zweiten Haus unsere Tante Grete wohnt. Hier nun endlich zur Tür rein, eine Treppe hinauf und klingeln:
„Wo kommt ihr'n jetzt her !?"
„Is'et denn schon...?"
„Na, is schon jut, kommt ma rin!"
„Anne Steintorbrücke ham so ville..."

„Is ja schon jut, hab' ick jesacht - setzt euch ma hin."
Damit geht Tante Grete in die Küche, während wir uns auf das alte Sofa hocken. Uns gegenüber, beinahe in Reichweite, steht der Kleiderschrank, links neben uns am Fenster das dunkle kleine Tischchen - das Zimmer ist denkbar schmal.
Tante Grete kommt mit zwei Lutschern wieder rein:
„Damit er euch nich langweilt, ick mach mir denn fertich."
Klaus und ich und langweilen? Kennen wir nicht. Hier jedenfalls haben wir uns gleich den großen blanken Spazierstock geschnappt, den mit den zierlichen Metallschildchen. und setzen das Spiel vom vorigen Sonntag fort: Den Griff des Stocks am Knöchel des Bruders eingehängt, heben wir damit abwechselnd einer des andern Bein an und müssen es wenig später so sachte wieder aufsetzen, dass der andere nichts davon spürt.

Dann auf einmal Klaus:
„Tante Grete hat vorhin 'ne janz schön große Tüte inne Handtasche jesteckt."
„Mal sehn, wat se heute mitbringt."
„Ick bin ooch jespannt."
Tante Grete arbeitet bei „König", der Süßwarenfabrik in der Wredowstraße. Dort wird nach der Schicht unter den Arbeitern aufgeteilt, was bei der Produktion kaputt ging. Bei Waffeln heißt das „Waffelbruch". Haben wir später bei uns zu Hause Abendbrot gegessen, ist danach auch das Geschirr in die Küche getragen, dann lauern wir beide immer schon darauf, dass Tante Grete am Stuhl hinunter zu ihrer Handtasche greift.
Die Tüte haben wir ja schon gesehen - aber was ist nun wirklich drin? Doch da rutscht die köstliche Bröckelei schon auf ein bereit gelegtes Stück Papier - tatsächlich Waffelbruch! - und unsere Mutter fängt an aufzuteilen. Wir Jungs machen Stielaugen, jeder Krümel zählt.

Dass es bei Tante Grete auch anders kommen konnte, daran erinnert sich als unverdienten Nachteil besonders Klaus.
Manchmal, wenn wir am Sonntag bei unserer Tante aufkreuzten, hörten wir nur ein mattes:
„Jungs, ihr müsst heute alleen nach Hause jehn, ick hab Reißen!"
So hieß Rheuma damals allgemein, und unsere liebe Tante litt oft unter so schmerzhaftem Rheumatismus, dass sie den langen Weg zu uns einfach nicht auf sich nehmen konnte. So auch diesmal, als wir gerade bei ihr eingetroffen sind:
„Ja, ihr habt richtich jehört - ick kann wirklich nich."
Was nun - wir beide gucken uns ratlos an.
„Ihr müsst heute alleen nach Hause jehn. Det heißt - wisst'er wat? Ick jeb' euch zwanzich Fennich, denn könnt'er heute ma mit'e Straßenbahn fahrn!"
Wir brechen gerade in Jubel aus, da kommt von Tante Grete die wirklich merkwürdige, ja verhängnisvolle Frage:
„Wo jeht'ern lang?",
und ich antworte wie aus der Pistole geschossen:
„Immer uffe Dachfirsten!"
„Na denn jeht man!", heißt es nun trocken. Wir sehen sie fragend an...
„Ihr könnt jehn, hab' ick jesaacht!"

Als wenn Schmerzen nicht schon genug wären diese Frechheit nun auch noch - zu viel ist zu viel!
Wir ziehen sang- und klanglos, ja richtig ratlos ab. Aber unten auf der Straße dann:
„Mensch, du hast uns allet versaut!“ Klaus ist stinkwütend, völlig unverdient hat er auf die Süßigkeiten verzichten müssen! Auf dem langen Weg nach Hause kein Wort zwischen uns, erst ganz am Ende dann doch wieder unser:
„Kiek ma!“

Im Allgemeinen endet ein sommerlicher Sonntagabend mit unserer Tante immer so gegen halb zehn abends, um diese Zeit kann sie noch ungefähr erkennen, wo sie hintritt - wenn es nicht gerade regnet! Dieser lange einsame Heimweg! Kein Mensch mehr auf der Straße, Nachkriegsbeleuchtung. kaum Licht. Und im Winter dann die ganz frühe Finsternis, zuweilen durch Schnee erträglicher, aber bestimmt nicht sicherer. Wenn Glätte droht, holt Tante Grete vor dem Abschied ihre selbstgestrickten Wollsocken aus der Tasche und zieht sie sich über ihre hohen Schnürschuhe, auf Strümpfen zieht sie dann zum Haustor hinaus und verlässt vorsichtigen Schrittes die Silostraße.

Schulweg und Schule

„Am Wochenende werdet ihr eingeschult!"
Nun ja, dass wir bald in die Schule kommen würden, hatten wir ja schon den ganzen Sommer über gehört; aber nun, so kurz bevor, klang das bei unserer Mutter von Tag zu Tag ein bisschen anders. Wir waren gespannt. Auch deshalb, weil da immer von einem langen Weg die Rede war.
„Ich hab' euch die neuen Hosen hingelegt, und ihr zieht auch die frischen Hemden an."
Der Himmel über der Schmiede war blau heute, der Hof schien noch zu schlafen, ein ungewöhnlich zeitiges Frühstück. Alles war anders heute. Die Sonne warf noch lange Schatten, als wir uns an den Händen unserer Mutter im Spätsommer 1946 auf unsern ersten Schulweg machten. Richtig spannend war das für uns, denn obwohl wir uns beim Spielen schon längst unerlaubt weit von zu Hause entfernt hatten, uns zog es immer ans Wasser, wurde unsere Umgebung nun doch zunehmend unbekannter für uns. Und als wir die Wallanlagen hinter uns hatten, da sahen wir den Plauer Torturm zum ersten Mal von dieser Seite, von nun an war alles neu für uns.
Von einer Schultüte wussten wir nichts. Daran wäre auch gar nicht zu denken gewesen. Bei den andern Jungs genauso wenig wie bei uns. Wahrscheinlich gab es diese Tüten noch gar nicht wieder zu kaufen, und wenn doch - wer hätte sich das schon leisten können? Da ging es allen gleich, und so vermisste auch keiner etwas. Als wir Jahre später sahen, wie Erstklässler monströse Papptüten zur Schule schleppten, fast so groß wie sie selbst, oben mit einem blauen Schleifchen gebunden - also nee, sagten wir da, eines richtigen Jungen ist sowas einfach nicht würdig, das sieht ja regelrecht nach Muttersöhnchen aus. Über den Inhalt verloren wir kein Wort, da war immer von einer Menge Bonbons die Rede. Bonbons! Da fällt mir ein, was den Morgen vor unserm ersten Schulgang doch noch zu etwas Besonderem werden ließ: wir bekamen jeder eine kleine Spitztüte mit sauer-süßen gelben Bonbons. An einem Wochentag! Was war denn bloß los heute?!
Wie mangelhaft unsere erste Schulausrüstung war, das wussten nur unsere Eltern. Wohl gab es aus Vorkriegsbeständen noch Griffel zu kaufen, aber an eine Schiefertafel war nicht mal zu denken. Zwar bekamen wir zur Einschulung eine Tafel, die aussah wie

echt, aber im Holzrahmen war statt des Schiefers steife Pappe eingeleimt, überzogen mit hartem schwarzem Lack. In zartem Rot aufgedruckt war auf der Vorderseite die Schönschriftlinierung zu finden, für das Rechnen war die Rückseite gänzlich mit kleinen Karos bedeckt. Warum wir diese Tafeln nur kurze Zeit benutzen konnten, sehe ich der meinen noch heute an. Der spitze, harte Griffel kratzte entweder die schwarze Lackschicht ab, oder er bohrte sich gleich darunter und hob eine Schicht Pappe ab, ein heller Fleck entstand. Da gab's nur den einen Ausweg - Schulhefte. Weil es die aber auch nicht zu kaufen gab, mussten welche gebunden werden. Nur, woher das Papier nehmen? Das war doch genauso wenig zu haben. Unser Vater brachte altes Packpapier aus der Fabrik mit. Es war ganz steif und blank und ließ sich kaum falten, die bräunlich gelbe Grundfarbe war mit dunklen Punkten gesprenkelt. Auf der harten Oberfläche mit den fast graphitfreien Bleistiften Linien zu ziehen, war schier unmöglich, am Ende waren sie eher als eingeritzte Vertiefungen sichtbar. Und diese dürftigen Schreibutensilien waren auf dem Schulweg auch noch ernstlich gefährdet! Denn hatten wir nun auch steife Hefte, so doch noch lange keine steifen Mappen. Wir schleppten große rötlich-braune Aktentaschen aus dünnem Kunstleder mit uns herum, biegsam wie grobes Leinen, für ABC-Schützen denkbar ungeeignet.

Unser erster Schulweg also. Er hätte nur halb so lang sein müssen, wenn uns von Anfang an die Jungenschule der Altstadt, die Nikolaischule offengestanden hätte. Doch die war seit Kriegsende, seit einem guten Jahr also, Kaserne der Roten Armee. Weil nun Jungen- und Mädchenschulen in Brandenburg von jeher strikt getrennt waren, kam für uns nur der lange Weg zur nächstgelegenen Jungenschule in Frage, der Jahnschule am anderen Ende der Stadt. Der lange Marsch dorthin war uns aber von Anfang an recht, immer zu Viert unterwegs, gab's da wirklich was zu erleben. Heute also unser erster Schultag. An der Hand unserer Mutter biegen wir in die Watstraße ein, kommen dann in die Anlagen - die Grünanlagen -, die unsere Mutter immer noch Kaiser-Otto-Ring nennt, obwohl sie doch nun Walther-Rathenau-Platz heißen. Dann geht's an der Stadtmauer entlang zum Rathenower Torturm, unter dessen seitlichem Brückenteil unser Blick den jetzt verschlossenen Luftschutzbunker streift.

Danach über den dunklen Wall (die Wallanlagen) und den Rosenhag hin zum Nikolaiplatz. Dort kommt ganz zufällig ein Auto an uns vorbei. Für unsere Mutter willkommene Gelegenheit, uns das richtige Überqueren einer Straße zu demonstrieren.
„Erst guckt ihr nach links", sie blickt nach links, „und dann nach rechts", sie schwenkt den Kopf herum, „und dann geht ihr ganz schnell über 'n Damm!"
Drüben liegt der Humboldthain, fast kahlgeschlagen ist er, im ersten Nachkriegswinter verheizt. Durch diesen wüst liegenden Park will uns unsere Mutter den Schulweg nicht allein nehmen lassen, ihr scheint es sicherer, wenn wir auf dem Umweg über die Neuendorfer Straße zur Luckenberger Brücke hinauf gehen. Das heißt, zu der schmalen hölzernen Notbrücke daneben, auf der die Fußgänger die Havel jetzt hoch oben überqueren. Von der eigentlichen, der Vorkriegsbrücke, sehen wir die beiden Hälften des geborstenen Mittelteils schräg in der Havel liegen, aufgebogene Straßenbahnschienen spießen aus dem Wasser. Obwohl militärisch längst unsinnig, hatten deutsche Soldaten alle Brandenburger Havelbrücken und die des Silokanals vor der anrückenden Roten Armee sprengen müssen. Der schmale Notsteg hier ist die erste von drei Brücken, die wir auf unserm Schulweg zu überqueren haben. Bretterstufen führen hinauf, unter denen hindurch wir aufs Wasser blicken, die Geländer sind starke viereckige Balken
Versteht sich, dass wir schon ein paar Tage später, nun zu viert, den Weg zur Brücke doch durch den Humboldthain genommen haben, am Ufer der Havel entlang war er hier viel kürzer.
Ja, es kam noch besser, als eines Tages sogar der langgezogene Innenhof der Vollzugsanstalt neben dem Humboldthain geöffnet wurde. Ein langes Gleis verlief durch die Hofmitte, es war draußen an die Straßenbahnschienen der Stadt angeschlossen, auf ihm konnte abtransportiert werden, was von den Inhaftierten in den niedrigen backsteinroten Werkstätten auf der anderen Hofseite hergestellt worden war. Weil der lange Durchgang gepflastert und an seiner Havelseite der Fußgängerbrücke noch ein ganzes Ende näher war, wurde der Gefängnishof sofort zu einer vielbegangenen Abkürzung. Aber nur einen guten Monat lang. Eines Morgens trauen wir unseren Augen nicht:
„Wat is'n da drüben los... is ja allet verrammelt...!"
Kein Durchkommen mehr, die ganze Einrichtung wird wieder gebraucht. Von den neuen Herren zwar, aber zum alten Zweck.

Jetzt sind wir mit unserer Mutter schon auf der schmalen Notbrücke mitten über der Havel und schielen aus dieser Höhe unverwandt aufs Wasser hinunter, aber an ein Stehenbleiben ist heute nicht zu denken. Über den weiten Platz vor der „Sparkasse" geht's nun stramm auf die nächste Brücke zu. Sie ist zwar unversehrt geblieben, aber für uns Jungs ist das noch lange kein Grund, sie zu mögen. Wir können sie nicht leiden, weil sie auf beiden Seiten durch eine simsgedeckte Mauer begrenzt ist, über die wir Sechsjährige noch längst nicht hinüber, geschweige denn aufs Wasser hinunterblicken können. Später haben wir manchmal neidvoll beobachtet, wie andere Schüler den Mut aufbrachten, auf diesem schmalen Sims den ganzen Stadtkanal zu überqueren. Eine bohrende Versuchung auch für mich - aber als Nichtschwimmer? Klaus konnte mir diese Angeberei gottseidank ausreden.
Kurz nachdem wir die Brücke überquert haben, kann uns unsere Mutter kaum noch weiterbewegen. Wir sind am Straßenbahndepot. So viele Schienen! Und überall Weichen! Der Wunsch aller Wünsche, eine elektrische Eisenbahn, konnte uns auch später nicht erfüllt werden.
Weiter also auf unserem ersten Schulweg. Hinter den vielen Weichen geht's nur noch ein paar Häusern hinunter und dann gleich rechts um die Ecke.
„Das hier ist die Wredowstraße", beginnt unsere Mutter, wir haben nur Augen für die nächste Brücke - „... hier arbeitet Tante Grete", jetzt sind wir ganz Ohr, „kuckt mal rüber, da drüben arbeitet sie." Sie weist auf die Einfahrt, über der sich zwei eiserne Schienen wölben, zwischen denen in großen metallenen Buchstaben das Wort „K Ö N I G", steht. Unsere Mutter liest es uns so gedehnt vor, wie die Buchstaben angeordnet sind.
Tante Grete, unsere liebe Tante, die jeden Sonntagabend zu uns kommt und immer etwas Süßes mitbringt. Eigentlich heißt sie ja Margarete und ist die unverheiratete Schwester unseres Vaters. Hier also soll sie arbeiten? Die lange nüchterne Werkhalle neben dem Tor will so gar nicht zu ihr passen. Gleich nimmt uns aber wieder unser Weg gefangen, wir staunen, wie wir nun Schritt für Schritt über die flache Halle da drüben hinauswachsen und endlich so große Jungs sind, dass wir ihr aufs Dach blicken können. Erhoben durch eine Brückenauffahrt.
„Jetzt gehn wir gleich übern Jakobsgraben", sagt unsere Mutter.

Graben? Merkwürdig, das ist aber 'n breiter Graben. Wir kennen bisher nur Wiesengräben. Natürlich wollen wir mitten auf der hölzernen Brücke anhalten, um irgendwas ins Wasser zu schmeißen, aber unsere Mutter hat es auf einmal eilig. Ziemlich hastig geht es nun über einen kahlen Platz, an dessen rechter Seite sich in weitem Halbrund ein flaches Bauwerk hinzieht, das nur aus dunklen Toren zu bestehen scheint. In der Mitte hat es einen schlanken eckigen Turm, der bis zur halben Höhe richtige Fenster hat, darüber nur noch luftige Durchbrüche, in denen wir was hängen sehen. Aber keine Erklärung jetzt. „Wir sind gleich da", sagt unsere Mutter, „dahinten ist schon eure Schule". Wir kriegen gerade noch mit, dass hier die Stadt zu Ende sein muss, weil wir neben dem flachen Bau auf weite Wiesen hinaussehen. Schon aber biegen wir ein in die lange, mit Zierbäumen bestandene Straße, in deren Mitte die Jahnschule steht. Ein ausladender, vielgestaltiger Bau aus dunkelroten Klinkern, mit seinen schönen Rundungen und Bögen geradezu ein Beispiel harmonischer Vielgestaltigkeit und handwerklichen Könnens.

Im Augenblick stehen wir noch, an die Hände unsere Mutter geklammert, draußen auf dem sandigen Platz vor dem Eingangsportal und fühlen uns eher erdrückt von dem mächtigen Bau.

Abgelenkt werden wir, als unsere Mutter mit zwei anderen Frauen ins Gespräch kommt, die auch Jungs an der Hand haben. Man kennt sich von Ansehen, alle wohnen bei uns gleich um die Ecke, in der Watstraße. Die beiden Jungs sind hier auf dem Foto der 2. Klasse zu sehen, es sind Klaus Ulrich und Walter Wernicke: Sie heißen nicht lange so, sondern hören schon bald auf ihre Spitznamen Dackel und Gulloot.
Ein paar Jahre lang sind wir Vier eine Meute, wie das damals bei uns genannt wird, dann trennen uns unterschiedlich ausfallende Zeugnisse; jedenfalls, was die Klassenräume angeht, es bleibt beim gemeinsamen Weg zur Schule, und nachmittags sehen wir uns sowieso am Wasser wieder, an den Ufern um die Homeyenbrücke herum.
Später treffe ich Dackel manchmal auch in der Schusterstraße. Neben der Rückseite des Altstädtischen Rathauses gibt es in einem der alten Häuser eine Bücherei, dort leihen wir uns vor allem Indianerbücher und Expeditionsberichte aus. Hans Schomburgks Entdeckungen in Afrika sind noch Neuland für uns, und sogar die Arktis hat auf den Landkarten noch immer weiße Flecken. Ja die Antarktis hat noch fast gar keine festen Uferlinien, nur gegenüber

Unten 2.v. r. Hans, darüber 2.v.r. Klaus Ulrich (Dackel), ganz oben 3.v.l. Walter Wernicke (Gulloot), rechts daneben Klaus

von Kap Hoorn deuten ein paar schwarze Kringel auf entdeckte Ufer hin, ansonsten ist da unten alles weiß.
Noch sitzen wir jetzt aber zum ersten Mal im hinteren Quergebäude der Schule in einem weißgetünchten Klassenzimmer mit hohen hellen Fenstern, durch die wir auf die Havelwiesen hinausblicken. Die Einführung in das Schulleben ist eher nüchtern, nur gut zehn Minuten lang gibt es notwendigste Hinweise an die Eltern und schon sind wir eingeschult. Unser künftiger Klassenraum wird uns gezeigt, dann werden wir zum Fotografieren auf den Schulhof entlassen. Man macht kein Brimborium um schlichte Vorgänge. Schon gar nicht in so schlechten Zeiten.
Als ich eben die Havelwiesen erwähne, fällt mir noch eine Begebenheit ein, die nicht vergessen werden darf, weil sie Klaus zu einem Besitz verhalf, um den ich ihn eine Kindheit lang beneidete. Der sandige Vorplatz der Schule, auf dem wir vorhin mit unserer Mutter standen, geht im Spätsommer 1946 noch direkt in das dichte Grün der Havelwiesen über, in die Trampelpfade zwischen Weidenbüschen und hohem Gras - eine grüne Wildnis eigentlich. Doch ausgerechnet hier hat Klaus einmal einen regelrechten Schatz gefunden. Wir waren nach der Schule mit anderen Jungs unterwegs, um das Gelände zu erkunden, waren noch gar nicht weit gekommen, als ich sehe, wie Klaus sich vor mir nach einem Stück Papier bückt, in dem etwas blinkt. Lauter Geldstücke! Münzen ganz unbekannter Art. Uraltes russisches und französisches Geld, wie sich später herausstellt. Von den französischen Münzen ist die eine so alt, dass auf ihr nur erst die Losungsworte LIBERTÉ und ÉGALITÉ stehen. Sie muss also, wie unser Vater uns später einmal erklärt, ganz kurz nach der französischen Revolution geprägt worden sein, als das FRATERNITÉ noch gar nicht hinzugefügt worden war. Ein Fund wie ein Wunder. Wer läuft denn mit solchen Werten in feuchten Wiesen herum...?
Wie gesagt, Klaus ging direkt vor mir, und diese paar Schritte genügten, um bei ihm den Grundstock für eine später recht ansehnliche Münzsammlung zu legen. Dieser Fund war um so glücklicher, als schon kurze Zeit später Zäune durch das Grün gezogen wurden, die jeden Zutritt in die tiefliegenden Wiesen verwehrten. Der Not gehorchend wurde das Gelände in Gartenparzellen aufgeteilt.
Jetzt sind wir an der Hand unserer Mutter aber schon wieder auf dem Nachhauseweg. Wir sind eingeschult worden, haben unsere erste öffentliche Veranstaltung hinter uns und können nun keinen

Augenblick den Mund halten. Ganz neue Straßen haben wir heute entdeckt, haben andere Jungs kennengelernt, und jeder von uns beiden hat das mit ganz eigenen Augen gesehen. Neben unserer geduldigen Mutter fallen wir uns eine dreiviertel Stunde lang gegenseitig ins Wort.

Auf diesem langen Schulweg hat uns unsere Mutter noch zweimal begleitet, dann durften wir ihn alleine zurücklegen. So glaubten wir jedenfalls. Erst Jahre später bekannte sie: Ich bin euch noch zweimal nachgeschlichen, um zu sehen, ob ihr auch alles richtig macht. Diese Kontrolle muss zu ihrer Zufriedenheit ausgefallen sein, denn von da an verließ sie sich auf uns. Sie glaubte in einem Maße an den guten Einfluss ihrer beiden Jungs aufeinander, und den Schutz, den sie sich gegenseitig bieten konnten, dass wir eine Freiheit genossen, die schier grenzenlos war.

So ließ sich die Welt entdecken; der lange Weg und die vielen möglichen Umwege boten reichlich Gelegenheit dazu. Pünktlich nach Hause zu kommen, war oft ein Ding der Unmöglichkeit. Wie auch, wenn man sich etwa folgende Situation vorstellt: Auf dem Heimweg kommen wir auf die Luckenberger Brücke zu. Schon von weitem sehen wir, dass die flussaufwärts gelegene Brückenseite schwarz von Menschen ist. Übers Geländer gebeugt starren sie aufs Wasser hinunter. Also nichts wie hin, da muss was los sein! Und tatsächlich, da unten blubbern in regelmäßigen Abständen dicke Blasen aus dem Wasser. Und neben den Blasen ist an der Seite eines offenen Motorbootes ein Prahm vertäut, auf dem zwei Männer an den Enden einer schlanken Wippe stehen, deren lange, dünne Stahlarme sie abwechselnd langsam im Gleichmaß niederdrücken. Das kann nur die Pumpe für die Atemluft sein, denn von der Wippe führt ein dicker Schlauch ins Wasser, neben ihm hängt ein Kabel, das oben neben den Männern an einem Telefonhörer endet. Am Prahm hängt außenbords eine Metallleiter. Ein Taucher ist unten! Und schon kleben wir förmlich am Geländer. Fortzugehen, ohne den Taucher gesehen zu haben, wie er mit seinem riesigen kugelrunden Kupferhelm und dem roten Gummianzug aus dem Wasser steigt, ist einfach unmöglich. Aber das dauert und dauert. Dort unten auf dem Grund werden die größeren Brückentrümmer für eine Sprengung vorbereitet, Löcher für das Dynamit werden in den Zement gebohrt.

Endlich ist es dann so weit. Während der eine Arbeiter weiter pumpt, tritt der andere nach kurzer Telefonverständigung an die Leiter, um dem Taucher an Bord zu helfen. Denn der hat ja nicht nur den schweren Kupferhelm zu balancieren, sondern ist an den Sohlen seines Gummianzugs auch noch mit dickem Blei beschwert, das ihn bis jetzt auf dem Grund gehalten hat. Auf dem Prahm angekommen, wird zu allererst die große runde Scheibe vor dem Gesicht aus dem Helm gedreht, damit der Taucher wieder frische Luft bekommt. Anschließend werden die Sechskantmuttern, die den Helm am metallenen Kragenring des Taucheranzugs befestigen, mit einem Schraubenschlüssel gelöst und der Helm abgenommen. Zum Vorschein kommt ein Kopf, der angesichts des gigantischen Anzugs, aus dem er hervorguckt, viel zu klein geraten scheint. Danach wird dem Taucher geholfen, ganz aus der Gummihülle zu kommen. „Mensch, Mutti wartet!", schießt es uns durch den Kopf, kein Blick mehr nach unten, nichts wie nach Hause!

Natürlich war das jetzt nicht mehr die schmale Notbrücke, von der aus wir eben den Taucher beobachtet haben. Längst war an Stelle der Ruine eine hölzerne Behelfsbrücke gezimmert worden, über die auch die Straßenbahn wieder fuhr. Das muss erwähnt werden, weil ich ein paar Meter weiter mal eine Überraschung erlebt habe, die..., also ich kann euch sagen!

Ein Frühsommertag, die Sonne steht schon hoch und ich bin jetzt erst, noch dazu allein, auf dem Weg zur Jahnschule. Gerade bin ich oberhalb der kleinen Halbinsel zwischen den beiden Brücken angelangt, als ich eine Straßenbahn kommen sehe. Da schießt es mir durch den Kopf: Mensch, das ist d i e Gelegenheit! Etliche unserer Klassenkameraden besitzen nämlich Münzen, die ganz plattgewalzt sind. Sie haben das Geldstück - es sind immer noch die eisengrauen Vorkriegsmünzen mit dem Hakenkreuz - auf die Schiene gelegt und die Straßenbahn drüberfahren lassen. So 'ne Eisenscheibe musste ich auch haben. Wenn überhaupt, dann jetzt!

Einen Sechser habe ich in der Jacke. Als die Bahn auf mich zukommt - weit und breit kein Auto - lege ich die Münze auf die Schiene und knie mich daneben aufs warme Pflaster, um das Walzen genau beobachten zu können. Aber gerade als es spannend werden soll, knirschen plötzlich die Bremsen, der Fahrer springt heraus, haut mir eine runter, und mit den Worten „Heb das Geld auf!", steigt er wieder zu seinem Führerstand hinauf, dreht an der Kurbel und fährt weiter. Menschenskinder war ich beleidigt! Eine Backpfeife! Körperliche Züchtigung kannten wir überhaupt nicht, und dann war das auch noch unter den Augen der

Fahrgäste passiert. Nicht mal ein plattgewalzter Sechser war dabei rausgesprungen. Schlimmer hatte es schon nicht kommen können. Von meiner blöden Naivität war ich aber geheilt.
Die ersten zwei Jahre waren wir auf unserm Weg fast immer zu viert. Dackel und Gulloot, wir kennen sie von der Einschulung her, waren immer mit dabei. Wie Gulloot (vorn betont, aber hinten mit langem O gesprochen) zu seinem unbequemen Spitznamen gekommen ist, bleibt ein Rätsel. Bei Dackel hingegen wusste man auf den ersten Blick Bescheid. Er hielt den Kopf immer ein bisschen schief. Hätte ihn auch gar nicht gerade halten können, denn sein einer Halsmuskel war verkürzt. Der Vater war früh gefallen, die Mutter ging arbeiten, sie hatte andere Sorgen, als die Kopfhaltung ihres jüngeren Sohnes zu beobachten.
Gulloot war ein rundlicher, muskulöser Bursche, der sich nicht dumm kommen ließ, einer, mit dem so schnell keiner anbandelte. Dackel war beinahe das Gegenteil, schlichten Gemütes, nicht gerade sportlich, eher ein bisschen furchtsam. Er konnte sich nicht recht wehren. Wie unterschiedlich die beiden waren, geht aus zwei Zwischenfällen hervor, die sich zu ganz unterschiedlichen Zeiten an genau der gleichen Stelle abspielten, dort, wo die Glatte Straße neben dem Aufgang zur Gotthardtkirche um die Ecke biegt. An diesem Knick stand ein Laternenpfahl ohne Laterne obendrauf. Sie war in den letzten Kriegstagen heruntergeschossen worden, wie all die anderen Laternen auch.
Wir kommen auf dem Heimweg also an die Ecke und sehen drüben auf dem Laternenmast einen Spatz sitzen, „Wartet mal“, flüstert Gulloot, hebt behutsam einen Stein auf, holt langsam aus - und schon fällt der Spatz tödlich getroffen vom Pfahl. Wenn dabei auch der Zufall und ein vielleicht ganz unerfahrener junger Spatz eine Rolle spielten - wir haben Gulloot bewundert! Ehrfurcht vor dem Leben? Damals ein fremder Begriff. Für uns Jungs waren das alles b l o ß Spatzen, Frösche, Krebse.
Anders verhielt es sich schon, wenn unser Gerechtigkeitsgefühl verletzt wurde. An gleicher Stelle hat nämlich mal einer aus der Gruppe Dackel angespuckt. Schon den ganzen Weg an der Stadtmauer entlang war er gehänselt worden, ich sah, dass er in seiner Wehrlosigkeit den Tränen nahe war, in die er dann auch wirklich ausbrach, als es zu dem infamen Höhepunkt kam. Da hielt ich es nicht mehr aus. „Wer Dackel noch mal anspuckt, kriegt's mit mir zu tun!“, damit stellte ich mich vor ihn und hätte selbst eine Schlägerei mit Gulloot in Kauf genommen. Will sagen,

eine Hauerei, oder Klopperei, so nämlich hieß das bei uns Jungs. Schlägerei war uns zu hoch gegriffen, klang zu erwachsen.

Durch ihre Lage am anderen Ende der Stadt, konnten wir für den Heimweg auch Straßen wählen, die für uns bis dahin völlig unbekannt waren. Das waren zwar Umwege, die Zeit kosteten, aber sie machten uns mit unserer Stadt in alle Richtungen hin vertraut. Da endete nahe der Jahnschule eine Straße auf einmal an einem breiten Graben und wir kamen nicht weiter, mussten zurück in die gewählte Hauptrichtung, bogen wieder links ab - schon wieder der Graben! Aber diesmal geht's rechts am Wasser weiter auf eine kleine Kirche zu, die wir dahinten am anderen Ufer sehen, und daneben sogar eine Brücke. Und jetzt fährt sogar noch 'ne Straßenbahn drüber! Noch mutmaßen wir nur, wo wir gerade sind, aber als wir wenig später die Brücke und damit den Graben überqueren, dann gleich auch an der kleinen Kirche vorbei sind, da können wir ganz hinten schon den Steintorturm sehen. Und nun ist uns endlich klar, wo wir angekommen sind. Unter den Ruinen drüben auf der anderen Straßenseite musste das Kino liegen (Ecke Große Gartenstraße), in welchem wir - ein Wunder für uns damals Vierjährige - unsern ersten Spielfilm gesehen hatten, „Reineke Fuchs". Die Erinnerung daran gehörte schon zur Familienchronik. Immer wieder wurde daran erinnert, wie Klaus die anderen Kinobesucher erheitert hatte, als er in die gespannte Stille hinein plötzlich losplatzte: „Kuckt mal die schönen Reiterpferdchen!"
Die kleine Kirche, an der wir gerade vorbeigekommen waren, hatten wir bisher weder gesehen, noch je etwas von einer Jakobskapelle gehört. Selbst viele Brandenburger hätten wohl grübelnd ins Weite geblickt, wenn man ihnen diesen Namen genannt hätte. Wenn dagegen von der 'Verrückten Kapelle' die Rede war, wusste sofort jeder Bescheid. Ihren Spitznamen hatte die kleine Kirche bekommen, nachdem sie als erstes Bauwerk der Welt verschoben, also verrückt worden war. Bald 600 Jahre alt, wurde sie 1892 um einer besseren Straßenführung willen elf Meter seitlich versetzt.
Im schattig braunen, friedvollen Innern dieser Kapelle fühlten wir uns geborgen, wenn wir hier in der Folgezeit Religionsunterricht bei Herrn Rothe hatten. Einem ruhigen Mann mit preußisch kurzem Haarschnitt, von dem wir Siebenjährigen uns ernst genommen und gut und gerecht behandelt fühlten. Wir hatten 1947

plötzlich in diese Kapelle ausweichen müssen, als Christenlehre in den Räumen öffentlicher Schulen nicht mehr geduldet wurde.
Aber zurück zum Heimweg. Als wir auf der Brücke neben dem Steintorturm angekommen sind, fühlen wir Sechsjährigen uns auf einmal als „Große Jungs", denn gleich werden wir zum ersten Mal

ganz allein durch den dicken Turm gehen. Von hier, vom Beginn der Steinstraße an, kommt uns alles bekannt vor, hier sind wir an der Hand unserer Mutter schon gewesen. Und als wir dann am Ende der Straße bei der Ruine des Neustädtischen Rathauses haltmachen, da sind wir uns unserer Sache erst recht sicher. Hier sind wir schon ein paarmal langgekommen. Einmal, als die Stadt noch nicht zerstört war, das ist schon beschrieben, das andere Mal, als wir, gerade noch fünfjährig, beschlossen, hinter dem Pferdefuhrwerk des Kohlenmannes Maess herzulaufen. Der hatte bei uns um die Ecke sein Haus und seinen Kohlenhof und wir wussten genau, dass er nach getaner Arbeit immer wieder hierher zurückkehrte. Da konnte nichts schiefgehen, los also, immer hinter dem Gespann her!
„Wo wart ihr'n so lange?", fragte unsere Mutter ziemlich barsch, als wir uns nach gut zwei Stunden wieder sehen ließen, noch sollten wir uns beim Spielen ja nicht allzu weit von zu Hause entfernen. „Jaaa", so erklärten wir, „wie konnten wir denn ahnen, dass Herr Maess durch die ganze Stadt fährt. Er ist erst durch die ganze Altstadt und dann durch die ganze Neustadt gefahren, und zurück übern Dom. Und dann mussten wir auch immer noch so lange warten, bis Herr Maess die Kohlen in die Häuser geschleppt hatte!" „Na ja, sowas kann man ja auch nicht ahnen!", antwortete unsere Mutter ein bisschen zu knapp.
Was wir jetzt auf unserm Heimweg sehen, hatten wir auf unserer Kohlenwagentour - immer das Fuhrwerk im Auge - gar nicht wahrgenommen. Die Gegend um den Neustädtischen Markt ist nicht wiederzuerkennen. Das schöne Kurfürstenhaus zerstört, das Rathaus drüben eine Ruine, und die ganze lange St.-Annen-Straße ein Trümmerfeld. Beim Rathaus stehen aber noch die Grundmauern. Einfach so an der Ruine vorbeizulaufen, ohne sie untersucht zu haben, das geht nicht. Also rein, und zwischen den hohen kahlen Mauern den steilen Schuttberg bis unter die leeren Fensterhöhlen hinauf. Ganz still ist es in dieser großen Leere, über uns weißer Himmel, wir hören die Stadt nicht mehr.
Wenigstens einmal sind wir im Innern des historischen Gemäuers, sind im Neustädtischen Rathaus gewesen!

Weil unser Heimweg wenig später über den Dom geht, muss ich zu dieser kurzgefassten Wegbeschreibung doch ein Wort verlieren. Wenn also ein Brandenburger seinen Weg über unseren dritten Stadtteil, die Dominsel, nehmen muss, dann geht er „über

den Dom". Und will einer die Stadt wirklich kennenlernen, so muss er im Kreis laufen, durch die Alt- und Neustadt nämlich, und über den Dom wieder zur Altstadt zurück.
Der erste Blickfang hinter dem Rathaus ist zwar immer noch das schon beschriebene Haus mit den vier aufgemalten Fenstern oben und dem Schuhgeschäft SCHREIBER darunter, aber uns Jungs interessiert das jetzt alles nur am Rande, wir wollen endlich ans Wasser. Wir brauchen nur noch am Mühlentorturm vorbei, dann haben wir's geschafft, sind endlich am ersten der Überläufe, stehen an der bröckligen Ufermauer, an deren Ende das Wasser der Oberhavel unter dem Mühlendamm hindurch sprudelnd eine Art Schacht verlässt und hinaus in die Bucht der Unterhavel strömt. Für uns, die wir unsern Fluss immer nur träge dahinfließen sehen, ist so eine starke Strömung ein Riesenereignis. So eine Menge Wasser, und so schnell! Noch während wir stehen und staunen, denken wir schon an unser nächstes Ziel, die Mühle! Der hohe rote Backsteinbau hinter den ersten alten Häusern. Wir schmeißen noch schnell ein paar Steine ins Wasser, um nicht sinnlos über die Ufermauer getrödelt zu sein, denn Wasser unter sich zu sehen, ohne irgendwas reinzuschmeißen, wo gibt's denn sowas! Und natürlich heißt es immer 'schmeißen', um Himmelswillen nicht 'werfen', das klänge ja nach Muttersöhnchen.
Hinter den dunkelroten Ziegelmauern, auf die wir jetzt zusteuern, wissen wir ein Mühlrad, das durch ein Fenster zu beobachten ist - falls man da hinaufkommt. Weil nämlich in diesem breiten, sechsteilig eingefassten Industriefenster die unteren Scheiben mit undurchsichtigem Profilglas versehen sind, muss man erstmal die Reihe darüber erreichen, um hineinsehen zu können. Also verschränkt abwechselnd einer von uns seine Hände vor dem Bauch zu einem Steigbügel, sodass der andere sich mit einem Bein hochstemmen und oben durch die halbblinden Scheiben spähen kann. Was man dann aber da oben zu sehen kriegt, das jagt wirklich Ehrfurcht ein. Dieses gewaltig große, riesig breite Wasserrad, das sich da schwarztriefend mit solch furchterregender Stetigkeit dreht! Durch nichts aufzuhalten, unwiderstehlich - also, da vergeht einem das Lachen...
Dieser Anflug von Respekt verfliegt aber sofort wieder, als wir drüben beim Oberwasser an den Fischerbuden vorbei auf den Brandenburger Hauptpegel zusteuern, diesem Turm im Wasser, dessen viele unverständliche Zahlen auf dem metergroßen Zifferblatt den Wasserstand von Ober- und Unterhavel anzeigen. (Weil

wichtig für die Binnenschifffahrt, wurden die Brandenburger Pegelstände noch jahrzehntelang über die Ost- und Westsender bekanntgegeben.)
Eigentlich aber haben wir schon die ganze Zeit das erste Haus hinter dem Pegel im Auge, dessen eine Hausmauer im Wasser steht, ja, dessen Fenster sogar mitsamt der Terrasse dahinter aufs Wasser hinausgehen: wenn man da doch bloß wohnen könnte, mit so einem weiten Blick über Wasser und Schilf, und der Möglichkeit, vom Fenster aus zu angeln.
Von diesem Haus an wird die Straße breiter, wird grün, öffnet sich zum weiten Dombezirk hin, an dessen einem Ende der Burghof liegt, das eigentliche Kirchengelände. Nur durch eine Art Torweg unter einem Wohnhaus hindurch kommt man dort hinein. Aber obwohl wir wissen, dass wir den ausgedehnten Platz vor der Kirche, den Burghof, an der gleichen Stelle wieder werden verlassen müssen, treibt es uns heute doch bis in dessen hintersten Winkel, wo es eng wird zwischen den Mauern. Wo es aber auf einmal auch wieder ganz weit und still wird, als wir im schattigen Gewölbe des Kreuzganges stehen und auf das sanfte Grün inmitten der umgebenden Bogengänge blicken. Das erste Mal im Kreuzgang des Domklosters - da werden auch lebhafte Jungs einen Augenblick still.
Wenn für uns Altstädter die Domkirche auch ein bisschen zu abgelegen war, als dass sie zu unserem engeren Lebenskreis hätte gehören können, so wurde doch der Weg dorthin eine Zeitlang Pflicht für uns Jungs, als es in der Nikolaischule auf einmal mitten im Winter hieß: „Ab morgen geht ihr vorläufig auf'n Dom zur Schule, unsere Heizung ist kaputt". Mit der Domschule ist die Ritterakademie gemeint, ein Bau, dessen Wände direkt an das Gemäuer des Doms angefügt sind. Früher einmal den brandenburgischen Adelssöhnen vorbehalten, wurde sie nach dem Krieg als normale Volksschule weitergeführt. Dort haben wir im Winter 1948 einige Zeit zur Schule gehen müssen. Nachmittags, als zweite Schicht gewissermaßen, sodass wir erst im Dunkeln nach Hause kamen. Mit dem Schulweg dorthin verbindet sich die Erinnerung an die fürchterlichsten Schuhe, die ich je in meinem Leben habe tragen müssen. Schweinslederne Halbschuhe, die, wenn sie einmal durchgeweicht waren, nach dem Trocknen so steif und hart wurden, dass sie sich nur unter Schmerzen tragen ließen und überall Blasen scheuerten. Aber Schuld an diesem Zustand hatte man ja immer selbst, „Hans, du bist doch wieder mal durch die

Pfützen gewatet, stimmt's?!" Obwohl das sicherlich stimmte, wurden mir diese Schuhe dann doch nicht mehr allzu lange zugemutet.
Heute sind wir recht erfreut über dieses Intermezzo auf dem Dom. Wenn auch nur für kurze Zeit, so sind wir doch immerhin in die gleiche Schule gegangen wie Achim von Arnim, wie Bismarck, oder Graf Lambsdorf, um nur ganz wenige zu nennen. Letzterer muss schon deshalb genannt werden, weil er sich nach 1990 neben Victor von Bülow - Loriot - um den Erhalt des baufälligen Doms hochverdient gemacht hat. Auch die von Bülows sind ja fast durchweg in der Ritterakademie zur Schule gegangen, nur Loriot nicht. Etwas jedoch haben Klaus und ich auch mit diesem

liebenswürdigen Brandenburger gemeinsam: gleich ihm sind wir über der uralten, der romanischen Taufe in der Gotthardtkirche gesegnet worden. Aber darauf kommen wir später noch.
Im Augenblick sind wir als Erstklässler noch auf unserm Abenteuer-Heimweg und alles andere ist Zukunftsmusik. Deshalb lassen wir Jungs den Dom links liegen, um schnellstens auf die Brücke an der Burgmühle zu kommen, da kann man nämlich ein Wunder erleben. Dort ergießt sich das Oberwasser über ein breites Wehr auf einen ausgedehnten Überlauf, einer brückenbreiten, flachgeneigten Ebene, auf der es über grün schlängelnde Pflanzen hinweg in die Unterhavel fließt. Dort lehnen wir uns mitten auf der Brücke weit über das Geländer und blicken mit starren Augen auf das reglose Brückengebälk unter uns und das breite Fließen darunter - und auf einmal beginnen wir rückwärts zu fahren - das Wasser steht, die Brücke fährt! Ganz hingerissen starren wir nach unten, widerstehen der Versuchung aufzublicken, um die Illusion nicht zu zerstören, schielen irgendwann aber doch zur Seite und abrupt stehen wir still; das flache Wasser unter uns strömt wieder, die Umgebung ist auf einmal ernüchternd fahl, wir sind richtig verdattert.
Weiter können wir diesen Ausnahme-Schulweg nicht beschreiben, denn gleich werden wir links in den Grillendamm einbiegen, der aber gehört schon zu unseren Spielorten.
Manchmal sind wir auf dem hier beschriebenen Heimweg schon am Steintor links abgebogen, um über den „Graben" zu gehen, wie die Brandenburger die Promenade mit den Gräben vor der Stadtmauer kurz nennen. Auch da gab es am Ende ein Wehr, einen Überlauf zur Unterhavel hin und daneben ein Hutzelhäuschen, in dem ein schmales hölzernes Mühlrad sich drehte, die Mostrichmühle. An einem warmen Sommertag stand hier die Tür offen, und als wir durch die angegrauten Scheiben spähten, um das Mühlrad zu beobachten, kam eine alte Frau heraus und lud uns kleine Jungen freundlich ein hereinzukommen, um im Innern der Mühle einmal das ganze Mahlwerk in Bewegung zu sehen. Sie zeigte und erklärte uns, wie aus den Senfkörnern der Mostrich entsteht und entließ uns schließlich so gütig, wie sie uns hereingebeten hatte. Das war für uns, auf deren Neugier meistens nur unwirsch reagiert wurde, gerade so, als hätten wir ein Märchen mit einer guten Fee erlebt.

Unser endgültig letzter Schultag in der Jahnschule endete mit der Zeugnisausgabe und einem frühen, lang hingebummelten Heimweg. Ganz gegen sonstige Gewohnheit hatte sich an der Luckenberger Brücke eine lose Schar von Schülern zusammengefunden, die zwar alle ungefähr in die gleiche Richtung mussten, die den Schulweg sonst aber nie gemeinsam gingen, schon des unterschiedlichen Alters wegen.
Die Aufgeschlossenheit heute hatte sogar mehrere Gründe. Wenn auch mehr unterbewusst, gingen wir einen Weg das letzte Mal, der die ersten zwei Schuljahre zu einer wundervoll langen Entdeckerzeit hatte werden lassen. Wesentlich haben wir Brandenburg als Sechs- bis Achtjährige entdeckt.
Noch nicht einmal Mittag war es, und doch waren wir schon frei, die Großen Ferien hatten begonnen. In dieser Ausnahmesituation wichen wir an der Luckenberger Brücke allesamt vom gewohnten Schulweg ab und bummelte die Promenade an der Havel hinunter auf die Gottfried-Krüger-Brücke zu, im Volksmund „Bauchschmerzenbrücke“ genannt.

Nicht alle konnten unsere Vorfreude auf die großen Ferien teilen. Da gab es auch betretene Gesichter. Richtig leid aber tat uns der

„Lange“ aus der Watstraße, der sitzengeblieben war und seine Angst vor den Eltern nun laut herausheulte. Bei uns hieß er nur Pferdezahn, weil seine Schneidezähne weit über die Unterlippe hinausragten. Wenn wir mit ihm zu tun hatten, sagten wir allerdings „Langer“ zu ihm. Er war ein bisschen zurückgeblieben, aber sonst ein richtig gutartiger Kerl. Wer ihn hänselte, musste sich allerdings in Acht nehmen, denn Angst kannte er nicht, erst einmal richtig wütend, schlug er unbeherrscht drauflos.
Die Großen Ferien! Auch wenn ich mich wiederholen sollte, es muss einfach gesagt sein: die beiden schönsten Tage des Jahres waren Heilig Abend und der erste Tag der Großen Ferien! Ein ganzer langer Sommer voller Freiheit lag vor uns - die reinste Seligkeit.

Unsere Nicolaischule

„Aufstehen!“, in singendem Tonfall weckt uns unsere Mutter, geht an unseren Betten vorbei zum Fenster, zieht das Rouleau hoch und geht wieder raus.
„Scheiße“, flüstert Klaus vor sich hin.
„Scheiße“, kommt es genauso leise von mir.
Mit Räkeln ziehen wir das Aufstehen hinaus.
„Jetzt wird's aber Zeit!“, unsere Mutter wird nebenan energisch.
Also los. Wir schicken uns ins Unvermeidliche, machen uns fertig, frühstücken schweigend, werden und werden aber nicht fertig.
„Schluss jetzt! Anziehn!“, unsere Mutter macht uns Beine. Jeden Morgen das gleiche, wir müssen auf den Schulweg gedrängt werden. Los geht's also. Bei Kaufmann Briese an der Ecke kommt Gulloot hinzu, Dackel sehen wir schon stehen, als wir ein paar Schritte weiter am Milchmann vorbei sind. Wortkarg geht's weiter. Die Knochen sind noch steif, eine Woche voller Zwang liegt vor uns. Der Nachmittag - da treffen wir uns am Wasser - ist noch sechs erdrückend lange Schulstunden und eine ungewisse Menge an Schularbeiten entfernt. Kein Grund also, gut gelaunt zu sein. Selten sieht das morgens anders aus. Vielleicht dann, wenn ein sonniger Sommermorgen Badefreuden für den Nachmittag verspricht. Oder wenn wir im Winter über frisch gefallenen Schnee zur Schule stapfen und uns schon nachmittags beim Rodeln sehen. In solch außergewöhnlichen Morgenstunden lässt einer den andern nicht ausreden, wir übertreffen uns gegenseitig

mit unseren Nachmittagsplänen, liegen in Gedanken schon im sommerwarmen Havelwasser oder sind mit dem Schlitten auf dem Marienberg.
Nur - wann kommen solche aussichtsreichen Tage schon mal vor! Gewöhnlich ist es doch mehr eine Art innerer Gefasstheit, mit der wir durch den klammen Morgen zur Schule trotten. Mit Haltung ins Unerfreuliche gewissermaßen. Einmal in der Schule angekommen, sieht die Welt dann wieder anders aus. Da steckt man auf einmal in einer Klasse von über fünfzig Schülern, unter denen man sich behaupten muss.
Und dann die Hofpausen auf dem rammelvollen Schulhof! Sich gegenseitig nicht anzurennen, war kaum möglich. Wenn da wirklich einmal Schüler nicht in Bewegung waren, dann standen sie garantiert auf einem Haufen beisammen, was bedeutete „NICHTS WIE HIN!"
Und richtig, da wälzen sich Zwei auf der Erde, der eine hat den andern im Schwitzkasten, und das Gerangel zieht sich hin, bis einer der Umstehenden ausstößt: „Wetzel kommt!" Alles stiebt auseinander. Auch die beiden Raufbolde reißen sich hoch. Aber mit starrem Blick ins Auge des Gegners:
„Dir treff'ick noch!"
„Ick dir ooch!"
Sich bei solchen Kloppereien als Dritter einzumischen, wurde nicht geduldet. Nur bei Brüdern gestattete der Ehrenkodex eine Ausnahme, was sich dann s o anhörte:
„Öööö, halt' dir da raus, zwee jejen een' jibs nich!"
„Doch, der darf, det is sein Bruder!"
War einer deutlich unterlegen, dann war der Kampf zu Ende, der
dichte Haufen von Jungen ringsum achtete strickt auf Fairness. Fast immer war es mehr ein Ring- als ein Faustkampf. Gar mit Füßen zu treten - keiner wäre auf die Idee gekommen.
Gruppen mussten aber nicht unbedingt auf eine Auseinandersetzung hindeuten. Sah man solch einen Haufen Jungs etwa in einer bestimmten Nische des Schulgebäudes, dann wurde dort garantiert „getengert". Das „Tengern" zog Zuschauer genauso magisch an, wie es strikt verboten war. Schließlich ging's da um Geld. Es war ein Geschicklichkeitsspiel mit den grauen eisernen Münzen der Vorkriegszeit, den Pfennigen, Sechsern und Groschen mit dem Hakenkreuz auf der Rückseite also

Vorzubereiten war nicht viel. Am Betonsockel des einigermaßen versteckt liegenden Schuppens wurde die obere Erdschicht beiseite gescharrt, um feste dunkle Erde freizulegen. Parallel dazu wurde etwa vier Schritte entfernt ein Strich in die Erde gekratzt, an dem sich zwei oder drei Mitspieler postierten, die nun den Wert der Münze unter sich ausmachten, um die es gehen sollte. Meist wurde um Pfennige, höchstens um Sechser gespielt. Los ging's. Nacheinander versuchte jetzt jeder, sein Geldstück so dicht wie möglich an die Betonkante zu werfen. In einer Haltung etwa, mit der wir heutzutage eine Wurfscheibe lossegeln lassen, nur noch viel tiefer nach vorne gebeugt. Wessen Münze am dichtesten an der Wand landete, der hatte nicht etwa schon gewonnen, der musste seine Geschicklichkeit jetzt erst wirklich beweisen. Sich überlappend wurden die Geldstücke in die vorgestreckte, geöffnete Handfläche gelegt, dann ganz knapp in die Luft geworfen, wobei die Hand ruckartig gewendet wurde, damit die Sechser auch den Handrücken berührten, von dem sie noch einmal gerade hoch genug geworfen wurden, um sie mit raschem Zugriff aus der Luft grapschen zu können. Damit die Münzen beieinanderblieben, musste das alles blitzschnell gehen, denn fiel auch nur ein Geldstück zu Boden, war die ganze Mühe umsonst. Jeder nahm sein Geldstück zurück und es ging in die nächste Runde. Die Pausenaufsicht hat uns nie erwischt, die aufmerksamen Augen der Jungs waren überall.
Weil man aber nur eine Hofpause haben kann, wenn man vorher schon die Schulbank gedrückt hat, muss schließlich auch vom Unterricht selbst und von den Lehrern die Rede sein. Zuvor aber von unsern Sitzgelegenheiten, den Schulbänken.
Tatsächlich haben wir noch fast unsere ganze Schulzeit auf solchen Zwei-Mann-Bänken gesessen, die unten zu beiden Seiten auf dicken Balken eingeleimt waren, und aus denen ganz vorn zwei massive Bohlen aufstiegen, die vor uns die schräge Schreibplatte trugen und das geräumige Fach für die Schulmappen darunter - im Ganzen ein fest in sich gefügter Block. Als Lehne konnte zur Not die harte Kante der Schulbank hinter uns dienen, wenn es nicht schon wieder „Geradesitzen!" hieß. Acht Jahre lang haben Klaus und ich nebeneinander diese blankgesessenen Holzbänke gedrückt, an denen nichts wackelte; da war wirklich alles wie aus einem Guss, einfach nicht kleinzukriegen!
Das Gewicht der Bänke ließ uns weiterdenken. Herbstzeit war auch Eichelzeit, legte man eine Eichel unter die Seitenbohle und

ließ sich auf des Lehrers „Setzen!“ mehr auf die Bank fallen, als sich manierlich zu setzen, so gab das einen anständigen Rumms. Bei einem der noch jungen Lehrer haben wir einmal sämtliche Bänke auf diese Art bestückt. Er kommt herein, wir müssen uns heute nicht erst erheben, wir stehen schon. „Setzen!“ Eine Art Detonation lässt ihn zusammenfahren, er kann sich aber dann ein Lächeln doch nicht verkneifen: „Ihr seid Helden...“
Das war auch die Zeit, als uns Neunjährigen auf einmal Schulessen angeboten wurde. Was besonders den Jungs zugutekam, die mittags niemand zu Hause antrafen. Essen gab's in der Großen Pause. Die Schulstunden. danach waren nötig, um den ständigen Gemüseeintöpfen noch einen anderen Sinn abzugewinnen. Gebraucht wurden dazu vor allem die Löffel. Deren Stiel war am Ende leicht nach oben gebogen. Ein Mohrrübenscheibchen vorn auf den Löffel gelegt und mit der Faust auf dessen Stielende gehauen, ließ das weiche rote Stück derart an die Decke flitzen, dass es oben kleben blieb. Erst im Laufe der nächsten Unterrichtsstunde kamen die Scheibchen nach und nach heruntergekleckert. Zusammen ergab das einen fortwährend irritierten Lehrer und eine ständig leise vor sich hin prustende Klasse.

Der Lehrermangel bewirkte jahrelang Klassenstärken von immer über fünfzig Schülern. Kinder, war da was los, wenn zu Beginn eines neuen Schuljahres auch ein neuer Klassenraum bezogen wurde! Schon beim Anstellen auf dem hallenden Flur lautstarkes Gedränge um einen der vorderen Plätze, und das nur, um bei sich öffnender Tür zu den hintersten Bänken stürzen zu können; um nicht in einer der vorderen Reihen sitzen zu müssen! - mal abgesehen von ein paar Musterschülern, denen der Abstand zum Lehrer egal war. Sie gehörten zwar nicht zur Pausenkumpanei, waren aber dennoch allgemein geachtet, Klugheit wurde anerkannt. Wir haben nie erlebt, dass jemand ausgegrenzt wurde, sowas gab's nicht.
Bei unseren Lehrerinnen war jegliches Alter vertreten. Von Junglehrerinnen, die man nach kurzem Lehrgang auf uns losließ, über die mütterlichen Alter bis hin zu Rentnerinnen tauchte beinahe jede Schulstunde eine andere Altersgruppe vor uns auf. An Lehrern unter Dreißig war dagegen in den ersten Nachkriegsjahren gar nicht zu denken. Entweder waren sie noch in Gefangenschaft oder sie bauten ihre Zukunft gleich im Westen auf, in

Westdeutschland also. Nur zögernd stellten sich Lehrer mittleren Alters ein.

Unter unseren Lehrern, die entweder gefürchtet oder geachtet, selten beliebt, nie aber originell waren, hebt sich eine gewisse Frau Meltzer ab. Nach ihrem verhutzelten Gesicht zu urteilen, musste sie die Mitte Sechzig schon überschritten haben, als sie uns Zwölfjährige in Russisch zu unterrichten begann. Mit stark rollendem Rrrr sprach sie einen melodischen ostpreußischen Dialekt, der besonders dann hoch nach oben ausschlug, wenn sie energisch wurde. Als erfahrene Lehrerin setzte sie die Disziplin bei uns schon leicht pubertären Schülern in sehr eigener Weise durch. So fuhr sie beim leisesten Verdacht ganz bestimmt gearteter Unaufmerksamkeit auf den Schüler los: „Ferrrkel, baust schon wieder Zelt - Hände auf den Tisch!“ Oder mit ihrem oft gebrauchten: „Du tändelst schon wieder!“, stampfte sie auf einen anderen zu, grapschte ihm den Füller aus der Hand und warf ihn in eine Ecke. Einmal sogar zum Fenster hinaus! Auch das ist passiert. Unser Klassenraum lag oben im dritten Stock, unten war solides Granitpflaster. Der Blick ging auf einen Friedhof hinaus.

Der Heimweg

Die Schule ist aus. Die Freuden des Lebens warten auf uns. Heute sind wir kaum zur Schule raus, da meint einer von uns: „Woll'n wa ma kurz zur Nikolaikirche?"

Dicht beim Schultor hat die hohe Kirchhofsmauer ganz oben eine keilförmige Bruchstelle, die bei gegenseitiger Hilfe erreichbar ist. Von dort nur noch ein kleiner Sprung abwärts und wir landen im grünen Wildwuchs zwischen stillgelegten Gräbern. Durch die Sträucher hindurch schimmert da drüben schon das warme Ziegelrot der Kirchruine.

Zerborstene Mauern ziehen uns an; der Blick in einst verborgene Innenräume, in schattige Wunder, in das hallengroße offene Geviert zuletzt, in das nun die warme Sonne scheint

Natürlich geht's uns aber auch um ganz handfeste Dinge, wenn wir in die Ruinen klettern.

„Los, wir jehn Schätze suchen", heißt das immer bei uns, und wir sind auch dann nicht enttäuscht, wenn wir am Ende nur rostige Schrauben, einen merkwürdig geformten Stein, oder ein paar noch brauchbare Nägel finden. Schon nach wenigen Tagen sind

unsere Hosentaschen immer stark ausgebeult. Beim wöchentlichen Hosenwechsel wirft unsere Mutter einfach alles weg. Wir bemerken das nicht einmal, stopfen uns unverdrossen wieder die Taschen voll.
Klaus hat dicht beim eingestürzten Kirchturm aber wirklich mal einen Schatz gefunden, eine alte Münze. Immer musste er sowas entdecken! Selbst bei der Rumjagerei auf dem Schulhof hat er ganz hinten im Schotter mal ein altes Geldstück entdeckt.
Bei mir war es nur ein langer dünner Gummischlauch, den ich kurze Zeit als einen ausgesprochen glücklichen Fund betrachten durfte. Er lag unbeachtet in der eben beschriebenen Kirchruine, war um die vier Meter lang, dünnwandig und hatte etwa 2cm Durchmesser. Damit war er meiner Meinung nach bestens für lange Tauchgänge geeignet. Ich malte mir schon aus, wie ich am oberen Ende einen Schwimmer, ein Stück Holz, anbinden würde, um dann beliebig lange unter Wasser zu bleiben. Nicht mehr wegen Luftmangels auftauchen zu müssen, ein Segen! Die anderen stehen am Ufer, warten, dass ich mich wieder sehen lasse und kommen aus dem Staunen nicht raus - goldene Aussichten!
Den ersten Dämpfer verpasste mir ein älterer Mann, der mich noch an der Friedhofsmauer mit dem Schlauch stehen sah:
„Was willst'n damit machen, Junge?"
„Damit kann ick lange tauchen!"
„Weißte, dass das jefährlich is?"
„Wieso denn?"
„Weil der Schlauch zu lang is, normal atmen kannste damit nich."
„Na, jut, aber mit nach Hause nehm' ick 'n."
„Mach det, Junge."
Ich verstecke den Schlauch erstmal im Gebüsch bei einem Grabstein. Ausgerechnet dann aber, als ich ein paar Tage später aus irgendeinem Grund mutterseelenallein den Heimweg antreten muss, will ich auch meinen Schlauch mitnehmen. Kein Mensch weit und breit. Also nichts wie hin zu dem Grabstein, um meinen Schatz zu bergen. Kaum aber bin ich damit vom Friedhof hinab auf den Schulweg gesprungen, da begegnet mir ein Großer Junge. So hießen die älteren und stärkeren Jungs bei uns. Er sah sich kurz um, streckte die Hand aus und sagte:
„Jib her!"
„Det is mein Schlauch!"
„Jib her, hab' ick jesacht!"

„Öööö, den kannste doch nich einfach..."
Weiter komme ich nicht, er greift zu, ein kurzer Ruck und wortlos zieht er mit meinem Schlauch davon.
Können Schutzengel auch in solcher Gestalt auftreten?

Unsere große Leidenschaft waren Autos. Vor allem Personenautos, wie sie noch vollständig ausgesprochen wurden. Wir erkannten jede Marke schon von weitem, auch in ihren verschiedenen Varianten.
„Kuck mal, da fährt'n Opel Olympia."
„Is det nich'n Opel Kadett?"
„Na, fehlt bloß noch, dette Opel Blitz dazu sachst."
Dieser Dialog stellt unsere Kenntnisse zwar eher in Frage, will aber nur die Namen nennen. Trotzdem sie sich wenig unterschieden, konnten wir die verschiedenen Varianten schon von weitem unterscheiden. Diese drei Typen waren in Brandenburg so etwas wie Volkswagen. Das Opelwerk draußen vor der Stadt hatte viele Arbeiter beschäftigt, bis es von Bomben zerstört wurde. Nur der Schornstein blieb einsam stehen, mit seinen 90 Metern das höchste Bauwerk der Stadt, jeder wusste das. Als er Jahre später gesprengt werden sollte, sprach sich das schnell herum, ganz Brandenburg war auf den Beinen.
Die Autos! Kurz bevor eins um eine Straßenecke bog, hieß es bei uns Jungs immer „Mal seh'n, wo'a hinwill", und richtig, schon sprang hinter einer der Vordertüren ein kurzer roter Zeiger aus dem Blech und das Auto fuhr in die gewiesene Richtung um die Ecke. Wir waren baff vor Staunen, als sich eines Tages solch ein Zeiger auf und ab bewegte! Er winkte richtig! Wer konnte bloß so etwas erfinden...! Für uns eine Riesenumwälzung, ein technisches Wunder, die erste große Neuerung in unserm Leben.
Unter den wenigen Lastern (LKWs) auf der Straße guckten wir uns nur jene genauer an, bei denen hinter dem Fahrerhaus ein Holzofen qualmte, ein Holzvergaser in Form eines etwa mannshohen, schulterbreiten Eisenrohrs, der laufend beheizt werden musste. Die schon wegen dieses Vergasers ausgesparte Ladefläche wurde durch einen Berg Holzscheite noch zusätzlich verringert.
Das spannendste Auto aber, das Brandenburg zu bieten hatte, war die Grüne Minna. Eine Art halbhoher Lieferwagen mit einem rundum geschlossenen stählernen Aufbau, der an einer Seite ein ganz kleines, vergittertes Fenster hatte - eine Art Gefängniszelle auf Rädern. Wenn dieses blassgrüne Gerichtsauto mit Tatütata

vorüber eilte, dann überschlugen sich unsere Vermutungen; dann wusste es einer immer besser als der andere, was für eine Art Verbrecher da gerade weggebracht wurde. Das lautstarke Tatütata, obwohl bei dem spärlichen Verkehr völlig unnötig, beflügelte unsere Phantasie noch zusätzlich. Eine Grüne Minna muss sich aber auch bemerkbar machen!

Manchmal, wenn wir aus der Schule kamen und den Nicolaiplatz überqueren wollten, blieben wir plötzlich wie angewurzelt am Bordstein stehen - „Egon"!

Tatsächlich, unter den Leuten, die drüben auf die Straßenbahn warten, steht Egon. Keiner weiß, wie Egon wirklich heißt, irgendjemand hat ihm den Spitzamen verpasst, unter dem ihn alle Schulkinder kennen. Egon ist schwachsinnig, wahrscheinlich durch Kriegseinwirkung, er ist etwa Anfang Zwanzig, hat ein schön geschnittenes, kluges Gesicht und ist immer ordentlich gekleidet, ein gutgelittenes Original. Im Augenblick steht er unter den vielen Leuten drüben an der Haltestelle. Ein bisschen vornübergebeugt, steht er ganz vorn am Rinnstein und äugt gespannt auf die Autos an der Ecke drüben, wo der Verkehr aus zwei Hauptrichtungen zusammenfließt. Jetzt zieht Egon kurz die Mundwinkel hoch und kratzt sich ganz oben auf dem Kopf. Kurze Pause. Wieder Kratzen, jetzt schon energischer. Dann sogar mit beiden Händen. Egon steigert sich, Arme hoch, Arme runter, Kratzen, Grinsen, immer schneller, der Körper zuckt, Egon kann sich nicht mehr halten, er stürzt mitten im Verkehr zur Kreuzung hinüber, streckt dort die Arme aus und beginnt hektisch den Verkehr zu regeln. Aber nicht lange. Wie immer, eilt auch heute ein besorgter Mann hinter ihm her, der ihn gütlich wieder in Sicherheit bringt. Wir haben Egon richtig gern, er ist sooo außergewöhnlich.

Gleich hinter dem Dreieck des Nicolaiplatzes müssen wir hinüber zum Rosenhag, einer Grünanlage, die den Blick auf den Marienberg freigibt. Jetzt, um 1949, ist das lange, grüne Geviert wieder ringsum mit niedrigen Rosenstöcken bepflanzt. Eines schönen Morgens steht auf einmal auch noch ein weißer Mann aus Stein auf dem Rasen. Auf einem hohen Sockel steht er. Wir hören zum ersten Mal das Wort Marmor.

Der weiße Mann heißt Paris, vorne betont. Er ist uns aber gerade heute nur einen Blick wert, im Moment denken wir mehr an die Hagebutten, die gerade rot werden. Sie müssen um diese Zeit gegessen werden, wenn die Schale eben beginnt süß zu werden, das Fleisch aber noch fest und saftig ist. Um diese Zeit muss aber

auch der rechte Daumennagel lang genug sein, um die Schale mühelos aufschlitzen und die kleinen behaarten weißen Kerne herauspulen zu können, das sogenannte Juckpulver. Wem der Hintermann in der Schule solche Kerne ins Hemd streut, der hat mit den Folgen lange zu tun. Alle weiteren Schulstunden hindurch juckt der Rücken wie verrückt und nur ein Kleiderwechsel zu Hause und der Waschlappen in der mütterlichen Hand können Abhilfe schaffen. Weil solch ein Schabernack aber unweigerlich Rache nach sich zieht, wird er nur selten riskiert.

Die Hosentasche voller Hagebutten, schlendern wir am weißen Mann vorbei zu den Wallanlagen hinüber. Mit ihren beiden tief unten liegenden Wassergräben, nun längst Wege, boten sie der Stadt einst schon vor ihren Mauern hinlänglich Schutz. Zwischen den einstigen Gräben erhebt sich der eigentliche Wall, von uns nur Oberwall genannt Wir benutzen immer nur diesen fast schattenlosen Weg da oben, zu dem eine breit angelegte Treppe aus flachen Natursteinen hinaufführt. Nur noch ein kurzes Ende weiter und schon ist man auf gleicher Höhe mit den Häusern der Altstadt da drüben und hat nun Übersicht. Waren Klaus und ich dort zufällig mal allein unterwegs, dann hieß es an einer bestimmten Stelle immer: „Da drüben müsste man wohnen!“, und der Finger zeigte auf ein Haus mit vielen Balkons, von denen über den Wall hinweg bestimmt der ganze Marienberg zu überblicken war. Kein

Wunder solch ein Wunschdenken, wenn man bedenkt, dass wir von unserer Parterrewohnung aus immer nur auf Mauern sahen. Auf Mauern allerdings, vor denen immer auch Pferde standen.
Jetzt gehen wir Vier aber gerade auf die breite Treppe zum Oberwall zu, als uns zwei, sagen wir, sozial benachteiligte Frauen entgegenkommen, offensichtlich Mutter und Tochter. Und genauso offensichtlich auf dem Weg zum Krankenhaus am Marienberg, denn die Jüngere trägt einen kugelrunden Bauch vor sich her, ist hochschwanger. Da muss doch einer von uns im Vorbeigehen laut genug sagen: „Familie Kürbis kommt!" O Gottegott geht da was los! Die Alte fährt mit schrillem Keifen auf uns zu, wir müssen ein paarmal zur Seite springen, ein Schwall ordinärster Beschimpfungen geht auf uns nieder, wir sehen zu, dass wir Land gewinnen. Unser halbherziges Lachen hinterher hat etwas von einem Eingeständnis - na klar, die Alte hatte ja recht.
Ein anderer frühpubertärer Vorfall hat sich ein Stück weiter oben auf dem Wall zugetragen. Dackel, als der Schwächste unter uns, wollte auch mal zeigen, was in ihm steckt. Als zwei nichtsahnende Schulmädchen an uns vorbeikommen, schubst er beide die Böschung hinunter, wo sie in den Sträuchern hängen bleiben. Sie gucken noch ganz fassungslos, als Dackel schon an ihnen vorbei saust. Wortlos hat ihm Klaus einen so kräftigen Stoß verpasst, dass er Hals über Kopf durchs Gebüsch stürzt und sich erst ganz unten wieder aufrappeln kann. Wieder oben bei uns, wirft er uns mit Tränen in der Stimme Gemeinheit vor. Wir machen ihm ein paar unserer Grundsätze klar.

Dackel, Hans, der Lange, Klaus

Als wir fast die höchste Stelle des Walls erreicht haben, gucke ich rüber zur Bergstraße und denke: ‚Mensch, wir haben ja schon Dienstag, morgen muss ich wieder zum Chor!' Da drüben hat die Gotthardtkirche ihr Gemeindehaus, ein langgezogener Parterre-Bau mit großen Fenstern in der schön gestalteter Gründerzeit- Fassade. Hier habe ich jeden Mittwoch Chorprobe im Kinderchor, den Herr Bothe leitet. Er ist der Kantor unserer Kirche. Die Probe ist immer erst am späten Nachmittag, sodass es im Winter schon dunkel ist, wenn ich mich auf den Heimweg mache Dann gehe ich lieber nicht über den stockdunklen Wall, sondern den Umweg über die Bergstraße.
Wenn es um das Chorsingen geht, dann kann ich nämlich nicht „wir" sagen, dann bin ich ganz auf mich allein gestellt. Unsere Schwester war auf den Gedanken gekommen, meiner Musikalität eine praktische Richtung zu geben. Klaus konnte zu Hause bleiben. Gerade das war es aber, weshalb ich mich mittwochs immer mit einem gewissen Missmut auf den Weg machte. Ich beneidete Klaus, weil er nun werweißwielange allein mit unserm Roller fahren konnte. Zwillinge mit nur einem Roller und einem Schlitten - ein kindheitslanges Handicap. Mit dem Schlitten ging's ja noch, der war immer nur für kurze Zeit miteinander zu teilen, aber der Rest des Jahres war schließlich Rollerjahr! Weil wir uns das geliebte Gefährt ansonsten aber fair miteinander teilten, war das wöchentliche Chorsingen für mich doch eher eine erträgliche Pflicht, denn eigentlich war ich ansonsten immer unterfordert.
Außerdem war der einsame Weg geeignet, auch einmal ganz eigenen Gedanken nachzuhängen. In Betrachtung der schönen Linde etwa, unter der wir auf unserm Schulweg jeden Tag hindurchgingen - hatte sie nicht etwas Mütterliches an sich? Ja, wirklich, dachte ich, die Linden sind die Mütter unter den Bäumen. Wer aber konnten die Väter dann anders sein, als die ernsten Kastanien. Erst hatte ich zwar an die Eichen gedacht, aber so eine knorrige Eiche hat doch eher etwas von einem Großvater. Die Birken als Kinder dagegen standen von Anfang an fest. Birken können nicht alt sein, immer geht ein junges Wehen durch ihre Zweige.
Je nach Jahreszeit boten sich auch andere Vergleiche an. So sah ich den April immer als eine Zwiebel mit einer Brille vor mir, oder den August als einen dicken roten Kürbis. Selbst die Vokale hatten alle eine eigene Farbe, ja, sogar einige Zahlen. Das A zum Beispiel konnte nur dunkelrot sein, das E dagegen war weiß, mit

einem leicht grauen Schimmer, das I ein grelles Gelb, das O zeigte sich in bläulichem Milchweiß und das U in einem hellen, Braungrün. Bei den Zahlen beschränkte sich die Vorstellung auf die weiße 1, die olivfarbene 4, die schwarzbraune 5 und die leuchtend blaue 9.
War ich am Gemeindehaus angelangt, dann hoffte ich immer, drüben beim Eingang des Katholischen Krankenhauses noch einmal die Schwestern zu sehen. Um den Kopf herum waren sie ganz eng und streng gekleidet, nur ein ovales Bisschen Gesicht ließen die straffen Tücher unter dem Stirnband noch frei. Unsere Mutter sagte, das seien Nonnen, und Nonnen seien Frauen, die niemals heiraten dürften. Das interessierte mich nun zwar weniger, aber weil sie so ernst und scheu und vermummt waren, fragte ich mich doch, was so junge Frauen veranlassen konnte, ein Leben zu führen, in dem man nicht fröhlich sein durfte. So jedenfalls verstand ich das.
Das Krankenhaus selbst hatte einen festen Platz in unserer Familienchronik, immerhin war Klaus hier bereits als Zweijähriger am Leistenbruch operiert worden. Ein einziges Mal war auch ich in diesem Krankenhaus, aber nur, weil der Kinderchor vor der Tür eines Krankenzimmers ein geistliches Trostlied zu singen hatte. Den Patienten selbst sahen wir nicht, wussten aber, dass wir für unsern Pfarrer Passauer sangen. Es hieß, er habe sich ein Bein gebrochen. Wie manche Leute genauer wissen wollten, war das passiert, als er einen Ast absägte, auf dem er selber saß.
Weiter geht's auf dem Oberwall. Links und rechts im Hang gibt es immer wieder dunkel ausgetretene, sturzsteile Zickzackpfade durchs Gebüsch hinunter. Sie werden von Jungs ausgetreten, die aus irgendeinem Grund genau dort hinuntermüssen. Um Gottes Willen aber dürfen sie dabei nicht Nante in die Arme laufen! Nante, so heißen in Brandenburg die städtischen Promenadenwärter. Nante hat aufzupassen, dass niemand je einen Rasen betritt oder in den Grünanlagen etwa die Wege verlässt. Fast immer sind diese Aufpasser alte Männer, die am Stock gehen. Versündigen wir uns in Nantes Nähe, dann kommt er unter lautstarker Zurechtweisung, drohend mit dem Stock fuchtelnd, auf uns Übeltäter - nein, nicht wirklich zugerannt, er tut nur so als ob, schafft aber Ordnung auch mit dieser linkischen Attacke. Wir jedenfalls hatten in den ersten Kinderjahren durchaus Respekt vor Nante und seinem Stock; selbst als diszipliniert auftretende Schüler machten wir später lieber einen Bogen um ihn.

Wenn wir uns auf dem Oberwall dem Rathenower Torturm nähern, beginnt ein langes Gefälle. Hier angekommen, müssen Klaus und ich immer an einen Winter so um 1947 denken. Wir brauchten wärmeres Schuhwerk als es kalt wurde. Zu kaufen gab es aber nur solche Botten mit dicken Holzsohlen, an denen mittels Krampen starkes Leinen befestigt war. Zugeschnitten bis hinauf zum Knöchel und über dem Spann mit zwei eckigen Eisenschnallen geschlossen, sollten das so etwas wie Hohe Schuhe sein. Wichtig für uns waren allein die Holzsohlen, auf denen wir phantastisch schliddern konnten. Und richtig lenken! Die rechtwinkligen Kanten griffen selbst im vereisten Schnee noch - die reine Wonne! Auf der langen abschüssigen Bahn war immer eine Menge los, hier blieben sämtliche Jungs auf ihrem Heimweg hängen. Noch einmal runterschliddern - zum letzte Mal - ganz bestimmt... Wir waren heilfroh, auch solche glatten Schuhe zu haben wie die andern. Ja, wir waren sicher, die Rutschfertigkeit werde sich sogar noch steigern, als unser Vater eines Tages schwarze Gummisohlen auf das Holz nagelte. Er dachte dabei an die Lebensdauer der Schuhe.
Als wir uns am nächsten Tag auf den Weg zur Schule machen, merken wir sofort, dass da unten etwas nicht stimmt. Aber, so denken wir, auf der vereisten Bahn wird das am Nachmittag schon kein Hindernis sein. Wir kommen also nach der Schule dort an, nehmen kräftig Anlauf und - ja was denn..., haben wir Sandpapier unter den Füßen? Eine Katastrophe! Der Winter ist so gut wie verdorben. Fürs erste! Später, beim Rodeln auf dem Marienberg, werden die Sohlen auf einmal zum Segen. Kein Nach-hinten-ausrutschen mehr, kein seitliches Einstemmen nötig, wenn wir die lange Harlunger Bahn wieder hochpilgern müssen, ganz entspanntes Schlittenziehen...

Es ist Mai geworden. Der abfallende Weg, der unsere winterliche „Schlidderbahn" war, wird nun von vollem Grün eingeengt. Unten angekommen, schlagen wir uns links durchs Gebüsch zum Rathenower Bunker durch, der unter der Straße liegt. Er hat auch von der Wallseite her einen Eingang, eine rostige Stahltür mit wulstig nach innen gebogenem Rand und langem Hebelgriff. Dackel kennt jemand, der einen älteren Jungen kennt, der den Bunker schon ein paar Mal durchquert haben soll.
„Der hat jesacht, da drin soll 'ne Schüssel mit Blut stehn", vertraut uns Dackel an. Auch von Leichen ist die Rede. Aber nun gibt's

kein Zurück mehr, verabredet ist verabredet, und so kommen wir jetzt im tiefen Schatten vor die schwere Stahltür. Unser Führer ist schon da. Merkwürdig, von Ansehen kennen wir doch die Jungs der halben Altstadt, aber der hier ist uns völlig unbekannt. Mal sehen, wie der die Tür aufkriegen will, die unserer Meinung nach verschlossen ist. Aber ohne weiteres stemmt er die schwere Tür auf und wir gucken in ein schwarzes Loch. Nun wird uns doch ein bisschen mulmig zumute. Wir steigen im Gänsemarsch in den Bunker hinein. Das knappe Tageslicht verlässt uns bald ganz, wir tasten uns in vollständiger Finsternis weiter. Bloß nicht die Schulter des Vordermanns aus der Hand verlieren! Denn zu allem Überfluss geht es auch noch im Zickzack durch die Schwärze. Was ich sonst gar nicht kenne: ich spüre eine leichte Angst. Dann aber ist da ganz hinten ein Schimmer, bald können wir auch wieder erkennen wo wir hintreten, und endlich stehen wir unter blauem Himmel in der Maisonne. Aufatmen. Geschafft. Mutprobe bestanden.

Mittags der gleiche Weg, wieder an der Stadtmauer entlang, aber diesmal mit knurrendem Magen. Und zuweilen Unsinn im Kopf. Denn auch hier, dicht beim Rathenower Torturm, haben wir uns mal eine Kleinigkeit geleistet. Eine Albernheit, die wir nachahmten, als Mitschüler davon als einem geradezu phänomenalen Streich berichteten.

Wir haben morgens eine lange, dünne Strippe mitgenommen. An der Stadtmauer angekommen knoten wir den Faden an mein Stoffportemonnaie, legen es auf den Weg, ziehen von dort an eine Rille bis ins Gebüsch, Faden rein, Rille zutreten und ab in die Büsche. Mal sehen, wer sich hier als glücklicher Finder bücken wird. Wir hoffen auf ein älteres Muttchen... Aber nein, ein jüngerer Mann kommt, bückt sich - und schon zischt der Fund unter seinen Händen weg. „Blödmänner!“, meinte er nur knapp und gar nicht amüsiert, als er uns auftauchen sieht. Merkwürdig, auf einmal finden auch wir unsern Streich nicht mehr komisch. Wohl schon zu reif für solchen Blödsinn, fühlen wir unsere aufkeimende Männlichkeit verletzt.

Schorsch

In der Gegend hier, um die Gotthardtkirche herum, trafen wir manchmal „Schorsch". Man kannte Schorsch, der wahrscheinlich Georg hieß, nur unter diesem Namen. Schorsch war ein gutgewachsener, ja eigentlich ein schöner junger Mann. Unter den dunklen Haaren ein kluges offenes Gesicht mit freundlichen Augen, die mehr nach innen als auf die Umgebung zu blicken schienen. So begannen wir ihn aber erst zu sehen, als wir schon ein wenig reifer waren. Für uns Zehnjährige war er einfach nur das bekannte Original, das uns bei jeder Begegnung dazu animierte, ihn wieder aus der Fassung zu bringen. So, wie jetzt:

Von drüben übern Damm kommt uns, versonnen vor sich hin blickend, Schorsch entgegen. Halb auf ihn zugehend rufen wir laut hinüber:

„Schooorsch! - n' Tach, Schorsch - wo willst'n hin, Schorsch?" So angesprochen, erstarrt Schorsch für einen Augenblick, um dann mit fratzenhaft verzogenem Mund in ein meckerndes Lachen auszubrechen, auf dem Absatz kehrt zu machen und schnell davon zu rennen, wobei er sich dauernd lachend zu uns umdreht. Ein Mann läuft vor uns kleinen Jungs davon... Das Gefühl, ihm gegenüber die Stärkeren zu sein, hatte bei uns dennoch ein deutliches Fragezeichen.

Als wir Schorsch später, schon vierzehnjährig, einmal ganz manierlich mit einer chemischen Formel - eben im Unterricht behandelt - auf die Probe stellten, da waren wir ganz baff, als er mit uns, wie mit Kennern, auch gleich noch über weiterreichende chemische Prozesse reden wollte. Wir kapierten gar nichts! Auf einmal hatten w i r es eilig, „Weißte Schorsch, wir sollten schon um Eins zu Hause sein", was Schorsch so bereitwillig aufnahm, dass er uns sogar aufmunternd zur Eile drängte. Diesmal sahen wir uns nach ihm um, sahen ihn aufrecht und ganz beherrscht nach Hause gehen; er wohnte in einem der schattigen Häuser hinter dem Chor unserer Gotthardtkirche.

Die Leute wollten wissen, Schorsch sei nach einem Bombenangriff verschüttet gewesen.

Ein bisschen stiller als sonst geht's dann durch die fast schattenlosen Grünanlagen, die Sonne brennt. Kurz vor Dackels Wohnhaus:

„Also bis nachher, am Wasser."

Dackel: „Ick muss heut noch uff meine Mutta warten, wo seid 'an?"
„Uffe Landzunge."
„Jut, ick komm hin."
Zu Hause angekommen, d i e Überraschung! Unsere Mutter stellt jedem von uns einen tiefen Teller mit gelbem Vanillepudding und roter Fruchtsoße auf den Tisch.
„Weil heut' so'n warmer Tag ist..."
„Och is det schöön, Mutti..."
Da sitzen wir auf einmal mit solch einer Köstlichkeit in der stillen, kühlen Stube - wer hätte sich das träumen lassen.

Der goldene Knopf

Als weiter oben von unserem Lehrer Fiebling die Rede war, da musste ich wieder an eine Klassenfahrt denken, eine sogenannte Kulturfahrt. Es war die einzige, die wir in unserer Schulzeit erlebt haben, sie führte zwei siebente Klassen nach Potsdam zum Neuen Palais. Möglicherweise gab es ein umfangreicheres Programm, wenn ja, dann habe ich das aus gutem Grund vergessen.
Endlich angekommen, stehen wir nun draußen vor dem Palais, stehen neben hohen, dichtgestellten Eisenstangen, einer Art Zaun, und warten und warten und kommen einfach nicht rein in die versprochene Herrlichkeit. Langeweile macht sich breit. Ganz nah bei uns sehen wir vor dem Zaun einen blanken kreisrunden Messingkörper, der auf einem starken, in der Erde verankerten Metallrohr befestigt ist. Das gucken wir uns doch mal genauer an. Das Ding sieht altmodisch aus, irgendwie wulstig ist das dicke runde Messinggehäuse. Könnte eine öffentliche Uhr sein, wenn die Zeiger nicht fehlten. Statt ihrer gibt es einen dicken runden Messingknopf in der Mitte. Was kann denn das sein? Weil keiner eine Idee hat, versuche ich den Messingknopf reinzudrücken - tatsächlich, das geht. Mein Daumen wiederholt das noch einmal, dann suchen wir andere Zerstreuung. Zwischendurch lässt uns irgendwo ein fernes Feuerwehrsignal aufhorchen, das aber gleich wieder vergessen ist.
Aber hör' mal, da ist es wieder - du, das war aber schon lauter jetzt. Mann, hier ist irgendwo was los.

Und dann geht alles ganz schnell, das Tatü-Tata schreit plötzlich direkt auf uns ein, vier Feuerwehrleute springen vom noch fahrenden Wagen, brüllen „WO BRENNTS !?", lassen die behelmten Köpfe herumfliegen und - sind einen Moment später völlig verdattert, als sie nur in große fragende Augen blicken. Dann, noch laut, aber schon sachlicher im Ton „Hier hat jemand die Feuerwehr alarmiert..." Weil ich nichts davon mitgekriegt habe, bin ich jetzt richtig gespannt, wer das war.
Plötzlich erstarre ich bei der Frage „Wer hat auf diesen Knopf hier gedrückt?" Gespannte Schadenfreude um mich her, nur bei Klaus schon eine schlimme Ahnung im Gesicht, dann in die Stille hinein mein gequältes „Ich war's..." Ein Feuerwehrmann zu Herrn Fiebling: „Wie heißt der?" Mein Name wird genannt, wird aufgeschrieben, dann ein leiser unverständlicher Austausch zwischen den beiden Erwachsenen, die Feuerwehrleute steigen wortlos in ihren roten Kasten und fahren ab.
„Na, deine Eltern können sich auf was gefasst machen!" Mit Befriedigung im Blick sieht mich Herr Fiebling an. Er hat ein paar Lieblingsschüler in der Klasse, Klaus und ich gehören nicht dazu.
Der Gang durch das neue Palais muss eine Quälerei für mich gewesen sein, ich habe absolut nichts gesehen, jede Erinnerung fehlt. Als wir uns draußen bei meiner Unglücksstelle wieder sammeln, ruft plötzlich einer „Mensch kuckt mal, jetzt is 'ne Scheibe drin!" Tatsächlich, hier lässt sich kein Knopf mehr drücken, eine Glasscheibe macht die Apparatur als Feuermelder kenntlich. „Das nützt dir alles nichts, das wird teuer!", so der Herr Lehrer. Selbst während der Eisenbahnfahrt nach Brandenburg muss er das noch wiederholen.
Unser Vater machte zwar ein besorgtes Gesicht, als wir ihm die ganze Geschichte schilderten, blieb aber zu meiner Erleichterung eigentümlich gefasst. Er schätzte wohl gleich ganz richtig ab, was da auf uns zukommen würde und sollte recht behalten, es kam nämlich NICHTS.

Die Störche auch

Wie früher üblich, machten sich die Jungs spätestens mit Dreizehn Gedanken, was sie einmal werden wollten, ein Thema, das zunehmend auch unsern gemeinsamen Schulweg beherrschte. Da war in den Familien abends lange hin und her überlegt worden, welches Handwerk für den Sohnemann am geeignetsten sei, die Väter hatten dieses und jenes erwogen, die Mütter gaben eher zu bedenken. Spätestens mit Beginn der 8. Klasse musste man sich dann aber für einen Meister entschieden haben, wobei vor allem dessen Ruf, aber auch die Weglänge eine Rolle spielten. Stimmte nun auch noch der angestrebte Meister einem Lehrvertrag zu, dann konnte man die Schultern erleichtert sinken lassen, der Werdegang des Sohnes war fürs erste, und wohl auch darüber hinaus, gesichert.
Wie aus alledem hervorgeht, verließen die Jungs fast alle nach der 8. Klasse die Schule - oder sagen wir, nach acht Jahren Schulzeit. Jedenfalls wurde mit vierzehn Jahren eine Lehre angetreten. In unserer 8. Klasse waren es von etwa 45 Schülern nur Drei, die anschließend auf die Oberschule gingen, alle anderen zogen das Handwerk vor, so etwas hatte von alters her goldenen Boden, und jetzt in der Nachkriegszeit ganz besonders.

Zum Glück waren inzwischen aber auch andere weiterführende Schulen eingerichtet worden, Musikschulen zum Beispiel, die auf ein späteres Musikstudium oder gar auf eine Musikerlaufbahn vorbereiteten. Für mich war es die Musikschule Potsdam, in der ich meine Lehre antreten sollte. Wie einst bei der Aufnahme in den Kirchenchor, hatte das auch diesmal unsere Schwester in die Wege geleitet Aber von „zum Glück" konnte bei mir beileibe nicht die Rede sein, ich zog mit Bangen ins Ungewisse. Viel später erst ließ das Berufsleben auf eine glückliche Entscheidung schließen.
Denn zunächst beneidete ich meinen Bruder. Klaus hatte sich für eine Tischlerlehre entschieden, er konnte weiterhin zu Hause wohnen, nur sein morgendlicher Weg würde von nun an ein anderer sein. Und nicht einmal zu büffeln brauchte er mehr! Er konnte nun etwas mit seinen Händen gestalten und setzte selbst damit fort, was in gewisser Weise auch unsern kindlichen Alltag ausgemacht hatte. Allerdings, so musste ich vor mir selbst zugeben, von Spiel konnte dann auch bei ihm keine Rede mehr sein.
Und überhaupt wurde es dann für meinen Bruder beileibe nicht einfacher. Im Laufe der Lehrzeit wird man schnell reifer, möchte als Geselle schließlich ganz auf eigenen Beinen stehen, einen eigenen Lebensbereich haben - und ist doch ausweglos an die elterliche Wohnung gefesselt. An eine eigene Wohnung war im Traum nicht zu denken. Wie aber so oft war auch hier: des einen Leid, des andern Freud. Für unsere Mutter war es ein wahrer Segen, dass sie nicht gleich beide Söhne ziehen lassen musste, Klaus blieb ihr über seine frühen Jugendjahre hin die reine Lebensfreude.
Ich aber sollte nun ins unbekannte Leben hinaus. Noch konnte ich mir unter einem Internatsleben nichts vorstellen, mich beherrschte einfach nur Beklemmung, Furcht vor dem Gang ins Ungewisse. Vielleicht eine Art Wehmut auch, all das verlassen zu müssen, was mir das tägliche Leben bedeutet hatte, was mir ans Herz gewachsen war

Eines Morgens heißt es dann also:
„Mach dich fertig, Junge, wir müssen los!"
Unsers Vaters Stimme klingt heute anders als sonst, so, als wolle er mir alles ein bisschen leichter machen. Am Ende greift er sich den Koffer, ich nehme den schwarzen Geigenkasten und

verabschiede mich mit Haltung von unserer Mutter, keiner soll mir etwas anmerken.
Auf dem lang sich hinziehenden Weg zur Straßenbahn und der Fahrt zum Bahnhof wird nicht viel gesprochen, aber das Wenige ist heute auch kein Vater-Kind-Gespräch mehr, ich fühle mich zum ersten Mal ernstgenommen. Was mir dann den Abschied auch wirklich erleichtert, nachdem der Vater mich durch den langen Tunnel zum hintersten Bahnsteig hinaufgebracht hat. Noch an der Treppe oben verabschiedet er sich, und dann bin ich allein, weiß zum ersten Mal nicht, was auf mich zukommen wird.
Ich gehe weit auf den Bahnsteig hinaus, bis ich da unten vorm Bahnhof die Straßenbahn fahren sehe und daneben schon auf die Gärten und über weites Grün hinausblicken kann.
Auf der anderen Seite liegen die Häuser meiner lieben Stadt im warmen Licht eines jener Augusttage, die den Sommer schon gehen sehen.
So stehe ich noch ziemlich verloren da, Vergänglichkeit vor meinem inneren Auge, als mich eine Bewegung nach oben blicken lässt und ich - ich traue meinen Augen nicht: da oben gleiten in weitem Kreis Störche dahin. Um die zwanzig Paare mögen es sein, im warmen Aufwind gleiten sie ohne jeden Flügelschlag dahin. Und weitere Storchenpaare kommen geflogen, gehen im Kreis auf und sind schon nicht mehr zu unterscheiden.
Meine Augen folgen ihnen bis mit kreischenden Bremsen der Zug vor mir hält, ein letzter Blick hinauf und ich muss die Störche verlassen. Aber nun ist auf einmal alles anders, nicht nur ich allein muss fort, eigentlich habe ich wohl eher etwas auf mich zu nehmen, was anderen auch nicht erspart bleibt. An den weiten Havelwiesen entlang rolle ich getrost ins Ungewisse.

Glaube

Wenn wir am Sonntagnachmittag mit 25 Pfennigen in der Tasche zum Kino „Konzerthaus“ in die Steinstraße eilten, zum Kinderfilm, dann wählten wir unbedingt den kürzesten Weg, also vom Gotthardtkirchplatz zum Wassertor hinunter. Und hier, wo oberhalb der Havel die Stadtmauer und die Große Heidestraße einträchtig nebeneinander enden, wo der breite Sandweg zum Wasser hinunter beginnt, dort steht eine alte Linde so dicht am Mauerende, dass sie nur einen schmalen Durchgang gewährt, der aber doch ein paar Schritte Abkürzung bedeutet. Wir sind dort nie hindurch gegangen! Dieser Zwischenraum vom Baum zur Mauer war bei uns gefürchtet, das war die „Pechschanze“. Dort hindurch zu gehen, hätte mit Sicherheit bedeutet, keine Kinokarten mehr zu kriegen, oder an der Kasse plötzlich nur noch 20 Pfennige zu finden, weil man einen Sechser verloren hatte; oder sonst irgendein Unglück.

Wie es zu dem Namen Pechschanze kam, wusste keiner von uns, aber alle Jungs kannten die Stelle und gingen lieber die paar Schritte mehr um den Baum herum. Auch heute noch mache ich die vier, fünf Schritte Umweg, wenn ich von der Gotthardtkirche zum Wassertor runter gehe. Wer wird denn wissentlich in sein Unglück rennen?!

Der Aberglaube als gelebtes Denken und Handeln bestimmte unsern Alltag weit stärker als jede Kirchenlehre. Zumindest hatte beides, weil immerhin Glaube, Platz nebeneinander. Wenigstens bis in die Vorkriegszeit tasteten junge Mütter vorbeugend die Kopfkissen ihrer Säuglinge ab, um der Bildung eines Federringes vorzubeugen, denn einmal geschlossen, hätte der den sicheren Tod des Kindes bedeutet. Drei auf das Kopfkissen gestickte Kreuze gaben weiteren Schutz.

Oder ein anderes Beispiel. Wir Jungs wären, wenn wir mit dem linken Bein stolperten, niemals bedenkenlos weitergegangen. Nein, wir machten kehrt, um mit einem großen Schritt über die Gefahrenstelle zu steigen.

Ja, und dann der Wassermann! Ich versichere euch, es gab ihn in Brandenburg, wir haben ihn erlebt! Wir waren bestimmt schon zehn Jahre alt, als wir an einem herbstlichen Spätnachmittag von den Kanalwällen her den Heimweg antreten, auf der Brielower Brücke aber durch eine ganz merkwürdige Erscheinung auf-

gehalten werden. Dort unten rollen in voller Kanalbreite lange weiche Wogen in Richtung Schleuse, obwohl es völlig windstill ist und weit und breit kein Schiff zu sehen. Da stehen wir also zu viert auf der breiten hölzernen Brücke, sehen mit ernsten Gesichtern den langen, ruhig rollenden Wogen nach und uns ist völlig klar, nur der Wassermann kann die Ursache für diese unerklärliche Bewegung sein. Einen anderen, plausibleren Grund für diese nur einmal beobachtete Erscheinung gibt es bis heute nicht.
Aber es gab auch Erlebnisse in unserer Umgebung, die nicht mit einem Lächeln erzählt werden können, Begebenheiten sehr ernster Natur. Ich spreche hier von Herrn Malepse, meinem ersten Geigenlehrer. Wer ihn in dieser Eigenschaft für mich ausgesucht hatte, weiß ich nicht, denn was die Kunst des Geigenspiels anbelangt, beherrschte er wirklich nur die Anfangsgründe. Hatte sie aufgegriffen, als die eigenen, noch kindlichen Söhne im Geigenspiel unterrichtet wurden. Eigentlich war er gelernter Buchdrucker und hatte später bei einer Brandenburger Zeitung als Korrektor gearbeitet.
Russisch begann er in der Hungerzeit nach dem Krieg von einem Pfarrer der Gotthardtkirche zu lernen, wenn die beiden an der Reihe waren, in ihrer Kleingartenkolonie nachts Streife zu laufen, um die Gärten vor Dieben zu schützen. Das war die kleine Anlage in der Brielower Straße, links neben dem Sportplatz.
So kam es, dass wir Herrn Malepse später als unserem Russischlehrer begegneten. Seine Hauptmerkmale waren die feste, gerade Art, mit der er sprach und vor der Klasse herumstiefelte. Und seine leuchtend rote Zunge! Wir stießen uns kichernd mit dem Ellbogen an, wenn er mit weit geöffnetem Mund korrekte Artikulation demonstrierte.
Als ihm der zunehmend politisierte Schuldienst nicht mehr zusagte, bewarb er sich beim Brandenburger Stadttheater. Weil mit einigen Notenkenntnissen ausgestattet, wurde er nach erfolgreichem Vorsingen prompt im Opernchor aufgenommen! Männerstimmen waren rar in diesen Zeiten.
Welch ein Leid der Krieg über seine Familie gebracht hatte, erfuhren wir erst, als Herr Malepse mein Geigenlehrer wurde. Damals waren gerade erst acht Jahre vergangen, seit seine beiden Söhne in Russland gefallen waren. Als einmal das Gespräch auf unerklärliche Ereignisse kam, erzählte er uns, was für merkwürdige Dinge sich jedes Mal in seiner Wohnung zugetragen hatten, bevor die Todesnachrichten eintrafen. Einmal löste sich die große

Wanduhr von ihrem Haken und fiel polternd zu Boden. Der Haken steckte aber ganz unverändert fest in der Wand und auch die Öse an der Uhr war unversehrt, so, wie die Uhr selbst. Sie hatte nicht aufgehört zu ticken und brauchte nur wieder auf den Haken gehängt zu werden.
Das andere Mal saß die kleine, mütterlich runde Frau Malepse an der Nähmaschine und war gerade mit einer Handarbeit beschäftigt, als die Schere vor ihr sich plötzlich mehrmals öffnete und wieder schloss...
Solche Geschehnisse wurden, wenn es um die Gefallenen ging, kommentarlos erwähnt und niemand war verwundert darüber, dass sich mit dem Tod solche Erscheinungen verbinden konnten. Diese Geschichten waren ein Teil der Lebenswirklichkeit, mit der man aufgewachsen war, man hörte sie mit einer Art tröstlichen Erschreckens und glaubte nur zu gern an das, was die furchtbare Endgültigkeit des Abschieds aufzuheben schien.
Das letzte Mal sah ich Herrn Malepse, als ich schon im Internat der Musikschule in Potsdam wohnte. Während eines Besuchs bei den Eltern war ich an einem sonnigen Frühsommertag von der Homeyenbrücke her auf dem Heimweg durch die Anlagen, da sah ich ihn schon von weitem im Schatten der Bäume auf einer Parkbank sitzen. Wie nun öfter in letzter Zeit im Gespräch mit anderen alten Männern. Aber diesmal stockte ich, als ich herantrat, um ihn zu begrüßen Er war ganz gelb im Gesicht und sehr ernst während der wenigen Worte, die wir miteinander wechselten. Wenig später erwähnte unsere Mutter in einem Brief seinen Tod.
Vom ersten oder zweiten Schuljahr an gehörte wahlweise auch Religionsunterricht - heute Christenlehre - zu unseren Unterrichtsfächern. Aber weiß der Himmel, diese Glaubenslehre glitt an uns Brüdern völlig ab. Da wurde aber auch nicht die Spur einer Nachdenklichkeit geweckt. Andererseits war Religion - wenn es schon einmal sein musste - als Unterrichtsfach willkommen, weil man diese Stunde nur abzusitzen brauchte, ohne schlechte Zensuren befürchten zu müssen. Von Ergebnissen indes konnte keine Rede sein. Denn weder unser duldsamer Religionslehrer damals, noch später der unwirsche Pfarrer konnten mit ihrer sachlichen Glaubenslehre unsere Gemüter berühren oder uns gar einen dreieinigen Gott begreiflich machen. Dieser Glaubenskonstrukt hat auf mich von Anfang an wie eine Sperre gewirkt. Der Dreifaltigkeit kann man nun einmal nicht sein Herz ausschütten.

Jedoch, da war immer auch dieses uns Menschen innewohnende Bedürfnis nach Transzendenz, das gestillt sein wollte. Bei Klaus und mir gab unsere „große" Schwester diesem unterbewussten Suchen eine Richtung, als sie begann, mit uns über Gott und die Welt zu sprechen. Denn dieses Thema wurde ansonsten in unserem Elternhaus nicht berührt. Unser Vater hatte sich nach dem ersten Weltkrieg, den er von 1916 bis 1918 an der französischen Front erleben musste, von der Kirche abgewandt. („Wie kann man Waffen segnen, mit denen auf andere Christen geschossen wird!") Und unsere Mutter, obwohl auf ihre Art gläubig, schwieg zu diesem Thema. Überhaupt waren ja Glaubensangelegenheiten höhere Dinge, auf die man unter einfachen Leuten nicht einfach so zu sprechen kam.
Unsere Schwester aber begann, uns nach dem Beispiel ihrer eigenen freien, religiös ungebundenen Ansichten mit dem Gedanken vertraut zu machen, es könne neben der uns umgebenden sichtbaren Welt doch auch ein unsichtbares Wirken geben, das alles durchdringt, das uns wahrnimmt ohne gesehen zu werden. Etwas, das wir Gott nennen, oder den Schöpfer, eine Wesenheit, der wir uns mit unseren Nöten und Freuden anvertrauen, mit der wir sprechen können. Das abendliche Gebet vor dem Einschlafen, das uns lediglich anheimgestellt wurde, kam über ein paar schwache Versuche nicht hinaus. Das hatte für uns zu wenig von freier Hinwendung, von Bedürfnis an sich, das erschien uns mehr als eine Art frömmelnder Pflichterfüllung. Das machten wir nicht mit.
Zu meinem späteren Denken und Glauben bin ich an einem warmen Sommertag gekommen, als ich auf dem Weg von der Landzunge nach Hause war. Warum ich an diesem sonnigen Nachmittag - eine absolute Ausnahme - vorzeitig und allein auf dem Heimweg war, weiß ich nicht mehr. Gewöhnlich gingen wir bei sinkender Sonne, jedenfalls wenn es vom Dom her Sechs schlug, alle gemeinsam nach Hause.
Da kam ich also von der Homeyenbrücke herunter, steuerte auf die Anlagen zu und sann so über Gott und über unser Handeln nach, etwa darüber, ob sündhafte Vergehen - Lüge, Betrug - am Ende unbemerkt blieben, oder ob unser Tun und Trachten nicht doch wahrgenommen werde. Unter diesen Gedanken war ich wenige Schritte später an jener Straßenecke angelangt, wo der Weg quer hinüber zur Watstraße beginnt, wo inmitten des Grüns zwischen Birke und Bank ein Strauch prachtvoller Kartoffelrosen

blühte. Und dort habe ich es auf einmal ganz sicher gewusst: Über mir ist etwas, das mich und mein Tun, meine Freuden und Nöte sieht, etwas, dem ich mich anvertrauen kann.
Auch wenn diese gefühlsbetonte Glaubenserkenntnis später in ein mehr rationales Weltbild mündete, dass eine geistige Ebene über unserer materiellen Welt als warmen Lebenshauch lediglich voraussetzte, so habe ich doch immer dann, wenn ich Grund hatte besonders glücklich und dankbar zu sein, zuerst an meinen „Herrn vom Rosenbusch" gedacht.

Wo wir spielten

„Wenn ihr mit den Schularbeiten fertig seid, könnt ihr raus, vorher nicht!" Da kannte unsere Mutter kein Pardon. Gottseidank war sie so konsequent, denn uns zog es so unwiderstehlich ans Wasser, zu den Brücken, zu noch unbekannten Ufern, dass wir es zu Hause kaum aushielten.

Wir, das waren natürlich Klaus und ich, wir Zwillinge, die vierzehn Jahre lang Tag und Nach miteinander teilten. Glaubt man nun aber, wir hätten es deshalb, immer einen Spielgefährten an der Seite, besonders gut gehabt, so denkt man zu kurz. Wer mit dem Bruder den ganzen Tag auf Schritt und Tritt zusammen ist, eine ganze Kindheit hindurch neben ihm die gleiche Schulbank drückt, für den ist der Bruder schon mehr ein Teil des eigenen Ichs, als solche Art Zugewinn, wie ihn Spielkameraden bieten, die uns immer mal mit ganz neuen Ideen überraschen. Sogenannte „Freunde" gab es bei uns nicht, das Wort war uns zu pathetisch, der Spitzname reichte, um ein Bild vor Augen zu haben. Ansonsten war es eben einer aus unsrer Meute. Oder aus unserer Bande, was den Kreis noch enger zog.

Klaus (rechts) und ich

Während also Spielkameraden immer mal auf ganz unerwartete Gedanken kamen, kannten wir Brüder uns zu genau, um uns wirklich überraschen zu können. Eine Kindheit ohne dieses immerwährende WIR kann ich mir allerdings auch nicht vorstellen; nicht ohne die einander ergänzende Meinungsbildung, die uns bei jeder Gelegenheit „Wat meinst'n du?" fragen ließ. Und ganz bestimmt nicht ohne den Schutz, den wir einander boten - auch vor zu dreister Waghalsigkeit.
Den täglichen Schulbesuch als einen unnötigen Zwang zu empfinden, war die nächste Folge unserer Zweisamkeit. Wenn andere Jungs sich morgens darauf freuten, endlich wieder auf ihre Schulkameraden zu stoßen, dann hätten wir beide auf einmal durchaus aneinander genug gehabt. Schon deshalb, weil sich unsere „Meute" nachmittags sowieso am Wasser traf - entweder vor der Homeyenbrücke, oder dahinter auf der Landzunge.
Und natürlich überwogen die schönen Seiten brüderlicher Nähe. So etwa, wenn wir vor dem Einschlafen im nachtschwarzen Zimmer von einem Bett zum anderen hinüber miteinander in Karl-May-Dialogen redeten. „Old Surehand" in zwei Bänden: wenn Klaus den ersten Band las, dann schmökerte ich im zweiten, bis wir wieder tauschten. Wir konnten einfach nicht genug kriegen vom Wilden Westen. Das ging so lange gut, bis uns der Vater den „Old Surehand" eines Tages entzog, um unser Denken von der Prärie weg mehr auf schulische Belange zu lenken. Er kam zu spät - wir hatten sämtliche Dialoge im Kopf.
Gedankenübertragung war für uns eine gewohnte Erscheinung, im stockdunklen Zimmer erlebten wir sie vor dem Einschlafen immer wieder. Dann etwa, wenn nach langem Schweigen einer von uns etwas sagte, woran auch der andere schon werweißwielange gedacht hatte, wovon aber den ganzen Tag über nicht die Rede gewesen war. Oder wenn Klaus leise anfing ein Lied zu singen, das mir schon die ganze Zeit durch den Kopf ging. So etwas kam immer wieder vor.

Zu unseren ersten Spielkameraden zählte Wolfgang Micheel, der einzige, zu dem wir, noch fünfjährig, ein geradezu brüderliches Verhältnis hatten. Er hatte seinen Vater im Krieg verloren und wenige Jahre später auch seine arme junge Mutter, die unter ihrem Schicksal so litt, dass sie wohl nicht länger leben konnte. Wir haben sie nie lächeln sehen. Wolfgang wurde von seinen Ver-

wandten in einer mecklenburgischen Kleinstadt aufgenommen und wir verloren uns aus den Augen.
Von Dackel und Gulloot war schon bei „Schulweg und Schule“ die Rede, aber nicht davon, dass Dackel der Einzige unter uns war, der unsere durch Abenteuerlektüre beflügelten Zukunftsphantasien später auch zur Tat werden ließ. Er lernte Maschinenschlosser, ging bald nach Abschluss seiner Lehre nach Rostock ans Fischkombinat und durfte, neunzehnjährig, in die große weite Welt hinausfahren.
Schwer zu sagen, was in Dackels Leben später schiefging, jedenfalls kam er als Endzwanziger nach Brandenburg zurück, um bei der Weißen Flotte anzuheuern. Unverheiratet wie er war, muss er abends wohl oft Gesellschaft beim Glas Bier gesucht haben, was ihn eines Nachts auf dem Heimweg so schwer stürzen ließ, dass er dabei zu Tode kam. Klaus schrieb mir in einem Brief davon.
In Rostock habe ich unsern alten Freund Dackel nur einmal getroffen. Wir begegneten uns am Kröpeliner Tor und stutzten erst ein, zwei Augenblicke bis wir uns das Wiedererkennen bestätigten. Das war gegen Ende seiner Fahrenszeit.
Zum ständigen Gefährten von uns Brüdern wurde Rüdiger Maybaum. Seine Pflegemutter war mit ihm 1947 in unser Haus gezogen, in die andere Parterrewohnung, am Flur gegenüber. Auf der Flucht hatte sie den fünfjährigen Jungen irgendwo in Ostpreußen aufgelesen und sich der Waise angenommen. Weil er Mama zu seiner Pflegemutter sagte, glaubten wir lange Zeit, die neuen Mieter seien Mutter und Sohn. So lange jedenfalls, bis Frau Bünger - sie hatte Vertrauen gefasst - eines Tages mit der Sprache herausrückte, um unsere Mutter nicht länger im Irrtum zu lassen.

Bei ihrem Einzug hatte Frau Bünger einen anderen Mieter in Kauf nehmen müssen, der schon seit Kriegsende dort wohnte. Was aber zu dieser Zeit nicht etwa eine Benachteiligung darstellte, doppelt belegte Wohnungen waren in unserm dreistöckigen Haus die Regel. Je eine zweiköpfige Familie, fast durchweg ältere Eheleute, musste sich mit einer anderen, völlig fremden, eine Wohnung teilen. Ausnahmen waren mit ihren zwei Töchtern nur Nickels über uns, und wir im Parterre. Frau Bünger jedenfalls fand bei ihrem Einzug schon Herrn Schneider vor. Rüdiger, obwohl gleichaltrig, war immer ein ganzes Stück größer als wir, weshalb er von uns, und bald auch von den anderen nur „Langer“ gerufen wurde. Er war ein bisschen langsam und redete wenig, war auch sonst nicht so recht begeisterungsfähig, oder zeigte es jedenfalls nicht. Morgens gingen wir gemeinsam zur Schule, er in seine, wir in unsere Klasse, nachmittags fanden wir bis zum Dunkelwerden wieder zusammen.

Rüdigers Erscheinungsbild war manchmal absonderlich. Was damals selbstverständlich war, würde heute das Sozialamt auf den Plan rufen. Denn obwohl sie täglich zur Arbeit ging, schlug sich Frau Bünger doch immer nur mit Ach und Krach durch. Da war es hochwillkommen, dass Rüdiger auf Grund seiner Länge schon bald die abgelegten Sachen vom Mitbewohner, von Herrn Schneider auftragen konnte. Unten gekürzt und oben von Trägern gehalten, schlotterten die viel zu weiten Männerhosen zwar nur so um seine magere Gestalt herum, boten aber auch enorme Vorteile. Denn während Klaus und ich Gesangbuch und Katechismus mit kalten Händen zum Konfirmandenunterricht tragen mussten, brachte der Lange die stattlichen Formate bequem in seinen Hosentaschen unter. Mitsamt seinen Händen. Wir hätten was gegeben um solche Hosen.
Zum hier gebrauchten Plural „Hosen“ muss ich noch anmerken, dass es das gute Stück damals immer nur in diesem ursprünglichen Plural gab - wie im Englischen auch.
„Mann, du musst dir'n Paar neue Hosen kaufen“, sagte unsere Mutter etwa zum Vater. Oder zu mir „Junge, wie siehst du'n aus, du ziehst dir sofort andere Hosen an!“ Einleuchtend, wenn man bedenkt, dass ursprünglich die beiden einzelnen Beinlinge das Paar Hosen ausmachten. An die „Hose“ hat man sich nur langsam gewöhnen können, unsere Eltern gar nicht mehr.
Klaus und ich, Dackel, der Lange und Gulloot, wir waren lange Zeit eine „Meute“. Oder, wie schon erwähnt, eine „Bande“, im Sinne von Beistand und unbedingter Verschwiegenheit.

Um die Homeyenbrücke herum

Diese Brücke und die umgebenden Havelufer waren mit Abstand unser beliebtester Spielbereich. Wenn wir uns nachmittags trafen und nicht recht was mit uns anzufangen wussten, dann gingen wir erstmal ans Wasser, und meinten damit die Badestelle schräg gegenüber vom Bootshaus, sie war kindheitslang ein Teil unseres Alltags, besonders im Sommer.

Hier angekommen, linker Hand die weite Wasserfläche bis zur Bollmann-Insel hinüber, rechts die Homeyenbrücke vor Augen, hatten wir endlich das Gefühl, richtig draußen zu sein. Was in gewissem Sinne sogar zum Brückennamen passte, wie uns unser Vater später einmal klarmachte. „Homeye“, das war ursprünglich eine zusätzliche Wehranlage noch vor den Mauern der Stadt. In Brandenburg lag sie ein ganzes Ende vor dem Mühlentor, sie schützte die Havelbrücke und mit ihr einen der Haupthandelswege bis nach Russland hinüber.

Als unser Vater 1904 eingeschult wurde, hatte er noch das Glück, hier die ursprüngliche Klappbrücke passieren zu müssen. Glück deshalb, weil es bei den Jungen, die gleich ihm in der Krakauer

Vorstadt aufwuchsen, ein unentschuldigtes Zuspätkommen in der Schule nicht geben konnte:
„Entschuldigen sie bitte, Herr Lehrer, aber die Brücke war wieder mal hoch!" Dagegen kam keiner an, denn der rege Schiffsverkehr auf der Havel ließ die beiden Brückenflügel alle naselang hochgehen. Das änderte sich erst 1910, als nach Fertigstellung des Silokanals eine neue Wasserstraße die Stadt umging.
Hatten die Schüler hinter der Homeyenbrücke die ersten Häuser erreicht, dann kamen sie auch am Friseur „Bollmann" vorbei, jawohl, Fritze Bollmann! Der Barbier aus der Altstadt! Er war um diese Zeit erst wenige Jahre tot, seinen Laden führte ein anderer weiter, aber das Lied über ihn, das Gassenjungen gereimt, und mit dem sie ihn gehänselt hatten, war längst in aller Munde.

Fritze Bollmann wollte angeln,
da fiel die Angel rin,
Fritze Bollmann wollt' se langen
da fiel er selber rin.

Wenn wir es sangen, dann ging es der Vollständigkeit halber lauthals mit dem weiter, was inzwischen hinzugedichtet worden war:

Fritze Bollmann schrie um Hilfe:
Liebe Leute rettet mir,
denn ick bin ja Fritze Bollmann,
aus de Altstadt der Barbier.

Nur die Angel ward jerettet,
Fritze Bollmann, der ersoff,
und seitdem jeht Fritze Bollmann
uff'n Beetzseenich mehr ruff.

Bekannt ist, dass Fritz Bollmann ziemlich cholerisch war und jedes Mal wutentbrannt aus seinem Laden stürmte, wenn er sich von den frechen Bengels, und das auch noch in Gegenwart seiner Kunden, auf solche Art verspottet sah. Aber wer von den Lausejungs hätte sich schon kriegen lassen. Der gute Bollmann ist leider nicht alt geworden, er starb in dem kleinen Häuschen neben dem Altstädtischen Rathaus, das seinerzeit ein Spital war.
Als wir die Homeyenbrücke im Herbst 1945 zum ersten Mal sahen, und zwar unerlaubterweise, da lagen ihre Trümmer schon ein

halbes Jahr lang im Wasser. Gesprengt auf Befehl von ganz oben, um die sowjetische Armee aufzuhalten Und unerlaubt deshalb, weil wir als Fünfjährige eigentlich nur vor unsern Fenstern, im Sichtbereich unserer Mutter spielen durften. Daraus kann allerdings nichts werden, wenn sich Brüder in ihrem Entdeckerdrang gegenseitig anstacheln. Und so blinzelten wir eines Tages gegen die Sonne auf eine kaputte Brücke und überblickten zum ersten Mal, was die nächsten zehn Jahre eine Art Lebensinhalt werden sollte. So lange auch versperrte, von der Brücke aus gesehen, eine riesige Wand den Blick auf die Altstadt. So ungeheuer hoch und breit und grau versperrte dort ein Luftschutzbunker die Mühlentorstraße, dass hinter ihm nicht nur die Häuser der Altstadt, sondern sogar die Gotthardtkirche mitsamt ihrem Turm verschwanden.
Weil die Brücke dringend gebraucht wurde, war sie zwar bald wieder notdürftig befahrbar, aber ein Krater bei den Zypressen da unten machte den Grillendamm noch lange fast unbefahrbar. Nur, was wollte das damals schon heißen. Die paar übriggebliebenen Autos fuhren einfach auf dem Bürgersteig um das Loch herum - wann kam denn hier schon mal einer zu Fuß von der Brücke runter...
Wir Jungs jedenfalls nicht. Unser Ziel war immer schon vor dem großen Loch erreicht. An die fünfzig Meter von Brücke und Havelufer entfernt stand da auf grüner Wiese nämlich ein kleiner Bunker. Er war so nachlässig gesprengt worden, dass das Oval der Grundmauern zwar ein Stück nach außen gedrückt worden war, aber nicht weit genug, um die fast meterdicke Betondecke einstürzen zu lassen. Der riesige Block lag so knapp auf, dass wir auf den fast freiliegenden Mauern den ganzen Bunker umrunden, ihn aber genauso gut auf der Betondecke überqueren konnten. Während Brücke und Straße einige Zeit später wieder instandgesetzt waren, gewährte uns der kleine Bunker so lange Spiel und Spaß und Unterschlupf, bis wir den Kinderschuhen entwachsen waren. Wir kehren gleich noch einmal zu ihm zurück.
Wenn ich an die Homeyenbrücke denke, dann gehen mir nämlich zu allererst zwei Frauengestalten durch den Kopf, die wir Jungs „die Ziegenmutter und ihre Tochter" nannten, weil sie altersmäßig so zueinander zu stehen schienen, und weil ihr Wagen von zwei ungewöhnlich großen weißen Ziegenböcken gezogen wurde, Böcke mit mächtigen, weit nach hinten gebogenen Hörnern. Das Gefährt selbst sah aus wie ein zu groß geratener

Handwagen in Gestalt eines bäuerlichen Leiterwagens. Alles aus Holz also, auch die Speichenräder, die oberen Holme des Kastens verliefen in Schulterhöhe.
Es war ein Bild wie aus längst vergangenen Zeiten, wenn sich die beiden Frauen, je an der Seite eines Ziegenbockes im eigenen Zugriemen liegend, die lange Steigung zur Brücke hinaufstemmten. Wir haben die beiden nie miteinander sprechen hören. Ihrer Kleidung nach mussten sie hier fremd sein. Ausladende dunkle Röcke, die fast die Schuhe verdeckten, oben herum bis ans Kinn in Tuch und Wolle und eine abgeschabte Weste gehüllt, so zogen sie an uns vorüber; die kleinen Gesichter von dicken Kopftüchern umschlossen, unter denen sich bei der einen weiße, bei der anderen dunkle Strähnen hervorstahlen. Sie wohnten in den Armeleutehäusern der Ziegelstraße, dort, wo oft so laute und grobe Stimmen zu hören waren. „Das sind Flüchtlinge aus Ostpreußen", sagte unsere Mutter, „die haben viel durchgemacht".
Womit sich die Ziegenmutter und ihre Tochter eigentlich durchschlugen, das haben wir uns viel zu spät gefragt. Betrieben sie eine Art schlichtes Fuhrgeschäft, schafften sie vielleicht Tierfutter heran, oder hielt sie der Handel mit altem Trödel über Wasser? Wir erfahren es nicht mehr. Geblieben ist uns das Bild zweier gebeugter Gestalten, die sich an der Seite weißer Ziegenböcke zur Brücke hochschleppen.

Ausgesprochen riskant war eine Mutprobe an den breiten viereckigen Pfeilern u n t e r der Brücke, bei der wir uns auf der Wasserseite am gemauerten Pfeiler entlangschieben mussten. Er war zu breit, als dass wir von Anfang an dessen andere Kante hätten umklammern können. Auch für die Füße gab es kaum Halt, eine nur denkbar schmale Kante zwischen Säule und Spundwand musste das Abrutschen verhindern. So eng man sich auch an die Säule presste, immer hatte man ein Übergewicht zum Wasser hin und konnte den Absturz nur vermeiden, indem man sich mit den Fingern der einen Hand im rauen Putz festkrallte. dieweil die andere Hand schon wieder einen hervortretenden Kiesel oder eine Vertiefung im groben Putz suchte. Die nackte Angst ließ uns Nichtschwimmer derart konzentriert vorgehen, dass tatsächlich nie einer von uns abrutschte. Wir hätten ihn auch kaum retten können, die Spundwand unter der Betonkante war viel zu hoch. Tatsächlich ist von den zig Jungen, von den Kindern überhaupt, die Ihre Kindheit hier am Wasser verbrachten, nie eines ertrunken.

Gingen wir nach überstandener Mutprobe ganz unter der Brücke hindurch, so kamen wir auf der uns fremden Seite dort hervor, wo sich die Spundwand mit einer kurzen Kurve im abschüssigen Ufer verlor. Wir standen auf einer hellen grünen Wiese, einem fast dreieckigen Uferbereich, den wir sonst eigentlich nie betraten. Gewöhnlich sahen wir uns dort auch nur mal kurz um, konnten aber ansonsten wirklich nichts mit diesem Stück Ufer anfangen. Neben einer hohen Trauerweide, vom Wildwuchs junger Bäume fast verdeckt, reckten sich da noch rötliche, rußgeschwärzte Mauern in die Luft, die Ruine einer ehemaligen Villa. Ansonsten suchten wir diese Uferstelle so selten auf, dass sie nicht erwähnenswert wäre, hätten wir dort, bedingt durch ein besonderes Erlebnis, nicht auch ein ganz einmaliges Boot kennengelernt.
Das war an einem der Frühjahrstage mit jenem hellen kalten Licht, wenn die Sonne noch hinter den Ästen der kahlen Bäume steht. Wir wollten die langweilige Wiese gerade wieder verlassen, als unter der Homeyenbrücke ein merkwürdiges Paddelboot auftauchte, vom Typ her so unbekannt, dass uns der Paddler selbst zunächst gar nicht weiter interessierte. Wenige Augenblicke später wussten wir umso genauer, in was für einem einmaligen Kahn der junge Sportsmann unterwegs war. Dann nämlich, als er, schon fast auf unserer Höhe, umkippte und ins eiskalte Wasser tauchte. Erst dachten wir: ‚Menschenskinder! Ist der denn zu dusslig zum Bootfahren?' Als er aber schwimmend sein Schiffchen an Land gestoßen hatte, wunderte uns gar nichts mehr; im Gegenteil, der Paddler musste geradezu artistische Fähigkeiten besitzen, wenn er sich in dieser Zigarre mehr als zehn Meter hatte im Gleichgewicht halten können. Er war in einem jener zeppelinförmigen Motorradbeiwagen unterwegs, wie sie in der Vorkriegszeit modern wurden. Im Querschnitt waren sie kreisrund, boten also im Wasser nicht die Spur von Halt - kippliger konnte ein Boot schon nicht mehr sein.
Triefend kam der junge Mann aus dem Wasser, schleifte die Metallzigarre über die groben Ufersteine zu uns hoch und bat uns dann in überraschend gepflegtem Deutsch, etwa eine halbe Stunde auf sein Boot aufzupassen, er müsse schnellstens die Kleidung wechseln, wohne aber ziemlich weit entfernt. Trotzdem er erbärmlich fror, sprach er eingehend und freundlich zu uns, er bewahrte eine Haltung, die uns einfach imponierte. Leider musste er trotz unseres guten Willens den Verlust seines Bootes hinnehmen. Einer der Burschen aus der Ziegelstraße - dort, wo so laut

und fremdartig gesprochen wurde - musste alles mitgekriegt haben, denn nach kurzer Zeit war die ganze grobschlächtige Bande da und nahm das Boot in Beschlag. Auf unseren schüchternen Einwand, wir seien gebeten worden, auf das Boot aufzupassen, wurde nicht einmal geantwortet. Boot und Paddel wurden unter Gejohle geschultert und weg war die Bande. Alles geklaut. Ein unersetzlicher Verlust damals. Natürlich verdrückten wir uns, bevor unser Bildungsbürger wiederkam, ihm als Verlierer unter die Augen treten zu müssen, das wollten wir nicht auch noch hinnehmen.

Die gegenüberliegende Flussseite war sowieso unser eigentliches Revier. Dort führte von der Brücke hinunter ein Trampelpfad zwischen Wasser und Gartenzaun über die Wurzeln mächtiger Schwarzerlen zu einem unserer beliebtesten Badeplätze, zur Landzunge. Sie begann an der Wiese zwischen dem breiten Mühlenfließ und der Havel, wurde flussabwärts schnell enger und lief schon nach fünfzig Metern spitz aus. Bis an ihr Ende sind wir selten gekommen, der enge Pfad zwischen den roten Zweigen der Weidenbüsche war fast ausschließlich hartes Wurzelgeflecht, eine Marter für unsere nackten Sohlen. Willkommen dagegen waren die baumstarken Wurzeln der Schwarzerlen, die sich ins Wasser hinein wanden. Zwischen ihnen ließen sich ordentliche Häfen anlegen. Mit unseren geschnitzten Borkenbooten haben wir dort ernsthaft Handel getrieben. Wenn wir uns mit unsern Frachtkähnen auf dem Wasser begegneten, dann hießen wir nicht etwa Hans und Klaus, nein, dann redeten wir uns mit Max und Paul an, wie ältere Leute eben so hießen, unser Tonfall war dann der reifer Männer.

Ganz nah bei diesem Uferabschnitt bin ich mal mit einem Fahrrad ins Wasser gesaust. Auf einem hohen, schweren Herrenfahrrad, einem zusammengebastelten Dauertreter, ohne Rücktritt also, ohne jede Bremse, dafür aber mit unaufhaltsam sich drehendem Kettenrad samt Pedalen.
Zu dem angeberischen Versuch war es gekommen, weil uns dicht hinter der Homeyenbrücke eine Gruppe Jungs auffiel, die auf der Fahrbahn drüben mit einem Fahrrad beschäftigt war, einem, schweren, schwarz angestrichenen Herrenrad Marke Eigenbau, wie klar wurde, als wir uns dazu gesellten. Noch dazu einem Dauertreter, auf dem sich nun jeder einmal versuchen wollte.

Rollerfahren konnten zwar alle, aber sich auf solch einem schweren Dauertreter zu halten? Selbst auf der Querstange sitzend erreichten die Füße ja nur mit Ach und Krach die Pedale, und die drehten sich unaufhaltsam mit dem Kettenrad. Eben versuchte sich einer der Kleinen mit dem schweren Vehikel, er musste sogar mit dem rechten Bein unter der Querstange hindurch das rechte Pedal erreichen. Ziemlich geschickt strampelte er ein Stück auf dem schräg gehaltenen Rad, krachte aber hin, als er mit einer Kurve zu uns zurückwollte.

Als ich an der Reihe war, konnte ich mit dem Ungetüm tatsächlich einigermaßen umgehen und suchte nun Gelegenheit, mit meinem gerade erworbenen Können irgendwie zu prahlen. Ein Trampelpfad, der hinter dem Brückengeländer steil zum Wasser runter ging, schien mir für meine Fahrkünste genau die richtige Schaustrecke zu sein. Also los, rauf auf die Querstange und runter den Hang! ... Schon auf halber Höhe hatte ich jede Gewalt über das Fahrrad verloren, raste mit gespreizten Beinen auf die Uferkante zu und flog mit weitem Satz ins Wasser!

Als ich ans Ufer schwamm, glaubte ich das Rad schon verloren und malte mir angsterfüllt die Folgen aus. Wie hätte unser Vater eine solche Rarität ersetzen sollen? Glücklicherweise war das Rad aber nicht bis in die Fahrrinne geflogen, schwimmend konnten wir es mit den Zehenspitzen gerade noch ertasten, und damit war es schon so gut wie an Land gezogen. Das bisschen Tauchen war für uns nicht der Rede wert.

Bevor sich das Kapitel Landzunge seinem Ende nähert, muss ich hier noch an einen Mann erinnern, der nicht vergessen werden darf, an Maxe Rexe. Er war ein braungebrannter robuster Kerl, so um die Vierzig rum, Maurer von Beruf, untersetzt, dunkelhaarig, vergnügt - ein Mann, wie auch wir mal einer werden wollten. Maxe war unverheiratet, die tägliche Arbeit auf'm Bau, der Angelkahn und der abendliche Stammtisch machten sein Leben aus. Wie sich sein Nachname wirklich schrieb, wussten wir nicht. Er war einfach Maxe Rexe. Wir durften Maxe und Du zu ihm sagen und konnten ihn mit Sicherheit zu einem Ringkampf herausfordern, wenn wir ihm s o kamen:

„Maxe, letztet Mal hast d u jewonn', heute jewinne i c k!".

„Na, denn komm mal ran!", sagte Maxe, und schon hatte er einen im Schwitzkasten und über die Hüfte ins Gras geschmissen, sodass einem die Knochen krachten. Wenn er auch nicht im Entferntesten seine wirkliche Kraft einsetzte, so ging er dennoch nicht

zimperlich mit uns um. Selbst wenn er uns schon rücksichtvoll behandelte, gingen wir immer noch reichlich unsanft zu Boden. Trotzdem stand der Nächste schon bereit: „Maxe, jetzt icke!"
Wenn er vom Ufer aus angelte, ließ uns Maxe auch mal 'ne Runde mit seinem Äppelkahn drehen. Ja, einmal hatten wir vier Spielkameraden sogar das Glück, seinen Kahn einen Nachmittag lang ganz für uns allein zu haben, und das auch noch während eines solchen Sommerhochwassers, wie wir es so hoch in unsern Kinderjahren nur dieses eine Mal erlebt haben. Es muss ein Sonnabend gewesen sein, denn Maxe hatte schon am frühen Nachmittag an der Landzunge festgemacht. Aus seinem Kahn war er mehr gekrochen als gestiegen, war ein Stück über die Wiese getaumelt und hatte sich dann ins Gras fallen lassen. Wir konnten ihm gerade noch seinen Kahn abschwatzen, dann war er eingeschlafen. An diesem Nachmittag sind wir die fünf Kilometer bis nach Radewege gerudert. Dort waren am linken Ufer vor dem Dorf die Viehweiden so hoch überflutet, dass wir uns abwechselnd ins Wasser gleiten ließen, um den Kahn zu schieben. Bis zur Brust im Wasser über das weiche Gras einer Wiese zu laufen - die Füße vergessen das nie.
Die Sonne stand schon nicht mehr allzu hoch, als wir unter der Brücke hervor wieder auf die Landzunge zusteuerten. Dort saß Maxe nach hinten abgestützt im Gras und sah uns entgegen, seine noch schweren Augen guckten ernst. Wir glaubten schon, es bei ihm verscherzt zu haben, aber er sagte kein Wort. Diese Form von Missbilligung musste reichen. Sie konnte es auch, denn der Kahn war völlig in Ordnung.
Maxe Rexe hat unsere Kinderjahre nicht lange überlebt. Er starb bei der Arbeit. Ein liederlich montiertes Baugerüst stürzte unter den Maurern zusammen und riss ihn in den Tod.
Bald danach war es auch um die Landzunge geschehen. Die immer länger werdenden Lastkähne mussten praktisch auf der Stelle drehen, wenn sie den spitzen Winkel von der Havel in den Domstreng passieren wollten, um die Mühlen anzulaufen. Die Landzunge musste ein gutes Stück abgebaggert werden, war als solche aber noch erkennbar. Erst als sie Jahre später ein zweites Mal verkürzt wurde, blieb nur noch die Erinnerung an diesen so beliebten Platz, an den wir mit starkem Glücksgefühl denken. Die Landzunge, das ist für uns geradezu der Inbegriff langer Kindheitssommer und grenzenloser Freiheit, ein Bild grüner Weite von

Wiesen und Weiden, hinter denen ein roter Turm in den Himmel wächst, unser Dom.

Landzunge und Dom

Allerdings war der Dom es auch, der uns Schranken setzte. „Wenn es Sechs schlägt, kommt ihr nach Hause!", so unsere Mutter. Wo und wie weit vom Dom entfernt wir auch spielten, sein tiefer, voller Stundenschlag war uns so in Fleisch und Blut übergegangen, dass wir sein Läuten nie überhörten. Ein sicheres Gefühl für den Sonnenstand und der knurrende Magen taten ein Übriges. Nach der Turmuhr hätten wir uns auch nur richten können, wenn da noch eine gewesen wäre, aber ausgerechnet auf der uns zugewandten Seite des Doms war an Stelle des Zifferblattes nur noch ein flacher Krater im Mauerwerk zu sehen, die Uhr selbst war in den letzten Kriegstagen Opfer einer launigen Zielübung geworden. Genauso übrigens, wie hinter uns die Laterne auf dem Turm der Gotthardtkirche. Auf deren Turmstumpf stand jetzt ein hohes eckiges Holzkreuz im Wind, das die Leere da oben nur noch fühlbarer machte.

Zuweilen konnte die Homeyenbrücke ganz verwunschen aussehen. Eines Tages trauten wir unsern Augen kaum, als wir ihren Anblick schon aus der Ferne so merkwürdig verändert fanden. Alles war zu hell und zu weich, die sonst so scharf umrissenen Geländersprossen nur verwaschen sichtbar - also nichts wie hin! Wir waren schon sprachlos, bevor wir ganz auf der Brücke standen. Gut meterlange weiße Bärte wehten vom Geländer fast waagerecht in die Brücke hinein, die anderen drüben weit übers Wasser hinaus. Von den gänzlich verhüllten Sprossen her bewegte sie ein leichter Nordwind sanft zur Sonne hin. Lange standen wir wie vor einem Wunder, bis wir über uns in der Luft hauchdünne Fäden glänzen sahen, die merkwürdigerweise alle senkrecht dahinschwebten. Aber da! Am Faden hing doch etwas! Nein, an allen Fäden! Vom sanften Spätsommerhauch durch die Luft getragen, ließen sich unzählig viele winzige Spinnen in eine neue Umgebung tragen. Nur zweimal konnte ein Altweibersommer unsere Brücke so verzaubern, ein leichter Nord musste genau von dorther wehen, sonst trieben die Fäden weit vorbei oder sie blieben vor der Brücke in den Bäumen hängen

Noch einmal unser Bunker

Um von der Landzunge aus unsern kleinen Bunker zu erreichen, hätten wir die Homeyenbrücke eigentlich nur zu unterqueren brauchen, um auf die lange Wiese zu kommen, an deren Ende unser Bunker lag. Fast immer haben wir aber lieber den steilen Weg über die Brückenauffahrt gewählt, als die bequemere Richtung einzuschlagen. Der Grund: diese Seite unter der Brücke war einfach nicht unser Revier, da hatte gewissermaßen ein anderer Stamm, eine andere Bande Ansprüche drauf. Solche archaischen Regungen haben wir öfter gespürt in unserer weitläufigen Umgebung. Lieber also vor der Brücke den Hang hoch keuchen und die Straße überqueren, als den bequemen Weg zu benutzen. Letzten Endes sparten wir dabei sogar ein paar Meter Weg, vor allem aber konnten wir den Bunker und seine Umgebung von oben her früh genug überblicken, konnten nicht durch eine andere „Bande" überrascht werden. Das alles zusammen bestimmte bei uns Jungs den einzuschlagenden Weg, ohne dass wir ein Wort darüber hätten verlieren müssen.

Wie schon erwähnt, war die eine Hälfte des Bunkers bei der Sprengung komplett eingestürzt und beim stehengebliebenen Teil lag das Halbrund der fast meterdicken Deckplatte nur noch ganz knapp auf den nach außen getriebenen Grundmauern. auf Wir konnten also den Bunker da oben neben dem Deckenbeton fast umrunden, oder nach außen über den Gürtel mannshoher schwärzlich-grüner Brennnesseln hinweg ins Gras hinunterspringen. Was nötig wurde, wenn wir „Zecken" spielten. Ja, so hieß bei uns das, was in anderen Gegenden „Greifen" genannt wird: „Zecken". Wen es erwischt hatte, der musste zusehen, dass er einen anderen Jungen einholen und ihn „anschlagen" konnte, das heißt, ihm einen Klaps zu geben und dabei „du hast'n" zu rufen, worauf der nun hinter dem Nächsten her war, weil er „ihn wieder abgeben" wollte.
Das gab immer ein wildes Hoch und Runter über die kreuz und quer liegenden Betonplatten und geborstenen Mauern. Aber wir kannten unsern Bunker so genau, dass wir absolut trittsicher in jede Richtung flitzen konnten.
Nur umdrehen darf man sich vor einem Absprung nicht! Da reichte einmal ein Fehltritt und schon wälzte ich mich längelang in den Brennnesseln. Nur mit einer Badehose bekleidet! - Kinder, hat das gebrannt! Zwar bin ich gleich zur Havel gerast und ins Wasser gesprungen, trotzdem hatte ich aber auch nachts noch heftigen Schüttelfrost und blieb am Körper tagelang über und über rot gesprenkelt. Schon ein Turnhemd hätte mich einigermaßen geschützt, aber das mussten wir ja nur an kühlen Tagen überziehen, ansonsten liefen wir den ganzen Sommer nur in Badehosen herum. Sie wurden nur im Wasser ausgezogen - wer will denn nach dem Baden mit nassem Zeug auf dem Leib rumlaufen!
Bevor wir aus dem kleinen Bunker Rauch aufsteigen lassen, soll noch von zwei „Volltreffern" die Rede sein, bei denen besonders Klaus eine Rolle spielte. Diese Treffer erwuchsen aus Langeweile, die manchmal über uns kam, wenn wir uns zu früh schon ausgetobt hatten.
„Los, wir machen 'ne Schlacht!"
„Erstmal Steine ham!"
„Unter de Brücke sind Steine jenuch!"
Das stimmte. Unterhalb der Widerlager ist zwischen den schräg abfallenden Betonstreben weißer Sand aufgeschüttet, der eine Menge Kiesel birgt, groß genug, um anständige Geschosse darzustellen. Damit jetzt zurück zur Wiese. Zwei Mann bleiben hier

zurück, die andern beiden verziehen sich ins Gebüsch. Und dann wird geschmissen. Wir auf der Wiese können sehen, wenn die Steine geflogen kommen, die beiden im Gebüsch wechseln andauernd ihre Position um nicht getroffen zu werden. Was von draußen an den Bewegungen der Zweige allerdings zu erkennen ist. Klaus ist mit Dackel im Gebüsch, ich mit dem Langen draußen. Man muss höllisch aufpassen, denn wir sind ja aus dem Gebüsch heraus zu erkennen, und gerade Klaus kann unheimlich scharf und zielsicher schmeißen. Immerhin ist der Abstand aber noch groß genug, um reagieren zu können. Die beiden im Gebüsch dagegen müssen einfach schon wieder weg sein, wenn die Steine geflogen kommen. Einmal aber ahne ich anhand der zitternden Zweige, wo der Gebüschkämpfer im nächsten Moment sein wird und halte voll drauf. Ein Schrei, und schon kommt Klaus aus dem Gebüsch, die Hand an den blutenden Kopf gepresst. Jetzt aber nischt wie runter zur Havel, die Wunde waschen! Und aufpassen, dass das Hemd nicht blutig wird - unsere Mutter darf nichts mitkriegen. Dass Klaus mir keinen Vorwurf macht, versteht sich von selbst; Kampf ist Kampf, und die blutige Beule zu Hause als Pech darzustellen ist Ehrensache.
Das andere Mal ist Klaus selbst der Schütze. Ein heller Winternachmittag, matschiger Schnee, wir machen uns vom Bunker aus langsam auf den Weg nach Hause. Kneten Schneebälle, reden irgendwas miteinander, zielen mal da- mal dorthin, treffen den Bunker hinter uns, dass es nur so klatscht, der nasse Schnee lässt in den Händen reine Eisklumpen entstehen.
Gerade kommen wir die Böschung zur Straße rauf, alles ist menschenleer, aber da hinten kommt auf der anderen Straßenseite tatsächlich ein jugendlicher Radfahrer über die Brücke, gewinnt bergab schnell an Fahrt und ist schon fast auf unserer Höhe, als Klaus seinen Eisklumpen nach ihm wirft. Im nächsten Moment sind wir wie vom Erdboden verschluckt. Quer über den Damm hinweg hat Klaus den Radfahrer am Kopf genau auf die Backe getroffen, wir sehen nur noch den Schlenker in seiner Fahrt, dann rennen wir schon gebückt unter die Brücke und halten die Luft an. Nichts passiert. Wir schleichen uns endlich auf der andern Seite wieder hoch, dorthin, wo der Unglücksrabe getroffen wurde, aber er ist schon weg. Aufatmen! Ein Volltreffer, den Klaus nicht gewollt hatte, der auch zu unwahrscheinlich war, als das Stück Eis losflog.
Sobald wir etwa zehn Jahre alt waren, wurde der Bunker als Versteck wichtig, er verbarg uns junge Raucher vor den Augen der

Erwachsenen. Fast alle Männer rauchten, klar also, dass wir wissen mussten, was dahintersteckt. Bei unserm Piepe rauchenden Vater zweigten wir uns gerade genug Tabak ab, um uns selbst eine Zigarette drehen zu können. Mit Zeitungspapier versteht sich. Aber was ist schon so eine kurze Zigarette?! Mehr Tabak musste her. Erst versuchten wir es mit den vertrockneten Blättern unserer Umgebung und priesen sogar unsere Mischungen voreinander. So etwa, wenn der eine seinen Knaster aus Flieder und Kastanie ganz toll fand, der andere hingegen Linde mit Knallerbse einfach nur empfehlen konnte. Nun ja, solche Fantastereien lösen sich schnell in einen so ekelhaft scharfen Qualm auf, dass der Gedanke an richtigen Tabak und seine Beschaffung beherrschend wird. Bei unserm Vater war nichts mehr zu holen, sparsam wie er war, hatte er schon angefangen sich zu wundern. Blieb als letzter Ausweg nur das Kippensammeln. Was sollte daran schon ungesund sein? Schließlich polkte man nur den Tabak aus dem Papier und verbrannte ihn anschließend. Gedacht, getan! Einer von uns, ich glaube Gulloot, wusste etwas von angeblich nur so hingestreuten Kippen. Zu finden sonntags gegen Abend auf den einsamen Stehplätzen am Fußballfeld. Er hatte zwar ein bisschen übertrieben, aber es lohnte sich tatsächlich. Bloß - was nützt einem so ein beträchtlicher Schatz an Tabak, wenn man ihn dann verdirbt, auf folgende Weise verdirbt: Von unseren 50 Pfennig Taschengeld pro Woche hatten Klaus und ich endlich genug gespart, um uns jeder eine Piepe, eine richtige Tabakspfeife kaufen zu können. Unsere Wahl fiel schon wegen des Preises auf eine ganz kleine Sorte, mit nach unten gebogenem, S-förmigem Stiel, von uns Opa-Piepen genannt. Unsere nagelneuen Pfeifen sahen zwar irgendwie ein bisschen nach Kind aus - die eine war hellblau, die andere rosafarben - aber wenn man am Mundstück saugte, dann zogen sie wie richtige Pfeifen, waren also voll funktionsfähig. Und außerdem: der Pfeifenkopf war sogar mit einem aufklappbaren spiegelblanken Metalldeckel versehen - hochwertige Pfeifen also!

Kann man sich unsere Erschütterung vorstellen, als wir die gestopften Pfeifen das erste Mal in Brand setzen und einen Augenblick später die Farbe vom Pfeifenkopf zu tropfen beginnt? Zu allem Überfluss war er nicht bloß außen, sondern auch in der Höhlung angestrichen, was eine beißende Mischung aus Tabaksqualm und verbrannter Farbe ergab. Dagegen schmeckte Flieder/Kastanie wie Virginiaimport. Vor allem aber schmerzte uns

das sinnlos rausgeschmissene Geld. Über einen Monat umsonst gespart - sowas tut weh.
Richtig übel geworden ist mir vom Tabak nur zweimal. Das erste Mal, als wir ein Stückchen vom Priem (Kautabak) probierten, den unser Vater geschenkt bekommen hatte. Man glaubt ja nicht, wie gefährlich diese würzig schmeckende Knete ist! Sie lässt die Speicheldrüsen nur so sprudeln, nach zehn Sekunden gibt's nur noch eins, Spucken oder Schlucken. Aber um Himmels Willen - n i c h t s c h l u c k e n! Jedoch, was weiß man denn schon beim ersten Versuch? Ich kann euch sagen, war das ein Elend!
Das zweite Mal entgleiste ich, als ich ein paar Lungenzüge zu viel probierte. Wir waren da schon hoch in den Dreizehn, und ein Mann rauchte gefälligst „auf Lunge". Klaus und ich saßen nachmittags allein unter den dicken runden Holzbalken der Brielower Brücke, der noch immer provisorischen Nachkriegsbrücke - guckten uns die Kähne an, die den Kanal runterkamen und schlugen die Zeit bis zum Konfirmandenunterricht mit Reden und Rauchen tot. Mit selbstgedrehten Zigaretten natürlich. Leider musste ich mal wieder übertreiben.
„Klaus, weeste wat, ick steck mir noch eene an."
Kurze Zeit später war mir hundeelend. Auch auf dem rund ein Kilometer langen Heimweg änderte sich das nicht. Ich musste mich zu Hause hinlegen, der Konfirmandenunterricht im Pfarrhaus fand diesmal ohne mich statt. Tief und fest schlief ich durch, bis Klaus bei Abendrot wieder nach Hause kam. Da war ich dann wieder ganz obenauf. Heilfroh vor allem darüber, dass unsere Mutter nicht gerochen hatte, woher mein Elend rührte.
Was in der kleinen Bunkerruine als Männlichkeitsritual begann, mündete schließlich in eine rund drei Jahrzehnte anhaltende, ziemlich süchtige Raucherei. Denn ausgerechnet als ich mit Vierzehn das Elternhaus verließ - eine starker Einschnitt im Leben -, als ich in das Internat der Potsdamer Musikschule in der Rubensstraße einzog, wo keiner aus meinem Jahrgang rauchte, da musste sich eine geradezu kurios abseitige Gelegenheit ergeben, das Rauchen fortzusetzen.
Plötzlich so ganz auf mich gestellt, versuchte ich erstmal Kameraden zu finden, mit denen gemeinsam ich mich in die ungewohnte Selbständigkeit hineinfinden und die neue Umgebung erkunden konnte. Für die älteren Schüler schien die nahegelegene Grenze zu Westberlin mit einem gewissen Kribbeln verbunden zu sein. Wir alle kamen ja aus der Ostzone, jetzt DDR, wo der

„Westen" verfemt wurde. Also los, hin zur nahegelegenen Glienicker Brücke, auf der die damals noch passierbare Grenze verlief. Drüben stelzte ein Polizist mit hohem Tschako am Schlagbaum auf und ab, die Schranke auf unserer, der Ostseite, wurde sogar deutsch/russisch bewacht. Auf der linken Straßenseite - unnahbar für Zivilisten - hatte die dunkelblau uniformierte Volkspolizei ihr Quartier, auf der rechten Seite schoben russische Soldaten Wache. Wir waren immer bei den Russen. Bei ihnen schlossen sich Wachdienst und kameradschaftlicher Umgang mit uns Schülern nicht aus. Vielmehr war es jedes Mal ein Heidenspaß für sie, wenn wir mit ihnen in ihrer verräucherten Wachstube „Russisch" radebrechten. Und wenn wir ihre ungeheure Fertigkeit bewunderten, mit der sie binnen Sekunden aus Zeitungspapier und Machorka eine Zigarette drehen konnten, dann boten sie bestimmt auch uns eine an. Und ich muss schon sagen, Machorka in Zeitungspapier schmeckte wirklich besser als eine unserer 8-Pfennig-Zigaretten. Der Geschmack war einfach weicher, ja fast ein wenig lieblich.

Machorka, das sind die feingehackten Rippen des Tabakblattes, die übrigbleiben, wenn das eigentlich verwertete Gewebe vom Blatt gestreift ist.

Und noch etwas imponierte uns, die Konsequenz nämlich und die geschmackliche Sensibilität, mit der die russischen Soldaten das Zeitungspapier unterschieden: die einen rauchten nur „Prawda", die anderen ausschließlich „Iswestija"!

Die Badestelle

Die jugendliche Raucherei hat uns nun ziemlich ins Weite geführt, kehren wir also zur heimatlichen, zur Homeyenbrücke zurück und gehen von dort aus ein Stück am Ufer hinunter in Richtung Beetzsee, wir wollen endlich an unsere Badestelle kommen. Eine Bezeichnung, die sofort zum Begriff wurde, nachdem Halbwüchsige diesen Badeplatz bald nach Kriegsende anlegten. Als wir, sechsjährig, die Ufer zu entdecken begannen, hatten Badelustige an dieser schmalen Uferstelle lediglich die groben Steine der Uferböschung beiseite geräumt, um das Wasser wenigstens über die nackte schwarze Erde erreichen zu können.

Zwei Jahre später etwa, es war ein heller warmer Sommertag und wir badeten dort gerade, bahnte sich eine ganz überraschende Aktion an. Während wir Nichtschwimmer im seichten Wasser planschten, hörten wir mit halbem Ohr, wie unter den großen Jungs am Ufer etwas beraten wurde, wobei es scheinbar um die Badestelle ging. Dann waren sie plötzlich alle verschwunden, tauchten aber bald danach mit zwei schwer beladenen Handwagen aus Richtung Weißer Sand wieder auf und luden ihre erste Last ab: lauter feinkörnigen hellen Sand! Wer sich erinnert, wie knapp bemessen das Fassungsvermögen solch eines hölzernen Wagens ist, der kann sich vorstellen, wie oft die Burschen den Weg machen mussten. Es musste ja nicht nur der Uferbereich bedeckt werden, auch im Wasser sollten die Füße nicht mehr im Modder versacken. Sie imponierten uns sehr, diese Halbwüchsigen, die uns in ihrem Arbeitsernst und der kraftvollen Eile, mit der sie eine Wagenladung nach der anderen herankarrten, schon mehr wie Erwachsene vorkamen. Gegen Abend jedenfalls hatten wir die schönste, fußfreundliche, ja zum Niedersetzen einladende Badestelle, die man sich denken kann. Und das über all unsere Kinderjahre hin.
Gebadet wurde nur nackt. Das hatte sich von Anfang an so ergeben und war vielleicht mit ein Grund, warum bei uns so selten Mädchen auftauchten. Und wenn wirklich einmal, dann waren sie natürlich mit einem Badeanzug bekleidet und immer in Begleitung eines Erwachsenen. Sie ließen sich nur selten blicken, von uns nackten Jungs wurden sie mehr als Merkwürdigkeit beäugt.
Aber ganz nackt kamen wir ja schließlich auch nicht aus dem Wasser! Wohl wegen der oberhalb unserer Badestelle verlaufenden Uferpromenade hatte sich von Anfang an ein Ritual herausgebildet, das HvS hieß. Wer in seiner ganzen unbedeckten Schönheit das Wasser verließ, konnte von jedem anderen Jungen mit einem barschen „HvS!“ zu Schicklichkeit angehalten werden. Um nicht lange genierlich drum herum zu reden: HvS hieß „Hand vor'n Sack“, das heißt, man hatte mit vor dem Leib verschränkten Armen, mit beiden Händen vor dem Gemächt ans Ufer zu waten. Erreichte das Wasser den Bauchnabel nicht mehr, hatte man die Arme gefälligst als V vor dem Körper zu tragen.
Aus dem Wasser heraus, stiegen wir oberhalb des Ufers oft gleich in einen der kugelig geschnittenen Promenadenbäume, um uns aufzuwärmen. Und immer in den selben Baum. Nicht nur wegen seiner klettergerecht gewachsenen Äste kam nur der eine in

Frage, er war auch der Einzige, der wegen seiner oben offenen Krone das Sonnenlicht hereinließ, unsere nassen Körper von den Seiten her aber mit dichtem Laub vor dem Wind schützte.

Dass wir nackt badeten, kann nicht weiter verwundern, wenn man bedenkt, dass die Jungs im Sommer fast alle nur mit Turn- oder Badehose bekleidet waren. Die aber durfte, wie schon einmal gesagt, nicht nass werden, wenn man den Rest des Tages nicht frieren wollte.
Hier am Wasser war das in den Sommerferien ein Kommen und Gehen den lieben langen Tag über. Aus der halben Altstadt kamen die Jungs, von denen wir die meisten nur vom Ansehen her kannten. Im Gegensatz zum Schulhof ging es hier immer friedlich zu. Sonne, Wasser, endlose Freiheit - hier geriet man nicht aneinander.
Für unsere Mutter war die Badestelle zwar ein oft gehörter Begriff, was wir da aber eigentlich trieben, das wusste sie nicht. Solange wir noch nicht schwimmen konnten, bestand sie deshalb auf den Besuch der Badeanstalt am Grillendamm. Dort war der Nichtschwimmerbereich durch Ketten abgegrenzt, die sich zwischen den konisch geformten Enden schwimmender Zinktonnen spannten. Zwar waren die Ketten nicht sichtbar, weil sie unter Wasser durchhingen, sie waren aber doch fühlbar, bevor man darüber hinaus ins tiefere Wasser geraten konnte.
Aber was heißt hier schon Schwimmen. Uns mit „Hundepaddel“ ein Stück über Wasser zu halten, das konnten wir längst, aber das reichte man gerade, um die kleine Bucht neben der Badestelle zu überqueren. Diese Bucht, ein rechteckiger Aushub, der bis an die Uferböschung reichte, existierte schon, bevor dort überhaupt gebadet wurde. Er diente den Motorbooten des Wasserstraßenamtes als Anlegestelle, oder besser gesagt, als eine Art Anlaufpunkt. Denn das An-Land-gehen wurde nicht einmal durch den einfachsten Steg erleichtert. Hatte der Bug des Bootes am Ufer leicht aufgesetzt, dann schob man dort einfach eine Planke mit Tritthölzern über Bord und balancierte mit gespreizten Armen an Land. Diese Bucht war auf der schilfbewachsenen Seite drüben etwa brusttief, die fünf Meter hinüber waren Teststrecke für die Hundepaddler. Jedenfalls so lange, wie ein bestimmtes Wort nicht fiel. Denn da brauchte nur jemand hinzuwerfen: „Da drüben soll 'ne Wollhandkrabbe sein“, dann traute sich tagelang keiner von uns mehr da rüber. Unter den Jungs sagte man diesen

Krabben nach, dass sie absichtlich schwarz seien, um sich unsichtbar zu machen, und dass sie ohne weiteres einen Zeh abbeißen könnten. Tatsächlich aber hatte im trüben Havelwasser bis dahin noch keiner von uns so'ne angsteinflößende Krabbe entdeckt.
Mit den normalen Flusskrebsen hingegen standen wir auf du und du. Und mehr als das. Krebsefangen war ein gern geübter Zeitvertreib, bei dem wir auch die Scheren der größten Exemplare nicht fürchteten. Im Zeitlupentempo näherte sich ihnen unsere Fanghand unter Wasser von hinten und schnappte zu, dort war sie für die Scheren nicht erreichbar. Bei den ohnehin unsichtbaren Wollhandkrabben hätten wir uns das nicht getraut. Schon das Wort machte Angst. Sie waren noch zu unbekannt, waren immer noch eine ziemlich junge Erscheinung in den Havelgewässern. Unser Vater, geboren kurz vor der Jahrhundertwende, hat das Wort als Kind nie gehört, die Krabbe war bei uns noch unbekannt.
Mit neun Jahren wollte ich endlich auch können, was die Großen konnten, wollte mithalten können mit ihnen, deren Köpfe immer kleiner wurden, wenn sie auf den weiten See hinausschwammen. In der Badeanstalt versuchte ich das beharrlich. Ich hatte bemerkt, dass ich ein gutes Stück gleiten konnte, wenn ich mich mit angehaltenem Atem vom Grund aus nach vorne abstieß und probierte das im flachen Wasser so lange, bis ich einen zusätzlichen Armzug wagte, dann zwei, und endlich auch mit einem Beinschlag dazu. Und dann blieb ich doch tatsächlich über Wasser, brauchte mit den Zehen nicht mehr den Grund zu suchen! Zwei Nachmittage reichten aus, und ich konnte an den Nichtschwimmer-Tonnen entlang den ganzen Badebereich durchqueren, japsend zwar, aber sicher. Mann, war ich zufrieden mit mir! Klaus, der gern und gut tauchte, lernte einen Sommer später schwimmen. Bis dahin reichte ihm das Spiel über und unter Wasser. Das gab ihm die nötige Sicherheit, um dann praktisch von einem Tag auf den anderen schwimmen zu können. Aber auch vorher war er schon mit allen anderen im tiefen Wasser unterwegs. Eine unter den Arm geklemmte orangerote Fußballblase hob ihn weit draußen von den übrigen Schwimmern ab.
Um Fußball spielen zu können, musste ja damals eine Gummiblase mit Ventil in die runde Lederhülle gesteckt und prall aufgepumpt werden. Am Ende wurde der Schlitz im Leder über Kreuz zugeschnürt, so, wie bei Schuhen, und das Spiel konnte beginnen. Meistens schrumpelte (schrumpfte) der Ball aber schon bald

wieder, weil irgendwo Luft aus der Gummiblase pfiff. Sie blieb jedoch nicht lange undicht. Auf Vorrat lagen Gummiflicken bereit, herausgeschnitten aus einem alten Fahrradschlauch, daneben die Tube mit Gummilösung. Der Nachmittag teilte sich manchmal je zur Hälfte in Spielen und Flicken.
Klaus und die Gummiblase als Schwimmhilfe! Ich habe dabei das Bild vor Augen, wie ich ihn einmal die Havel überqueren sah. Aus irgendeinem Grunde war ich noch an Land, Klaus mit den anderen schon fast drüben bei der Einfahrt zum Bootshaushafen. Die rote Fußballblase leuchtete wieder unter seiner Achsel, obwohl er längst schwimmen konnte. Uns war nach einer Pockenimpfung das Baden für ein paar Tage verboten worden - und das an den heißesten Tagen! Unsere Mutter ermahnte uns zwar, ließ es aber mit unserer Versicherung gut sein, wir würden nur bis zum Bauch ins Wasser gehen. Klaus kam tatsächlich mit trockenem Oberarm drüben am Ufer an - ein Mann, ein Wort.
Wenn uns an solchen Sommertagen irgendetwas von der Badestelle weglocken konnte, dann nur der Ruf „Feten kommt!", und schon keulten wir los was das Zeug hielt! Ein Blick zur Homeyenbrücke hatte genügt, und schon wetzte die ganze Bande zum Bollwerk vor der Brücke und sprang dort ins Wasser, während das gelbbraune Fischereiboot auf der anderen Flussseite an uns vorbei brummte, von seinem senkrechten Bug her eine sensationell hohe Welle aufwerfend, die in der Lage war - man muss sich das mal vorstellen! - die in der Lage war, uns regelrecht anzuheben! Die Rennerei hatte sich damit doch mehr als gelohnt!
„Wetzen", das war schnelles Rennen, „Peesen" fast noch schneller, „Keulen" schon das Äußerste, was man aus sich herausholen konnte. Das „Strolchen", oder „Herumstrolchen" bezeichnete bei uns ein mehr zielloses Unterwegssein, fast immer dann gebraucht, wenn wir unserer Mutter gegenüber nicht so recht mit der Sprache herausrücken wollten:
„Warum kommt ihr'n jetzt erst - wo wart ihr'n ?! "
„Och, wir sind bloß'n bisschen rumjestrolcht..."

Stinkbomben

Sowohl mit der Badestelle, als auch mit „Asche", dem nächsten Kapitel, hängt eine Flegelei zusammen, die ich mir eines Tages einfach nicht verkneifen konnten. Was so viel Zeit und Mühe gekostet hatte, musste endlich auch einen Zweck erfüllen.
Um Stinkbomben herzustellen, mussten wir überbelichteten, also fast schwarzen Zelluloidfilm finden. Wir haben die meterhohen Hänge der Müllhalde manchmal werweißwielange nur wegen dieses wichtigen Materials abgesucht, es war äußerst rar. Für eine Stinkbombe brauchten wir mindestens 20cm Film und ein Blatt aus einem Schulheft. Der Film musste ganz eng gerollt und dann dicht abschließend in das Papier gewickelt werden. Da das Heftblatt breiter als die Filmrolle war, konnte das Papier auf beiden Seiten an die Filmrolle herangezwirbelt werden, am Ende sah das Ganze aus wie ein zu groß geratener Bonbon.
Nun geht's los: In die Mitte des Bonbons wird ein ganz kleines rundes Loch gepolkt, um den Film dort nur gerade soweit freizulegen, dass der Brennpunkt eines Brennglases (einer Lupe) das schwarze Zelluloid entzünden kann. Jetzt werden Sonne, Lupe und schwarzes Loch aufeinander abgestimmt, der Brennpunkt findet den schwarzen Punkt, schon kräuselt sich der Film, entzündet sich, die Glut frisst sich zischend in den Film hinein, aus dem Loch stößt ein Strahl beißenden Rauchs hervor! Gelungen! Bloß - sowas muss man doch auch mal richtig anwenden können - aber wie...? Was mir dann einfällt, hätte eigentlich nicht sein dürfen.
Auf dem Weg von der Badestelle nach Hause mussten wir zunächst immer dicht an den schönen Wohnhäusern zu Seiten der Grünanlagen vorbei, deren Fenster im Sommer meist offenstanden. Und dort - ja, wie soll ich's sagen? - also ich bin wirklich nicht stolz darauf! - dort habe ich einmal eine Stinkbombe entzündet und sie durch ein Parterrefenster geworfen.
Natürlich war ich längst über alle Berge, als Zeter und Mordio durch den Rauch herausdrang.

„Gehen wir auf die Asche?"

Oder im Originalton: „Jehn wa uffe Asche?"
So lautete einer der Vorschläge, wenn wir nachmittags zusammenkamen und noch ein Weilchen unschlüssig herumstanden. Mit „Asche" war das hohe Halbrund der Müllhalde gemeint, deren vorrückende Steilwand nach und nach den Puhl unter sich begrub, jenes teichartige Gewässer, das einmal Teil des Beetzsees gewesen war, bevor es durch den Bau des Silokanals vom See abgetrennt wurde.
Von den glitschig-grünen Ufern des Puhls sprangen dauernd fette Frösche ins Wasser, wenn wir im Sommer dort aufkreuzten. Was zu dieser Jahreszeit allerdings selten genug der Fall war, denn wirklich anziehend war die Müllhalde für uns nur, solange geheizt wurde. Dann stiegen dort fast immer dünne Rauchsäulen auf, verursacht von den Glutresten in der Asche, die von den Aschautos fortwährend abgeladen wurde. Das Wort Müll wurde fast nicht, und „Müllauto" schon gar nicht angewendet. Es fiel ja auch kaum Abfall an, fast alles wurde wiederverwendet. Heizen aber musste man, und zwar fast ausschließlich mit Holz und Kohle. Deshalb stand in der Küche ein Ascheimer, auf dem Hof reihten sich die zinkgrauen Aschtonnen und jede Woche hielt das Aschauto vorm Haustor. Auf dem Deckel der Aschtonnen war ein handtellergroßer Knauf ausgeformt, der es den Aschmännern gestattete, die schräg gehaltenen Tonnen mit der linken Hand zu führen, während die Rechte sie in schwungvolles Rollen brachte. Wir staunten jedes Mal über das Tempo, mit dem diese Arbeiter die ratternden Tonnen auf dem rauen Pflaster gleichzeitig rollen und lenken konnten.
Die Aschmänner waren auch die einzigen, die wir beim Kokeln am Puhl ein bisschen fürchteten. Sie sahen es nicht gern, wenn am Hang der Halde offenes Feuer entfacht wurde. Meistens machten wir uns schon aus dem Staub, wenn wir über uns das schwere Motorengeräusch eines Aschautos näherkommen hörten. Oder wir ließen uns überhaupt erst am späten Nachmittag über den steilen Hang der Halde zu den Glutherden hinunter, dann konnte uns wenigstens keiner mehr stören.
Im Frühjahr brauchten wir das Feuer vor allem oberhalb der Müllhalde, es hieß dann „Steppenbrand". Und es war auch einer! Auf der Fläche alten Schutts hatte sich eine Art wüster Graswuchs ausgebreitet, durchsetzt mit strauchartigem, oft stachligem

Unkraut, das uns bis an die Brust reichte. Erst im Februar lag das Ödland, unsere Steppe, endlich in jenem fahlen Gelbbraun vor uns, das brauchbare Trockenheit signalisierte. Wir zündeten das Gras dann an und legten uns neben dem Gekokel auf den Bauch, um zu beobachten wie sich das Feuer langsam an die hohen trocknen Sträucher heranfraß, die für uns in diesem Augenblick winterlich kahle Bäume mit oft beachtlichen Stämmen und ausladenden Kronen darstellten. Das waren richtig dramatische Augenblicke, wenn so ein Riese, dessen Stamm einige Zeit dem Feuer standgehalten hatte, sich langsam zu neigen begann, endlich in die Glut sank und dann selbst hell aufloderte. Bei ruhigem Wetter konnte das für uns werweißwielange so weitergehen, wir konnten uns nicht satt sehen daran. Nur der Wind durfte nicht auffrischen, denn dann geriet die Geschichte leicht außer Kontrolle. Dann verbreiteten sich die Flammen so geschwinde, dass wir wie die Wilden umherspringen mussten, um die frischen Brandherde auszutrampeln. Sie auszupinkeln, war dann schon nicht mehr möglich, denn bevor wir eine Stelle gelöscht hatten, stand fünf Meter weiter wieder alles lichterloh in Flammen. Einmal, als uns bei starkem Wind das Feuer förmlich davon- und auf die Gärten am Kanal zuraste, rannten von dorther zwei Männern mit fuchtelnden Armen auf uns zu. An ihren Mündern konnten wir erkennen, dass sie irgendwas brüllten. Wir warteten nicht ab, bis wir sie verstehen konnten, wir machten, dass wir wegkamen! So leicht hat uns keiner gekriegt!

„Los, wir machen Flubber."

Äußerst beliebt war bei uns auch das MG-Nest beim Puhl. Der kleine Hügel mit seiner Mulde in der Mitte erhob sich direkt neben dem Uferweg am Kanal, schräg gegenüber von der Bollmanninsel da drüben. Ein idealer Platz zum Zünden von Flubbern.
Was sind Flubber und wie stellt man Flubber her? Ganz einfach: man braucht zwei scharfe Patronen. Aus der ersten bricht man das Projektil heraus und legt so das Schwarzpulver frei. Bei der anderen Patrone muss das Projektil ins Innere der Patrone geklopft werden. Dazu wird sie auf eine flache Platte gestellt und das Projektil dann mit einem Stein Stück für Stück in die Patrone getrieben, bis es schließlich in seine Hülse fällt und lose auf der eigenen

Pulverladung liegt. Von der ersten Patrone - sie ist ja jetzt oben offen - lässt man nun so viel Pulver in die Projektilpatrone rieseln, bis sie fast randvoll ist. Diese Hülse enthält jetzt von unten bis oben Schwarzpulver und mitten drin steckt das hineingetriebene Projektil. Das soll aber wieder herausschießen, damit das Ganze zu einem Flubber wird. Zu diesem Zweck schneiden wir von einem alten Schnürsenkel ein daumenlanges Ende ab. Schnürsenkel sind hervorragende Lunten, einmal angesengt, frisst sich die Glut ganz, ganz langsam durchs Gewebe. Wir zünden also das eine Ende der Lunte an und drücken das kalte Ende oben ins Pulver der Patrone, die unten im MG-Nest bereits auf einem Stein steht. Jetzt heißt es warten, bis die Glut sich an das Pulver heranfrisst. Viel Zeit also, um in Deckung zu gehen. Wir legen uns bäuchlings rings um den Außenhang des MG-Nestes, die Köpfe gerade hoch genug, um die Lunte noch beobachten zu können, an der sich die Glut langsam zum Patronenrand, zur Pulverladung hochkokelt. Und dann endlich - Wumm! Blitz, Knall und Schuss! Flubber erfolgreich gezündet! Alle strahlen. Nur - ewig diese Warterei! Für jeden Flubber eine Viertelstunde Vorbereitung. Wer hält das denn auf die Dauer aus!

Selbst mit einem Feuerchen in der Mitte nimmt das MG-Nest noch bequem sechs Jungen auf. Also schnell ein paar trockene Knüppel gesammelt und Feuer gemacht. Beim Blick in die Flammen denkt jeder von uns an die Munition, die er noch in der Tasche hat. Am Ende können wir der Versuchung nicht widerstehen, wir schmeißen eine Patrone ins Feuer - mal sehen, was passiert! Und richtig, nach einer Minute schießt da etwas rotglühend in den Himmel. Dann noch eine Patrone, und wieder eine. Solange, bis ich auf einmal sehe, wie ein glühendes Projektil direkt an Dackels Ohr vorbeischießt und weit drüben bei der Bollmanninsel in den Kanal zischt. Da wird mir doch mulmig zumute. Dackel und die anderen haben nur den Knall gehört, aber nichts gesehen. Wir entschließen uns, die restlichen Patronen doch lieber für weitere Flubber aufzuheben.

Dass uns ein Schutzengel behütet haben musste, schon als wir die Projektile in die Patronen hineinklopften, daran haben wir erst dann wieder gedacht, als wir unsere anderthalb Jahre Wehrpflicht abdienten. Was weiß man als Junge denn auch von einer Initialzündung.

Wer die Patronen mitbrachte, wissen wir nicht mehr, entweder Gulloot oder Dackel, beide hatten Verbindung zu anderen

Banden. Angeblich stammten sie aus dem Großen Luftschutzbunker in der Mühlentorstraße. Als wir später dort herumstöberten, fanden wir zwar keine Patronen mehr, dafür aber eine Kiste mit gelblichen, dunkel gefleckten Stangen, die wir für Dynamit hielten. Wahrscheinlich war es auch welches, es hatte aber keinen Wert für uns, weil es nur so lustlos vor sich hin flackerte, wenn man es ins Feuer hielt.

Der Kanalwall

Beratung vor unserm Haustor:
„Wat woll'n wa'n machen?"
„Uffe Asche jehn?"
„Nee, da war'n wa ja erst."
„Oder uff'n Kanalwall - war'n wa lange nich..."
„Ja, det is jut!"
„Mach'n wa!"
Allgemeine Zustimmung.
Also los. Bei Lehmann dahinten, dem Kaufmannsladen, geht's um die Ecke in die breite, mit Linden bestandene Brielower Straße, sie führt aufs Land hinaus. Hinter den sieben, acht Wohnhäusern rechts ist für uns die Stadt zu Ende. Ein Stück weiter zwar noch ein Trümmerhaufen, die bereits von Wildwuchs überwucherte Ruine des Altstädtischen Schützenhauses, aber die Bauernhöfe auf der anderen Straßenseite lassen längst schon an dörfliches Leben denken. Und die Straße neben uns sowieso. Ihre eine Seite ist mit buckligbunten Feldsteinen gepflastert, gerade so breit, dass zwei Gespanne aneinander vorbeikommen, die erdige Seite daneben ist der Sommerweg, er tut den Beinen der Pferde gut.
Unser Vater hat noch die Brandenburger Pferdebahn in Betrieb gesehen, die in Schienen laufenden, von Pferden gezogenen Straßenbahnwagen. Er wusste zu erzählen, dass die Pferde diesen Dienst auf dem harten Pflaster nur eine bemessene Zeit verrichten konnten. Mutete man ihnen zu viel zu, dann entzündeten sich die Gelenke über ihren Hufen, sie schwollen an, die Pferde begannen zu lahmen, sie waren „pflastermüde". Um das zu verhindern, wurden die Tiere regelmäßig gegen frische Pferde vom Lande ausgetauscht, auf dem weichen Geläuf der Feldwege erholten sich die Gelenke wieder. Auch neben den über Land führenden

Chausseen gab es in unserer Gegend immer einen Sommerweg. Auf ihm zogen die Gespanne mit den noch leeren Wagen auf die Felder hinaus. Schwere Fuhren rollten auf dem Rückweg natürlich übers Pflaster oder den Asphalt.
Dort drüben also die Gehöfte. Auf dem einen überragt ein ausladendes Scheunendach seine Umgebung. Dahinter hat Bauer Lenz seinen Hof. Wir kennen das Gehöft seit wir mit Christoph Lenz, dem einzigen Sohn der Familie, gemeinsam eingeschult wurden und lange in die gleiche Klasse gingen. Weil der größtenteils gemeinsame Schulweg noch hinzukam, waren wir bald Freund genug, um uns auch nachmittags zu treffen. Er mochte uns Zwillinge und wir mochten sein leicht schuppiges, gerötetes Gesicht mit den vergnügt blinzelnden Augen. Es wurde zwar keine bleibende Freundschaft daraus, die Jungs aus seiner engeren Umgebung standen ihm am Ende doch näher, aber wir haben durch ihn das Leben und Treiben auf einem Bauernhof ziemlich gut kennengelernt.
Eigentlich waren Kinder tagsüber nicht gerade erwünscht auf dem Hof, aber mit dem gewitzten Christoph kamen wir niemandem in die Quere. Wenn man von der Erntezeit absieht, ging es nachmittags ja auch recht ruhig auf dem Hof zu. Drüben an der Scheune schlief der Hofhund an der Kette, neben der Außentreppe des Wohnhauses knisterte der dicke, mannshohe Kessel vor sich hin, in dem Kartoffeln gedämpft wurden. Es waren fast alles die kleinen Kartoffeln, die auf dem Schüttelsieb durchgefallen waren. Nicht klein genug aber, um nicht von uns mit Heißhunger gegessen zu werden, bevor sie zu Schweinefutter gestampft wurden. Wenn man die kochendheißen Knollen nur nicht immer hätte pellen müssen! Unter heftigem Pusten wurden sie hastig von einer Hand in die andere gerollt, bevor sie überhaupt anzufassen waren. Manchmal hielten wir uns sogar so günstig an der Haustreppe auf, dass wir zur Vesperzeit in die Küche gerufen wurden, um eine dick bestrichene Butterstulle in Empfang zu nehmen. Bauer Lenz sahen wir dann im Zimmer nebenan mit seinen Arbeitern an einem lang ausgezogenen Tisch sitzen und vespern. Wir kauten unser Brot lieber draußen im Stall und sahen dabei den Ferkeln zu, wie sie eilig vor sich hin schmatzten.
Diese Nachmittagspause war für uns auch die günstigste Zeit, um unbeobachtet auf den Boden der Scheune zu klettern und uns bäuchlings durch die knisternden Strohballen zu schieben. Was eigentlich streng verboten war! Denn die Holzverschalung auf

dem Gebälk hatte überall Öffnungen, die, halb verdeckt von losem Stroh, leicht zu übersehen waren. Und die gepflasterte Tenne lag metertief unter uns. Wir waren vorsichtig genug, um dann und wann mit dem Schrecken davon zu kommen.
Heiß her ging es an Sommertagen, wenn das Korn eingefahren wurde. Manchmal, bei aufziehendem Gewitter, mussten die Pferde vor der haushohen Kornfuhre so angetrieben, werden, dass sie mit grauweiß verschwitztem Fell auf den Hof einbogen. Dort ratterte vor der Scheune schon der Lanz-Bulldog, der schwere Dieseltrecker, von dessen Schwungrad aus der Dreschkasten über einen Transmissionsriemen angetrieben wurde. Um das Lagern ungedroschenen Korns zu vermeiden, wurde bei solchem Wetter wie wild drauflos gearbeitet. Noch unter den ersten schweren Tropfen hat man's dann aber geschafft, schweißverklebt und mit staubigen Gesichtern erreichen die Leute gerade noch das schützende Scheunendach, wenn unter Blitz und Donner der Regen zu prasseln begann.
Auf unserm Weg zum Kanalwall haben wir nun die Gehöfte hinter uns gelassen, da vorn teilt sich die Straße in drei Arme, der mittlere geht zur Brücke hoch und auf den Landweg raus.
Oben auf der Brücke ankommen, unter uns das Wasser, vor uns die lange Landstraße, da fällt uns Bauer Lenz ein, der hier immer zu seinen Feldern rausfährt. Weit draußen, auf halbem Wege nach Brielow stehen quer zur Straße fünf himmelhohe Pappeln, bei denen er immer zu seinen Feldern hin einbiegt. Ein paarmal sind wir mit Christoph den weiten Weg zu seinem ackernden Vater rausmarschiert, schon allein der Rückfahrt auf dem Anhänger wegen. Aber vielleicht gab's da draußen ja auch noch irgendwas anderes zu erleben, wer konnte schon wissen. Im Herbst, wir sind noch weit entfernt, fallen uns auf Höhe der Pappeln, linkerhand zwei haushohe Quader auf
„Das sind Strohmieten," weiß Christoph. Was? So hoch? - also, das müssen wir uns mal näher angucken. Die beiden Strohberge haben fast senkrechten Wände, dünne Seile geben dem Ganzen Halt, bieten sich aber auch anderweitig an. Machen wir's kurz: an den dünnen Stricken dort hinauf zu kommen, war nicht einfach, sie schnitten schmerzhaft in die Hände, aber wir schafften es. Über die Chausseebäume hinweg konnten wir auf einmal die Kirche von Brielow sehen, konnten vor allem aber den ganzen, weiten Beetzsee überblicken.

Es war eine Lust, da oben herumzutollen, sich rücklings in das federnde Stroh zu werfen - bis plötzlich Dackel verschwunden war. Weil von zerzaustem Stroh überdeckt, hatten wir den Spalt nicht bemerkt, der die Miete in zwei Haufen teilte. Dackel war hier bis ins Dämmerlicht hinuntergerutscht und saß da unten eingeklemmt fest. Zu sehen war er nicht, nur sein klägliches Rufen drang nach oben. Uns von außen durch das tonnenschwere Stroh zu ihm durchzuarbeiten erwies sich als unmöglich. Es dauerte eine Weile bis Christoph einen Strick aufgetrieben hatte, mit dem wir ihn wieder ans Licht ziehen konnten. All das war aber vergessen, als wir gegen Abend, über Futterrüben hingekauert, auf dem Anhänger mit zurückfahren durften, Bauer Lenz' Trecker zog uns schnurstracks bis auf den vertrauten Hof.
Gottseidank haben wir das alles noch erleben können, denn eines Tages munkelte man in unserer Straße „Bauer Lenz soll ja nun ooch nach drüben jemacht sein", was sich durch halblaute Bemerkungen vor der Schmiede dann auch bestätigte. Dieser fleißige, besonnene Landwirt verließ schließlich seinen Hof, weil er als sogenannter Großbauer in Ostdeutschland so lange schikaniert wurde, bis er das endlich nicht mehr ertrug. Die fünf hohen Pappeln, bei denen er immer auf seine Felder eingebogen war, begannen im Sommer darauf zu verdorren.

Nun wirklich auf dem Kanalwall

Die Kanalwälle, diesmal in der Mehrzahl, weil sie sich in unterbrochener Folge fortsetzten, die Kanalwälle entstanden, als beim Bau des Silokanals sämtlicher Aushub an dessen Nordseite aufgeschüttet wurde. Zwischen dem Hang der Wälle und dem Kanalufer wurde längs der Böschung ein harter Sandweg angelegt, der Treidelweg für die Pferde, die von hier aus an langen Seilen die Kähne hätten ziehen können. Aber ob es dazu jemals kam? Inzwischen konnten doch Dampfer gleich mehrere Lastkähne ziehen. Egal, auf alle Fälle wurde der Treidelweg zum Segen für Spaziergänger und Radfahrer.
Als wir nach dem Krieg dort zu spielen begannen, war die Wasserseite längst gesäumt von meist stachligem Gesträuch, das zwischen den schweren Ufersteinen in die Höhe drängte. Auf den Wällen selbst waren hohe Bäume gewachsen, unter denen der

Wildwuchs von dichtem Strauchwerk fast kein Durchkommen mehr zuließ. Auf den wenigen, engen Pfaden mussten wir die nackten Füße ständig vor stachligen Brombeerranken in Acht nehmen. Diese Schlängelpfade, samt und sonders von Jungen gleich uns ausgetreten, waren inmitten des dichten Gestrüpps ideal zum Anschleichen, wenn wir Indianer spielten oder Soldaten im Nahkampf waren. Eine Zeitlang haben „Die Söhne der großen Bärin" eine Rolle gespielt, da kannten wir noch keinen Karl May. Aber seit wir alle „Old Surehand" gelesen hatten, waren immer auch Winnetou und Old Shatterhand. mit dabei.

F a l l s wir Indianer spielten. Viel lieber war uns nämlich der soldatische Nahkampf, das Anschleichen und Überrumpeln. Mit Holzpistolen bewaffnet, die fast immer eine zugeschnittene Astgabel waren, teilten wir uns in zwei feindliche Lager und lauerten uns auf. Oft hieß es leise und scharf „Deckung!!!", worauf wir uns augenblicklich auf den Bauch schmissen. Hatte man den Gegner einmal im Visier, dann kam es darauf an, ihn mit einem lauten, scharfen „K!" zu überraschen und zu rufen „Du bist tot!" Das „K" als Geräusch bedeutete den Schuss. Immer wieder kam es dabei zu erbittertem Streit, wenn wir fast gleichzeitig aufeinander "geschossen" hatten:

„Du bist tot!"

„Nee du !"

„Ick hab' zuerst jeschossen!"

„Nee ick! Mindestens gleichzeitig!"

Und so fort - irgendwann hatte eine der Mannschaften jedenfalls keine Männer mehr. Was nicht lange dauerte, denn wir waren höchstens zu Fünft.

Klaus hat sich beim Befehl „Deckung!" einmal in einen großen Haufen Kacke geschmissen, so dass eine seiner Joppentaschen verstopft war. Ausgerechnet eine der offenen Taschen vor dem Bauch, in denen wir unsere Hände wärmten. Zwar rannte er gleich zum Kanal runter und versuchte mit flachen Steinen und viel Wasser einen leidlichen Zustand herbeizuschaben, aber letzten Endes war es dann doch wieder unsere Mutter, die angewidert Hand anlegen musste.

Als „unser" Gebiet betrachteten wir den ersten der Wälle, der sich fast einen Kilometer lang von der Brielower Brücke bis zum Proviantamt hinzog. Proviantamt, so wurden die langen, hohen Speicherhäuser genannt, deren abweisend graue, leere Wandflächen nachmittags immer im Schatten lagen. Hinter ihnen setzten sich die Wälle zwar fort, waren aber nicht mehr unser Gebiet. Wenn ich von „unserm" Gebiet spreche, dann kann nur von einem sehr vagen Anspruch die Rede sein, denn natürlich glaubten auch andere „Banden" hier ganz eigene Rechte zu besitzen. Eine gewisse Überlegenheit mussten wir eines Tages stillschweigend anerkennen, als Dackel uns eines ihrer Verstecke verriet. Dackel, der auf Grund seines häuslichen Umfeldes immer zwischen uns und einer anderen „Bande" schwankte, der deshalb in die Geheimnisse unserer potentiellen Gegner eingeweiht war, entdeckte uns eines Tages deren Depot, einen kreisrunden Bau unter der Erde, gut einen Meter hoch, die Wände aus Beton, staubtrocken, der Einstieg oben durch eine schwere, runde, rostige Stahlplatte abgedeckt. In diesem Betonloch war alles gespeichert, was wir unter Schätzen verstanden. Kurze Eisenschienen lagen sauber geschichtet neben einem Stapel Decken, bei ordentlich aufgerollten Seilen stand eine alte Schippe, und daneben ein Häufchen blitzblanker Nägel. Wir waren sprachlos. Natürlich haben wir das Lager geplündert. Ob das für Dackel Folgen hatte, weiß ich nicht, wir haben jedenfalls dichtgehalten. Noch heute frage ich mich, wozu dieses Betonloch ursprünglich gedient haben mochte. Völlig isoliert in die sandige Ebene zwischen Kanalwall und Speicher eingelassen, die kreisrunde stählerne Abdeckung inmitten der Trockenkräuter kaum sichtbar, hatte die Betonkammer, die weder Ab- noch Zufluss aufwies, keinen sonst ersichtlichen Sinn. Denn auch zu Kriegszwecken konnte sie nicht gedient haben, da kannten wir uns aus. Als geordnetes Depot ließ das Loch aber auf eine lange Nutzung, auf eine gut organisierte Bande schließen. Mit der wollten wir uns besser nicht anlegen.

Oben auf dem Kanalwall konnte es aber auch besinnliche Augenblicke geben. So etwa, wenn der erste Schnee gefallen war, wenn noch unberührtes Weiß sich vor uns ausbreitete. Da ist es vorgekommen, dass einer von uns zitierte: Wir betreten ein Land, das noch keines Weißen Fuß je betreten hat. Wörtlich! Denn außer den Indianerbüchern hatten es uns vor allem Expeditionsberichte angetan, noch gab es ja unentdecktes Land auf unserer Erde.

Ein andermal, als ich im ersten leichten Schnee eine Weile allein am Nordhang stand, unter mir zogen sich die schwarz-weiß gestreiften Ackerfurchen in die weite schneebedeckte Ebene hinaus, als ich von dort oben über das helle Land auf die fernen Schwarzen Berge blickte, da wusste ich es auf einmal ganz genau - von dort kommt der Weihnachtsmann zu uns, über diese weite, weiße Einsamkeit kommt er! Es war wie eine Erleuchtung. Ich mag neun Jahre alt gewesen sein.

Die Bollmanninsel

„Wat hast'n lieber, Sommer oder Winter?“
„Sommer.“
Das Blatt fällt, die weiße Seite liegt oben.
„Denkste! Winter haste lieber!“
An den jungen, lichten Silberpappeln, Büsche noch, kommen wir einfach nicht vorbei, ohne ein paar Blätter abzureißen. Nur hier, auf dem Weg zur Bollmanninsel, kommen wir an diese Blätter heran, die sonst unerreichbar hoch in den Bäumen wippen. Jedes Mal bin ich ein bisschen verwundert, wenn ich die so grundverschiedene Ober- und Unterseite der Blätter vergleiche. Oben dieses tiefe blanke Grün und darunter das reine, samtige Weiß, aus dem weich die Blattadern sich abheben.
Im Augenblick ist aber keine Zeit für solche Betrachtungen, auf dem Weg am Kanal entlang stellen wir uns gegenseitig so lange auf die Probe, bis wir das 'über' haben und mit dem Rest der Blätter die Trefferquote an uns selbst ermitteln. Der Weg hinter uns ist grün-weiß gesprenkelt.
Allerdings muss hier bei aller Spielerei immer auch ein Auge auf den hellen, harten Sand des Uferweges gerichtet bleiben, die vielen kleinen Kiesel können sehr schmerzhaft sein. Denn natürlich gehen wir Mitte Mai längst barfuß.
Endlich am Durchstich, dem breiten Wassergraben, über den hinweg wir erstmal den Wasserstand taxieren. Nicht immer ist die andere Seite erreichbar für uns. Warum nicht, das erfahren wir gleich, zunächst etwas zur Insel überhaupt.
Sie wurde aufgeworfen, als beim Bau des Silokanals der Beetzsee erreichte wurde, in dem nur noch eine breite schiffbare Rinne zur Schleuse hinüber ausgebaggert werden musste. Die Insel war also reiner Aushub, sie verlängerte das Kanalufers in den Beetzsee hinein, dessen offene Wasserfläche sie mit ihren gut hundert Metern Länge etwa zur Hälfte durchschnitt. Bald mit Büschen und

Bäumen bewachsen, bot die neue Insel fast bis zur Schleuse hinüber Schutz vor den heftigen Nordwestwinden. Ein Segen besonders für die Schleppverbände, die hier so dicht vor der Schleuse mit wenig Fahrt aneinander vorbeiziehen mussten, man durfte nicht abdriften
Für die Fischer allerdings, die wegen der gleichen Winde auch lieber unter Land auf den langen See hinaus ruderten, hätte diese Sperre mitten im See einen nicht recht zumutbaren Umweg bedeutet. Deshalb wurde ihnen ihr alter Wasserweg durch einen Graben offengehalten, der immer zweien der schlanken Holzkähne gestattete, sich ungehindert im „Durchstich" zu begegnen.
Und genau hier stehen wir jetzt und gucken die paar Meter zur Insel rüber. Weit und breit kein Mensch - erstmal die Hand ins Wasser stecken - viel zu kalt! - Wasserstand? - viel zu hoch - das wird heute nichts! Das Frühjahrshochwasser ist noch nicht abgelaufen. Und noch sind wir Nichtschwimmer! Die Sache ist aussichtslos, da ist nicht rüberzukommen. Wir haben's geahnt!
Selbst als wir größer waren und schwimmen konnten, hat es uns bei solchen Verhältnissen nicht auf die Insel gezogen. Wer tastet sich bei solcher Kälte, bis zum Hals im Wasser, das Kleiderbündel auf dem Kopf, schon gern über unsicheren Grund?! Vierzehn Tage später konnte das hier schon ganz anders aussehen. Manchmal staunten wir geradezu, wenn wir nach einiger Zeit wieder an den Durchstich kamen, mussten wir die kurze Strecke beim letzten Mal noch schwimmend zurücklegen, so hätten wir uns heute kaum die Badehosen nass gemacht. Wenn wir welche angehabt hätten. Natürlich ging's da nur nackt rüber.
In jedem Jahr ist es für uns etwas Besonderes, zum ersten Mal auf die Insel zu kommen. Alles scheint neu zu sein, ist noch ganz unberührt. Wir sind allein. Unter dem schattigen Dach der Pappeln laufen wir wie durch eine hohe, lichte Halle. Unwillkürlich sprechen wir ein bisschen leiser. Der schmale Pfad über die Insel ist kaum noch zu erkennen, wir haben lauter weiches Grün unter den Füßen. Am Ufer der breiten Badestelle dringen Polster frischen Grases auf den feuchten Sand vor. Es ist, als beträten wir Neuland.
Unser erster Weg führt uns jedes Mal ans andere Ende der Insel zur Feldsteinstele. Von dort aus haben wir fast einen Rundumblick. Im Norden reicht der See bis an den graublauen Horizont und auf der anderen Seite, gegen das Licht hin, liegt unsere Stadt als ein

schmaler Streifen zwischen weitem Wasser und einem ungeheuer hohen Himmel - die Welt, in der wir zu Hause sind. Solch eine besondere Art von Freiheit empfinden auch Kinderseelen schon. Einen Augenblick später interessiert uns aber wieder nur das um die 150 Meter entfernte gegenüberliegende Ufer, die Landzunge vor der Schleuseneinfahrt. Merkwürdig, von hier aus gesehen ist das eine ganz fremde Gegend. Dabei haben wir doch da drüben noch vor kurzem Eisbrecher gespielt. Mit einem Blick können wir von hier aus die Ufer überfliegen, die sonst so weit auseinander liegen und lange Wege für uns bedeuten.
„Kuckt mal, wie winzig die Homeyenbrücke is."
„Und unsre Badestelle is überhaupt nich zu sehn."
„Is ja ooch det Schilf vor."
„Stimmt ja!"
„Und inne Badeanstalt sind noch jar keene Leute."
„Na möchts'de heute baden?"
„Ick sach ja bloß."

Im Hochsommer sah die Welt hier auf der Insel ganz anders aus. Das war ein ständiges Hinüber und Herüber am Durchstich. Wir mussten früh genug auf der Insel sein, wenn wir eines der wenigen Separees ergattern wollten, kleine grüne Flecken, die ganz von Sträuchern umgeben auf der Sonnenseite lagen. Von uns deshalb so begehrt, weil wir hier schnell wieder warm wurden, wenn wir zähneklappernd aus dem Wasser kamen. Der Rest der Insel lag unter den riesigen Pappeln im Schatten.
Aber was heißt schon in der Sonne liegen, wenn es doch zu Füssen unserer Oase unter den ungefügen Ufersteinen so viele Krebse gab. Also los. Bis an die Waden ins Wasser und langsam, in Zeitlupe einen Stein ankippen. Ist man zu schnell, ist der Krebs mit zwei Schwanzschlägen in der Tiefe verschwunden. Oft reicht aber schon das ungewohnte Licht, um ihn zu verscheuchen. Bleibt er aber um der Tarnung willen unbeweglich sitzen, so führt man die Hand unter Wasser von hinten langsam, ganz langsam in seine Nähe, schnappt im richtigen Augenblick zu und hat den Krebs am Brustpanzer im Griff, geschützt vor seinen Scheren.
Leider muss ich gestehen, dass wir mit den armen Tieren nicht eben zimperlich umgingen. Besonders dann nicht, als es eines Tages um ein richtiges Krebsessen auf der Insel ging. Ich glaube, da hatten wir schon den „Tom Sawyer" gelesen und waren auch schon ein paarmal die weite Strecke zur Insel hinüberge-

schwommen. Manchmal nämlich, wenn wir uns an unserer Badestelle nahe der Homeyenbrücke zu langweilen begannen und in der Ferne die Bollmanninsel so einladend liegen sahen, dann nahmen wir lieber zwanzig Minuten Schwimmen in Kauf, als den fast doppelt so langen Fußmarsch anzutreten. Wie immer bei solchen Ausflügen hatten wir alle die Badehose auf dem Kopf, das einzige Kleidungsstück musste trocken bleiben.

Diesmal, vor dem Krebsessen, kommt noch ein Topf hinzu. Im Topf Salz und Streichhölzer. Wir wählen den Wasserweg, um mit unserer auffälligen Ausstattung nicht an den Jungs in der Brielower Straße vorbei zu müssen. Hänselei kann unnötig Ärger geben. Deshalb stehen wir jetzt am Ufer, vier Mann hoch, Klaus schnallt sich den Topf mit einem kurzen Lederriemen auf dem Kopf fest und dann paddeln wir los, wie immer unter allerlei Späßen und Gelächter. Aufpassen, vielleicht sogar etwas schneller schwimmen, müssen wir erst kurz vor der Insel, wenn wir das Fahrwasser zwischen Kanal und Schleuse überqueren, fast immer sind Kähne unterwegs. Worunter wir sämtliche Lastschiffe verstehen. Schleppkahne genauso gut wie Motorschiffe

Das Aufspüren und Fangen der Krebse dauert heute zwar etwas länger, weil für unser Inselessen nur große Exemplare in Frage kommen, aber bald haben wir genug beisammen, um endlich auch an trockenes Holz denken zu können, und am Ende hängt der Topf mitsamt Havelwasser und Krebsen über dem Feuer. Weil wir die Zeit nicht abwarten können, kauen wir schon ziemlich bald auf halb rohen Krebsen herum, schwärmen anschließend aber einhellig von einem ganz großartigen Essen.

Ganz hingerissen berichten wir zu Hause unserer Mutter davon. Bis sie plötzlich stutzt und fragt:

„Ihr habt doch das Wasser erst zum Kochen gebracht und dann die Krebse reingeworfen !?“,

„Wieso?“

„Was heißt hier wieso! ... Ihr habt doch die Krebse nicht etwa schon im Wasser gehabt, als es heiß wurde !?“

„Doch...“

Ein Augenblick Fassungslosigkeit -

„Ja sagt mal... seid ihr denn vollkommen verrückt geworden? ... ihr Tierquäler ihr!? Also, also das ist doch nicht zu fassen!“ Unsere Mutter verdreht die Augen.

Sie hat uns dann eine Weile links liegen lassen.

Ein letztes Wort zur Bollmanninsel:
Nachdem die Insel den Beetzsees in zwei ungleich große Teile getrennt hatte, kamen bald die Bezeichnungen Kleiner und Großer See auf, wobei der eigentliche, der kilometerlange Teil sich hinter der Insel nach Norden erstreckte. Wenn wir „ans Wasser“ gingen, dann standen wir fast immer bald auch an unserer Badestelle und überblickten von hier aus erstmal den Kleinen See, da ganz hinten die grüne Wand der Bollmanninsel, ein Stück daneben die Schleuse und uns gegenüber, hier hat sich der See wieder zur Havel verjüngt, uns gegenüber die Einfahrt zum Bootshaus.
Der Anblick der weiten Wasserfläche glich an keinem Tag dem anderen, wobei vor allem die Windrichtung, aber auch seine Stärke die großen Unterschiede ausmachte. Vom dunklen Stahlblau bei kräftigem Nordost bis hin zu hell wiegendem Spiegeln bei leichtem Süd West bot das Wasser jeden Tag ein anderes Bild.
Für die Insel hatte sich der Name des Brandenburger Originals Bollmann wie von selbst durchgesetzt.

An der Schleuse

„Ick schätze, der hat - äääh - 320 Tonnen! Wat sachst'n du?"
„Nee, janz so jroß isser nich, ick sage - höchstens 300!"
Wir stehen auf der Schleusenbrücke über dem Tor des kürzeren Schleusenbeckens, in dem gerade eines der Motorschiffe festmachen will, das havelaufwärts unterwegs ist. Wir warten, bis wir auf die Steuerbordseite blicken können, weil dort neben dem Laufgang fast immer auch das Ladevolumen angegeben ist. Und was sehen wir? Da steht „340 t" - den Kahn haben wir glatt unterschätzt! Aber was sind schon 340 Tonnen! Mit d e m Ladevermögen gehört er sowieso schon zu den kleineren Schiffen. Bei den Neubauten ist die Tonnage in den Nachkriegsjahren unaufhörlich gestiegen, ist jetzt - um 1950 - bei 500 Tonnen angelangt, und es gibt schon noch größere Schiffe. So groß, dass sie das Steuerhaus bei der Brückendurchfahrt absenken müssen. Das fährt dann wie ein Fahrstuhl nach unten! Hydraulisch! Uns fehlen die Worte, als wir sowas zum ersten Mal sehen.
Von der Größe des Motorschiffs abhängig, konnten die Schiffer hinterm Führerhaus fast immer in mehr oder weniger geräumige Wohnungen hinuntersteigen. An Deck stand dort oft ein Kinderwagen und Windeln flatterten im Wind. Fahrräder waren selbstverständlich; ja, auf den neuen, ganz großen Schiffen war hinterm Führerhaus manchmal sogar schon ein Pkw zu finden.
Auf das sportliche Schätzen sind wir gekommen, weil uns die langen Pötte so imponieren und weil uns das Schleusen bis hin zum letzten Handgriff vertraut ist. Die Motorschiffe kommen fast alle aus Hamburg und fahren nach Westberlin. Meistens haben sie Baumaterial geladen, aber anders als bei den Schleppkähnen sind die Laderäume leider so gut wie immer abgedeckt. Oft sind die Schiffe so schwer beladen, dass die Laufgänge nur eine Handbreit über'm Wasser liegen. Bei den Schleppkähnen schwappt das Wasser manchmal sogar darüber. Auf solch einem Kahn ist das Leben karg. Im Schleppverband unterwegs, bieten die alten Kähne nur notdürftige Unterkunft, meist sind nur der Schiffer und sein Bootsmann an Bord.
Wir stehen auf der Brücke, überblicken das kleinere der beiden Schleusenbecken, ein großes Motorschiff kommt herein. Behutsam lenkt der Schiffer seinen Kahn nach links zur Beckenwand, der Bootsmann lässt am Bug schon einen Fender über Bord hängen, um die Bordwand zu schützen. Als Abweiser dienen in

Abständen auch alte Autoreifen, sie federn die Bordwand vor einer Berührung mit der Mauer ab. Dann beginnen die eigentlichen Verrichtungen. Der Bootsmann reicht dem Schleusenwärter den Festmacher hinauf, damit der die Schlinge des Stahlseils über einen Poller legt. Er selbst muss an Bord bleiben und das Seil straff halten, wenn das Schiff vom einströmenden Wasser gehoben wird. Eben hat nämlich ein zweiter Schleusenwärter mittels eines mannshohen Hebels am Schleusentor den Durchlauf zum Oberwasser geöffnet, es schießt unter der Oberfläche zum Becken herein, das Wasser fängt zu brodeln an. Fast unmerklich beginnt sich der Kahn zu heben. Während der Bootsmann alles überwacht, verlässt der Schiffer schon mit ein paar Papieren das Steuerhaus und steigt über die nächstliegenden Stahlsprossen in der Schleusenwand hinauf an Land. Er muss zur Hebestelle hinüber, die Gebühren bezahlen.
„Mal sehn, ob der Schleusenwärter wieda 'ne Zijarette kricht..."
„Ick bin ooch jespannt."
Und richtig - prompt stoppt der Schiffer oben, holt eine Schachtel aus der Hosentasche und steckt dem Arbeiter eine Zigarette zu, der sie sofort unter seiner abgeschabten Schiffermütze verschwinden lässt.
„Ick hab'et ja jewusst!"
„Ick ooch."
Zwar waren Zigaretten um 1950 auch bei uns keine harte Währung mehr, aber die W e s t - Zigarette war noch lange ein Wert an sich. Überhaupt - was zu jener Zeit ein richtiger Mann sein wollte, der rauchte! In unserer Verwandtschaft rauchten alle Männer. Zumeist den selbst angebauten Knaster, entweder in der Piepe oder zur Zigarette gedreht.
Für die Schleusenwärter war diese Art Trinkgeld also ein regelmäßiger, wohlverdienter Zugewinn. Denn geschleust wurde den lieben langen Tag und fast immer stand auf dem Heck als Heimathafen der Name einer westdeutschen Stadt, zumeist in Großbuchstaben HAMBURG. Westberlin war in raschem Wiederaufbau begriffen.
Jetzt ist der Schiffer von der Hebestelle zurück. Der Wasserstand im Becken hat längst die Höhe des Oberwassers erreicht. Die Schleusenwärter stehen zu beiden Seiten des Tores an ihren mannshohen stählernen Rädern, deren Kreis nur aus einem handgerechten Rundstahl besteht, der kreuzweise von vier Speichen gleicher Stärke gestützt wird. Kaum, dass der Schiffer das

Wassertor überquert hat, beginnen sie die Torflügel aufzukurbeln. Die beiden Hände am Griff beschreiben dabei einen Kreis von anderthalb Metern Durchmesser - eine äußerst schwere, eine wahre Knochenarbeit. Kaum sind die Tore dumpf gegen die Mauern geschlagen, gleitet das Schiff auch schon fast geräuschlos durch das enge Tor hinaus.
Die Motorschiffer hatten es wirklich gut mit ihren leicht lenkbaren Kähnen. Wie ganz anders nahm sich das Schleusen dagegen auf einem Schleppkahn aus. Kam so ein Schleppverband vom Silokanal her auf das lange Becken der Schleuse zu, dann spannten sich zwischen den schwer beladenen, tiefliegenden Kähnen je um die 40 Meter Stahlseil. Bei der Schleuseneinfahrt durften sie nur noch langsames Schritttempo haben, waren dann also trotz ihrer langen, großflächigen Steuerruder nur noch schwer lenkbar, der Bootsmann stand aber mit Hakenstange und Fender bereit, um jede Berührung der Schleusenwand zu verhindern Die ersten beiden Kähne legten sich dann im Schleusenbecken hinter dem Schlepper an die linke Wand, wo sie Schleusentor und Oberwasser vor sich hatten, die anderen drei Kähne schoben sich an die gegenüberliegende Wand. Versteht sich, dass die langen stählernen Zugseile inzwischen eingeholt waren und locker gerollt auf der eisernen Plattform am Bug der Kähne lagen, griffbereit neben den Pollern. Es dauerte seine Zeit, bis alle Kähne festgemacht hatten, denn es kam ja auf jeden Meter an. Wir lehnten uns derweil breitarmig über das Brückengeländer; den Kopf auf die Hände gestützt beobachteten wir den Schwarm der zahllosen Ikel unter uns, die im noch stillen Wasser wimmelten, bis sie auf einmal durch das brodelnd einschießende Oberwasser auseinander und in die Tiefe gerissen wurden. Ikel, vorn betont und mit langem „i", war bei uns wohl das heimische Wort für den Ukelei.
Richtig spannend wurde es aber dann erst, wenn der Schleppverband die Höhe des Oberwassers erreicht hatte und die Ausfahrt begann. Oft sogar mit je zwei Schleusenwärtern an den Doppelkurbeln wurden dann hüben und drüben die hier sehr langen Flügel des Schleusentors geöffnet und der Schlepper zog vorsichtig an. Jetzt kam der Augenblick, auf den wir gewartet hatten. Für die Durchfahrt unter der Brücke musste der meterlange Schornstein des Schleppers „runtergezogen" werden, wie es bei uns hieß. Ein Leichtes für den Bootsmann, der das dicke rauchende Rohr mittels einer oben befestigten dünnen Kette in die Waagerechte zog. Endlich konnten wir nun in das große

schwarze Loch schauen, aus dem der Qualm heiß wabernd zu uns heraufstieg. Dann schnell die Straße überqueren, um drüben nochmal in das rauchende Schwarz zu schauen, aber schon ließ der Bootsmann die Kette nur noch durch seine Hände gleiten, die Gegengewichte am unteren Ende richteten den Schornstein so hurtig auf, dass am Ende sogar gebremst werden musste.
Vom Schlepper her hatte sich inzwischen auch das Seil zum ersten Kahn gestrafft. Jetzt kam alles auf die Erfahrung, auf das Geschick des Bootsmannes an. In Form einer Acht hatte er das Stahlseil um die beiden Poller auf der linken Bugseite geschlungen, es musste trotz des Reibungswiderstandes noch gleiten können. Den Widerstand beeinflusste er, indem er das Drahtseil hinter den Pollern durch seine ledergeschützten Hände rutschen ließ, deren Griff mehr oder weniger Gleiten zuließ, sodass der Kahn behutsam den Zug des Dampfers aufnehmen konnte, wobei sich die Seillänge dorthin gleichmäßig erweiterte. Das Stahlseil glitt dabei so lange durch seine Hände, bis der Kahn den richtigen Abstand zum Schlepper erreicht hatte, dann erst machte er endgültig fest, indem er das Drahtseil in zwei, drei weiteren Achten um die Poller schlang.
Versteht sich, dass der Schiffer in seinem Häuschen am Heck die ganze Zeit den richtigen Kurs seines Kahns im Auge hatte, das beinahe mannshohe Steuerrad war dauernd in kleiner Bewegung
Und diese Prozedur vollzieht sich nun Kahn für Kahn. Wir denken aber nicht daran, länger auf der Brücke stehen zu bleiben. Spätestens nach dem zweiten Kahn traben wir los, runter zum Uferweg, vorbei am fast auf der Stelle stampfenden Dampfer und sind bald bei unserer Badestelle angelangt, dem grünen Flecken bei den Erlen und Weiden des Mittelbruchs, gut zweihundert Meter von der Brücke entfernt. Bis hier hin ist das Ufer mit einer Art Faschinen gesichert, mit in den Grund getriebenen Pfählen also, hinter denen gebündeltes Astwerk die Ufererde am Abrutschen hindert. Springen wir hier ins Wasser, dann reicht es uns gerade bis an die Schultern. Wir haben uns diesen Fleck zwischen den jungen Sträuchern selbst ausgesucht und betrachten ihn von nun an als unsere Badestelle. Der Platz bietet ein so großartiges, ja unvergleichliches Badevergnügens, dass wir den weiten Weg zur Schleuse von nun an fast täglich zurücklegen.
Wir sind schon eine Weile im Wasser, als dahinten endlich der letzte Schleppkahn die Schleuse verlässt, während der Schlep-

per, dicken Qualm ausstoßend und noch immer nur in gutem Schritttempo, schon fast auf unserer Höhe ist. Auf zum Dampfer also! Auf der Stelle paddelnd lassen wir das schwer arbeitende Ungetüm dicht an uns vorüber fauchen, haben dabei schon das Heck im Auge, unter dem die Schraube eine schmale, wild wirbelnde Strömung hervorschießen lässt. Jetzt rein da! Fortgerissen im Augenblick, geht's in wildem Tempo auf den ersten Kahn zu. Weil der jetzt aber schon eine ganze Seillänge vom Schlepper entfernt ist, und weil aus dem reißenden Strom bald eine Strömung wird, können wir dem Kahn am Ende bequem aus dem Weg rudern.

Erzählt man das Leuten, die diese Art Vergnügen nicht kennengelernt haben, dann heißt es kopfschüttelnd immer: „So ein lebensgefährlicher Leichtsinn!" Was aber Unsinn ist, die Jungs wussten nur zu genau, dass man nicht vor den Bug des Dampfers schwimmen durfte, um nicht vom Sog der Schraube erfasst zu werden.

Als eben vom weiten Weg zur Schleuse die Rede war, da klang das beinahe, als hätten wir jedes Mal ein Opfer auf uns nehmen müssen, aber gerade davon kann nicht die Rede sein. Gewiss, das lange gerade Ende von der Homeyenbrücke bis zum Sägewerk bot wenig Abwechslung, aber von dort an wurden unsere Schritte wie von selbst schneller, weil die Brausebrücke schon in Sichtweite war, jener breite Überlauf, durch den der Wasserstand von der Ober- zur Unterhavel reguliert wurde. Besonders bei Frühjahrshochwasser standen wir dort lange auf der Brücke, den brausenden Wasserfall in seiner ganzen Breite vor Augen. Uns jedes Wort zubrüllend, konnten wir nicht genug kriegen vom stürzenden Wasser. Je nach Wasserstand wurde der Überlauf durch Motorkraft gehoben oder gesenkt, an der Schleuse musste die Wasserhöhe in etwa konstant bleiben.

Können wir uns hier endlich losreißen, dann beherrscht uns von nun an nur ein Gedanke: Butterschellen! Fast immer kommen wir auf der Schleusenbrücke schon mit stark ausgebeulten Hosentaschen an, prall gefüllt mit flachen, roten Ziegelscherben, aber die wollen zuvor erstmal gesucht sein!

Aus altem Ziegelschutt herausgelesen haben wir sie kurz vor der Brücke, dort, wo am abbiegenden Krakauer Weg ein Dreieck unbebauten Landes sich ausbreitet. Und entdeckt haben wir diesen Fundort nur deshalb, weil wir eines Tages wissen wollen, warum es auf dem Ödland dahinten diese flache Erhebung gibt. Dichtes

Strauchwerk lässt zunächst nur Vermutungen zu. Wie staunen wir aber, als wir im schattigen Grün dann einen knapp meterhohen Erdwall entdecken, auf dem hie und da halb vergrabene Ziegel sich abheben. die sich bei näherem Hinsehen sogar zu einer Art Mauerwerk verbinden, das sich, fast von Erde bedeckt, in gleichmäßig sanftem Rund fortzusetzen scheint. Bei uns setzt sich nach längerem Mutmaßen die Meinung durch, hier seien einst Ziegel gebrannt worden. Wir sind gerade erfahren genug, um das Ganze als Reste eines Ringofens zu deuten, nun gefüllt mit dem Schutt gebrannter Steine, unter denen wir nur noch brauchbare Scherben herauslesen müssen, um wieder Vorrat an Butterschellen zu haben

Da stehen wir dann tief gebeugt am Ufer, die Armhöhe dicht über dem Wasserspiegel, holen weit aus und geben den flachen Scheiben solch eine Fahrt, dass sie bis weit hinaus über das Wasser hinspringen. Und immer geht's dabei um den Sieg: Wer kommt am weitesten?!

Wir wandern

Es war wie ein Aufbruch in ein reiferes Kindesalter, als unsere Schwester Ingeborg mit uns zu wandern begann. Bislang waren es immer nur die obligatorischen Sonntagnachmittagsspaziergänge mit unseren Eltern gewesen, die uns halb unfreiwillig in die nähere Umgebung führten. Was sollte man an solch einem Nachmittag auch anderes tun als mitzutrotten. Begegneten wir den Jungs der benachbarten Straßen sonst auf Schritt und Tritt - sonntags war alles wie ausgestorben. Familientag. Keiner zu sehen. Außerdem wurden wir ja auch nicht gefragt, wir hatten den Spaziergang mitzumachen.

Immerhin wurden uns durch diese Spaziergänge nahe der Altstadt bestimmte Wegverbindungen derart vertraut, dass die Frage „Wo müssen wir'n lang?“ bei uns später nie auftauchte, wir waren da wie ein Teil vom Ganzen. Aber dazu musste es erstmal kommen.

Da bogen wir etwa eines schönen Sonntags von der Brielower Straße, die Ruine des Schützenhauses lag gegenüber, links in den Ziegelweg ein, der weit über die Felder bis zum Gallberg und von dort zur nahen Gördenbrücke hinüberführte. Auf diesem Wege

hatte es unserm Vater besonders der Blick auf den Marienberg angetan, dessen Nordseite sich in breitem Grün über die ruhigen Felder erhob. Hier erzählte er uns einmal, dass unser Weg ungefähr dem Verlauf eines Wassergrabens folge, der einst durch die weite Ebene gegraben worden war, dem Silograben. Aber was interessiert Achtjährige schon die Vergangenheit. Wir dachten eher an Stoppelfelder und eine sengende Sonne, unter der wir hier vor einer Ewigkeit von drei Jahren Ähren lesen mussten. Und wir dachten, weil das Wort nun einmal gefallen war, eher an den Silokanal, den wir bald erreichen mussten.
Solche geschichtlichen Anmerkungen waren aber auf Spaziergängen eher die Ausnahme, gesprochen wurde unterwegs nicht viel. Wir trotteten immer ziemlich weit hinter unsern Eltern her, versuchten Abwechslung zu finden, fanden sie vielleicht bei ein paar Blättern Sauerampfer, waren aber vor allem mit wachen Augen in der Umgebung unterwegs.
„Kuck mal, Klaus, die Wolke da sieht aus wie'n Jesicht."
„Stimmt... aber siehste, jetzt verschiebt sich die Näse... jetzt sieht et fast aus wie'n Köter... 'n Boxer oder so."
„Stimmt, so unjefähr... Aba kuck ma, da uffn Marienberch, da neben det Krematorium, die kleene eckije Wiese da, is det nich die Todesbahn?"
„Stimmt, det muss se sein. Sieht von hier mächtich kleen aus... Mensch, wenn wa da erst wieda runta könn'! ... Ick freu mir schon uff'n Winter."
„Ick ooch."
Erst wenn die Gördenbrücke und damit der Kanal überquert waren, verlor der Weg seine Langeweile. Endlich am Wasser! Allein dessen Bewegung und die Spiegelung belebten alles, brachten gute Laune mit sich. Schon flogen die ersten Steine, besonders Klaus konnte jetzt beweisen, wozu er fähig war.
„Klaus, zeig' mal, wie weit du werfen kannst!"
Dass diese Aufforderung ausgerechnet von unserem so ordnungsliebenden Vater kam, hat mich beim ersten Mal überrascht. Da kam selbst in seiner Stimme etwas Jungenhaftes durch, was wir bei unserm so ernsten Vater sonst gar nicht kannten. Aber hier war ja auch wirklich kein Schaden anzurichten, da konnte Klaus doch mal zeigen, was in ihm steckte. Er suchte sich einen ausreichend großen Kiesel, holte unter drei Schritten Anlauf aus und - der Stein klatschte nicht mal ins Wasser, er flog und flog und knallte drüben auf die groben Ufersteine! Auch wenn wir

ansonsten in allem ebenbürtig waren, wir schwammen, tauchten und rannten gleich gut, hier war ich gegen Klaus ein Waisenknabe.
Als nächstes musste ein Stock her, ohne Stock in der Hand waren wir nicht komplett. Und weil wir von jetzt an das üppige Grün der Kanalwälle zur Seite hatten, genügten ein, zwei prüfende Blicke, um einen Strauch anzusteuern, der schlanke, schnurgerade Ruten in die Höhe trieb. lang genug, um damit gelegentlich im Wasser herum zu stippen und sie später als Speere weit genug auf den Kanal hinaussegeln zu lassen.

Vielleicht haben gerade die sonntäglichen Pflichtspaziergänge bei uns das Bedürfnis geweckt, über diese allzu bekannten Wege hinaus zu kommen, endlich auf eigene Faust unterwegs zu sein. Aber zwischen Bedürfnis und Erlaubtsein steht immer noch eine vorsichtige Mutter. Wem anders hätten wir also unsere geheimen Wünsche anvertrauen können, als unserer großen Schwester. Vierzehn Jahre älter als wir, war sie es, die wir immer ins Vertrauen zogen, wenn es um geheime Wünsche, um bestimmte Vorstellungen ging. Immer verstand sie uns, ihr Für und Wider bedeuteten entweder ein lachendes Herz oder einsehbaren Verzicht, sie war der jugendliche Lebensmittelpunkt für uns Achtjährige.
Natürlich war sie es auch, der wir unsere Phantasien von weiten Wanderungen anvertrauten. Wir wollten endlich sehen, was sich jenseits unserer alltäglichen Spielwelt verbarg. Und Inge verstand unsern Forscherdrang so gut, dass wir mit ihr schon kurze Zeit später ein erstes Mal auf Wanderung gingen. Wie wir wussten, kannte sie die Welt; war doch zu Hause oft die Rede von Familienausflügen gewesen, von Wanderungen in die Brandenburger Umgebung, die sie an der Seite der noch jungen Eltern miterlebt hatte. An unseren ersten gemeinsamen Ausflug denke ich wie an ein himmelblaues Sommerglück. Da war doch immer von einem Bach die Rede gewesen, der „Plane" hieß. Ein breiter Bach sollte das sein, mit richtig viel Strömung. Da zog es uns hin, das mussten wir sehen, unbedingt! Liebevoll gab unsere Schwester unserm Drängen nach:
„Sonnabendnachmittag fahr'n wir zur Planebrücke und dann wandern wir."
Nicht auszudenken: zwei lange Straßenbahnfahrten gehörten auch noch dazu! Das Leben kann pures Glück sein.

Da wir ganz außen am Stadtrand wohnen, ist schon die nächste Haltestelle so um die anderthalb Kilometer entfernt. Für die Leute bei uns draußen völlige Normalität, alle haben ihren Lebensweg weitgehend zu Fuß zurückgelegt, und nicht umsonst heißt es hier „Wir gehen in die Stadt", wenn es nach anderen Dingen als Lebensmitteln auszuschauen gilt.
Wir Drei brechen also auf. Zunächst zur Haltestelle am Nikolaiplatz, wo alle vier Straßenbahnlinien vorbeikommen. Wir müssen warten. Die Blaue und die Rote Linie fahren zwar in kürzeren Abständen, aber beide zum HAUPTBAHNHOF. Sie halten am Nikolaiplatz, wenn sie die Stadt umrundet haben, die eine im Uhrzeigersinn, die andere entgegengesetzt.
Aber heute ist es wie verhext, jetzt hält vor uns auch noch die Gelbe Linie, die wir schon gar nicht gebrauchen können. Auch sie fährt weit raus, aber nicht in unsere Richtung. Endlich biegt die Bahn um die Ecke, auf deren Schild oben PLANEBRÜCKE steht, die Weiße Linie ist da.
Die alten, ziemlich eckigen Bahnen fahren immer mit einem Anhänger, aber hinten zu fahren, kommt für uns nicht in Frage, lieber stehen wir uns vorne die Beine in den Bauch, als im Anhänger zu sitzen. So selten, wie wir Straßenbahn fahren dürfen, also, da muss man dem Fahrer schon auf die Finger sehen können!
An seinen Kurbeln, die senkrechten Griffe fest in der Hand, steht er da vorne frei unter den Leuten, und wenn wir uns ein bisschen auf die Seite drücken, dann können wir genau beobachten, wie er an den Kurbeln dreht, mal ganz heftig, ganz schnell die eine, und dann wieder ganz behutsam die andere, die ein helles Knarren hören lässt. Was der alles kann, wir bewundern ihn!
War die Bahn voll und die Leute begannen dem Fahrer zu sehr auf die Pelle zu rücken, dann rief der Schaffner energisch: „Bitte aufrücken zur Wagenmitte! - zur Wagenmitte aufrücken!", wobei er mit sanftem Druck ein bisschen nachhalf. Leicht hatte es so ein Schaffner wirklich nicht. Mit seinem Wechselgeldapparat vor dem Bauch - den vier senkrechten Röhren für das verschiedene Kleingeld - hatte er nicht nur die Leute abzufertigen, sondern an jeder Haltestelle auch noch abzuschätzen, wann die Bahn wieder losfahren durfte. Zur Tür hinaus gelehnt wartete er auf das Handzeichen des Schaffners vom Anhänger her, um dann das Abfahrtsignal zu geben, indem er an der ledernen Schnur zog, die über uns durch den ganzen Wagen gespannt war. Es bimmelte dann und die Bahn zuckelte los. Sofort wandte er sich den

neuen Fahrgästen zu: Fahrgeld einnehmen, Fahrschein ausgeben, der Schaffner im Anhänger ebenso. Mit dem Fahrer vorn zusammen drei Mann, die ihren Dienst wortwörtlich durchstanden. Endlich sind wir auf Schienen unterwegs, über richtig große Weichen geht's, die Räder kreischen in engen Kurven, dauerndes Anhalten und Abfahren - und das bis an den Rand der Stadt! Mit schiefem Kopf und offenem Mund versuchen wir am Fahrer vorbei auf die Straße zu schielen, nichts soll uns entgehen. Als wir dann vor uns nur noch eine Weiche, dahinter aber keine Schienen mehr sehen, da wissen wir...
„Dahinten ist schon die Plane." Unsere Schwester steht auf einmal hinter uns. Die Bahn hält und wir sind nicht mehr zu bremsen. Nischt wie hin! Schon stecken unsere Köpfe zwischen den Balken des Brückengeländers, dunkles Wasser da unter uns, blank und schnell! Selbst ein Fließen im unteren Schritttempo ist bei Jungs von der Havel schon „sooo'ne Strömung"!
Endlich reißen wir uns los, unsere Schwester wird dahinten schon immer kleiner. Im schattigen Grün geht's am Bach entlang, wir haben solange nur Augen für das dunkle Strömen bis es auf einmal um uns hoch und hell wird und neben uns ein filigranes Metallgebilde in den Himmel wächst, von dem aus ein weites Schwingen über das Land hingeht. Ich stehe wie vor einem Wunder - der Anblick einer Überlandleitung kann für einen Achtjährigen überwältigend sein.
Am lebendigen Wasser entlang, die sonnenhellen Türme unserer Stadt am Horizont, so sind wir lange auf dem schmal ausgetretenen Pfad an der Plane entlanggewandert, so lange, bis sie sich auf einmal in hohem Schilf verlor.

Eigentlich war der Weg, den wir bis hier her gegangen waren, nicht nur der Plane wegen gewählt worden. Zu Hause war immer auch von einem Wanderziel namens Buhnenhaus die Rede gewesen, in das unsere noch jungen Eltern mit anderen Wanderfreunden eingekehrt waren. Ursprünglich die schlichte Unterkunft des Buhnenwärters, der hier an der recht schmalen Havelmündung seinen Dienst versah, war dessen Häuschen nach und nach zu einem Wanderziel geworden, als sich herumsprach, man könne dort auch seinen Durst löschen.
Ob das Häuschen schon wieder Gäste empfing, als wir im Sommer 1948 dort aufkreuzten, wissen wir schon deshalb nicht, weil wir uns damals nicht einmal eine Brause hätten leisten können.

Schon die beiden Straßenbahnfahrten waren ja eine bedenkliche Ausgabe: hin und zurück immerhin 80 Pfennige für uns Drei. Dafür hätte man gut und gerne ein Brot kaufen können.

Immer wieder hat uns 'unsere Inge', nur so sprachen wir Brüder von ihr, die Freude gemeinsamen Wanderns gemacht. Alles was uns bewegte, haben wir ihr auf diesen langen Wegen anvertraut. Verstanden und ernstgenommen zu werden - ein beglückendes Gefühl für uns Jungs; unsere Inge wusste und verstand wirklich alles. Sonnenschein liegt über den Kinderjahren, in denen sie uns so nahe war.
Eines Tages zog sie bei uns aus, als erwachsene Frau war sie in die kinderlose Familie des Kunsthistorikers Wilhelm Fraenger aufgenommen worden, der nach Verfolgung im NS-Reich die ersten Nachkriegsjahre u.a. als Bürgermeister in Päwesin und dann bei der Brandenburger Stadtverwaltung überbrückte, wo unsere Schwester gerade ihr erstes Geld als Sekretärin verdiente. Der Einzug in die neue Familie war ein Wandel in ihrem Leben, er wurde entscheidend für ihren künstlerischen und intellektuellen Lebensweg. Für uns Brüder eine Zäsur in unserer Kindheit, die nur erträglich wurde, weil Ingeborg uns an den Wochenenden fast immer besuchte. Wie sehr wir an unserer Schwester hingen, wurde deutlich, als sie einmal am Heilig Abend ihren Zieheltern treu bleiben wollte. Heilig Abend ohne Inge! Wir waren schon elf, aber auf einmal standen uns die Tränen in den Augen. Gustel und Wilhelm Fraenger haben uns zuliebe auf ein Fest zu Dritt verzichtet, Ingeborgs Brüder sollten zu Weihnachten nicht traurig sein.

Auf eigene Faust

Inzwischen waren wir selbst „große Jungs" geworden, es drängte uns in die Ferne, wir mussten in unbekanntes Terrain vordringen, wollten es den Forschern gleichtun, die sich in eine völlig unbekannte Welt vorgewagt hatten, in Gegenden der Erde, für die es noch gar keine Landkarten gab.
Warum wir Zehnjährige uns als erstes Ziel ausgerechnet eine bestimmte Stelle an der weit entfernten Autobahn aussuchten, hatte etwas mit dem Gemunkel unter den Jungs zu tun, dass an

einer Autobahnbrücke dort reiche Gaben an Süßigkeiten zu erwarten seien.
„Wir woll'n bis zur Planebrücke fahr'n und da 'n bisschen wandern."
Unsere Mutter mehr wissen zu lassen, hielten wir für nicht ratsam. Wir bekamen jeder 20 Pfennige, je einen Groschen für die Hin- und die Rückfahrt, und los ging's. Endstation Planebrücke:
„Wir müssen hier lang bis wir an 'n Bach komm'."
Gemeint waren die Straße nach Wilhelmsdorf und der Sandfurtgraben, dessen Name uns fremd blieb.
Wir kommen vor Wilhelmsdorf also über die kurze Brücke und erleben unsere erste Überraschung:
„Meeensch, kuck ma, so ville Wasserkäfer!" Gemeint sind die Wasserläufer, von denen es unterhalb der Brücke auf der spiegelglatten Wasserfläche nur so wimmelt. Komisch, die bleiben mit ihren Beinen oben auf dem Wasser und können sich richtig abstoßen. Fortwährend in Bewegung, bleiben sie bei der schwachen Strömung immer auch fast auf der gleichen Stelle.
Lange geht's nun am Bach entlang, bis sich am andern Ufer endlich der Wald zu lichten beginnt und den Blick über die Felder freigibt. Weit drüben sehen wir hinter den Äckern schon ein paar Autos flitzen. Aber wie dahin kommen? Ein paar vom Wasser überspülte Holzbohlen helfen uns schließlich zum anderen Ufer hinüber, und über die Äcker hinweg sehen wir nun dahinten auch die Autobahn. Und da! - da ist ja auch die Brücke, von der immer die Rede war. Genau dort, wo sie die Autobahn überquert, soll die bestimmte Stelle sein. Wir legen gerade einen Schritt zu, als wir auf einmal von einer ausgedehnten Wasserfläche überrascht werden. Damit haben wir nun gar nicht gerechnet. Die Ufer sind purer weißer Sand, spärlich wächst dünnes Weidengestrüpp, am Wasser unten erst ein paar Halme Schilf. Und der freie Fleck da vor uns, das muss doch eine Badestelle sein, hier zieht sich der feuchte Sand bis weit ins flache Wasser hinein.
„Wenn wir't nächste Mal herkomm', denn baden wa."
Abgemacht! Um uns herum ist zwar schon alles grün, das Wasser aber noch viel zu kalt. Und außerdem zieht es uns mächtig zu den schnell fahrenden Autos hin, den „Westautos", die hier auf der Strecke Berlin - Helmstedt noch fast ausschließlich unterwegs sind. Und das in oft riesigen Abständen. Manchmal kann fast eine Minute vergehen, bis da ganz hinten in der Kurve das nächste Auto auftaucht.

Als wir an die Autobahn kommen, finden wir sogar eine Art kleinen Parkplatz vor, zwei gepflasterte Spuren im Unkraut, auf denen Autos nach rechts ausscheren und halten können. Hier können uns die Fahrer schon von weitem sehen. Wir stellen uns hin und winken und - nicht zu fassen - gleich das erste Auto rattert zu uns heran, die Frau neben dem Fahrer kurbelt das Fenster runter, reicht uns mit ein paar freundlichen Worten ein paar lose Bonbons heraus und schon gibt der Fahrer wieder Gas. Innerhalb der nächsten zwanzig Minuten halten noch drei andere PKWs und immer gibt's etwas Süßes. Als wir endlich wieder abziehen, da wissen wir, d i e Wanderung hat sich mehr als gelohnt. Sicherheitshalber wandern wir dieses erste Mal auf dem gleichen Weg zurück, den wir gekommen sind.
Ein viertel Jahr später sieht die Welt schon ganz anders aus. Es ist Sommer geworden. Wir haben heute zwar fast umsonst gewinkt, aber diesmal können wir im Autobahnsee baden. Woll'n doch mal seh'n, wie tief er ist. Wir tauchen runter bis es in den Ohren zu stechen beginnt, aber da ist kein Grund in Sicht, der See muss unheimlich tief sein. Wir können uns kaum von dem schönen Fleck trennen, die Ufer sind ein Paradies für die Füße, dazu das ganz helle klare Wasser, kein Mensch weit und breit - schade, dass gerade dieser See so weit weg liegt.
Irgendwann müssen wir uns dann aber doch auf den Rückweg machen. Er soll diesmal kürzer sein, als der Hinweg. Denn wenn Brandenburg in d i e s e r Richtung liegt, dann brauchen wir doch nicht nochmal das lange Rechteck bis fast nach Wilhelmsdorf zu laufen, für die kürzere Diagonale muss sich doch ein Weg finden. Aber denkste! Nebeneinander her verlaufen die Felder alle parallel zum Bach. Erst nach langem Zickzack über Feldraine und Treckerspuren stoßen wir endlich auf einen breiten Ackerweg, der rechts rüber in Richtung Stadt verläuft. Ganz weit hinten sind schon erste Häuser zu sehen. ‚Geschafft!', denken wir und fühlen in der Hosentasche schon mal nach dem Groschen für die Straßenbahn. Aber - was is'n das? - auf dem Schild da vorn steht ja GÖTTIN. Ein Begriff, der bei unsern Eltern im Gespräch zwar manchmal vorkam, von dem wir aber nur wussten, dass er etwas mit der Brandenburger Umgebung zu tun haben musste. Nun auf einmal das! Wir sind in einem unbekannten Dorf. Sogar eine Kirche gibt es hier. Mit aufmerksamen Augen und fortwährendem „Kuckt mal da!" ziehen wir die Dorfstraße entlang. Einen vorher

nie gesehenen Ort zu durchqueren, ist am Ende auch wieder spannend!
Wie weit wir hier aber noch von Brandenburg entfernt sind, das bekommen wir hinter dem Dorfausgang zu spüren. Eine schier endlose Lauferei die schnurgerade Landstraße hinunter bis wir endlich bei den ersten Häusern ankommen und bald auch unsere Umgebung wiedererkennen - hier sind wir doch heute schon mal mit der Straßenbahn durchgekommen. Als wir dann an einer Haltestelle stehen, dämmert uns, dass wir an Weglänge wohl kaum etwas gutgemacht haben. Nur die Straßenbahnfahrt ist kürzer. Leider.

Bohnenland

Zwar nannte sich das immer Spaziergang, was unsere Eltern mit uns an Sonntagnachmittagen unternahmen, aber der Begriff Wanderung wäre oft zutreffender gewesen. Besonders, wenn ich an den ewig langen Weg nach Bohnenland denke, einer dörflichen Ansiedlung ziemlich weit draußen. Ein paar Gehöfte, alle links am festgefahrenen Sandweg, das letzte Haus jedoch eine Gaststätte.
Eigentlich nur ihretwegen war Bohnenland diesmal das Ziel unseres langen Sonntagsweges, mit ihr verbanden unsere Eltern schöne Erinnerungen. Hierher waren sie in den glücklichen Jahren der Weimarer Zeit mit ihren Sangesfreunden gezogen, hatten hier in geselliger Runde vor dem Gasthof gesessen und sich des Lebens gefreut. Was mochte nun, vier Jahre nach Kriegsende, aus alledem geworden sein? Erinnerung und Wirklichkeit zu vergleichen, lag vor allem unserm Vater am Herzen; für uns Brüder eher eine Gelegenheit, Neuland zu entdecken, uns Wege für künftige Expeditionen einzuprägen. Ein zu geschwollenes Wort vielleicht, aber jeder andere gleichbedeutende Begriff war uns zu anspruchslos. Schließlich war Hans Schomburgk in Afrika auch nicht bloß auf 'Entdeckungstour'. Die Kinderbücherei in der Schusterstraße ließ grüßen.

„Langer, morjen machen wa 'ne Expedition nach Bohn'land, kommste mit?"
„Klar komm' ick mit, wann soll et 'n losjehn?"

Der Lange, also Rüdiger, ist mit von der Partie. Zu Dritt machen wir uns anderntags auf den Weg. Wieder hat jeder einen Groschen in der Tasche, nach stundenlangem Fußmarsch wird uns am Ende eine Straßenbahnfahrt winken.
Wie immer auf Wegen nach Norden, muss zuerst der Kanal überquert werden. Noch immer auf den hellen nackten Stämmen der Notbrücke, über die eckige Balken geklammert sind, und auf denen festgenagelt die federnden Bohlen der Fahrbahn. Am hohen Grün des Kanalwalls vorbei traben wir die Brückenauffahrt hinunter bis uns der Schwarze Weg da unten nach Hohenstücken hinüber führt. Das sind, von hier aus gesehen, lauter kleine helle Häuschen am Horizont, noch mindestens anderthalb Kilometer entfernt. Bis dort kein Baum, kein Strauch, nur dunkle festgefahrene Erde.
Kamen wir später auf den Schwarzen Weg zu sprechen, dann erinnerten wir uns immer an ein Winterbild, das die weite Ebene bot, als wir unseren Vater dort einmal aus der Einsamkeit auf uns zukommen sahen.
„Zieht euch an", hatte unsere Mutter gegen Mittag gesagt, „wir woll'n Vati entgegen geh'n." Das muss im November '47 gewesen sein, erster krümeliger Schnee war gefallen, die Ackerfurchen zogen sich in schwarz-weißen Streifen über das Land. Als wir in den Schwarzen Weg einbogen, entdeckten wir, winzig klein noch und gebückt, inmitten dieser Streifen unsern Vater. Der eiserne Handwagen hinter ihm war kaum zu sehen, wohl aber der schwere Stubben obendrauf. Im Gurt liegend, den Blick auf den gefrorenen Boden geheftet, bemerkte uns der Vater erst spät. Er kam aus einem Waldstück bei Bohnenland, das nach Holzeinschlag für das Stubbenbuddeln freigegeben worden war, einer fürchterlichen Schinderei. Um den Stubben herum musste ein breites, tiefes Loch ausgehoben werden, um mit der Axt die Wurzeln abtrennen und den Stubben schließlich aus dem Loch herauszerren zu können.
Nach den Kilometern, die unser Vater schon hinter sich hatte, war es doch sehr erleichternd für ihn, als Klaus und ich kräftig zu schieben begannen. Zwar waren wir noch nicht einmal acht Jahre alt, aber zu zweit doch schon eine beachtliche Hilfe. Unsere Mutter zog vorn neben dem Vater mit.
Ja, das muss so um den November 1947 herum gewesen sein; es war Winter geworden, die Kohlen reichten hinten und vorne nicht, Brennholz musste herangeschafft werden. Und so nahm

unser Vater immer wieder die Tortur mit den Stubben und dem endlos langen Weg auf sich. Auf unserm Hof wurden sie anderntags geklöbt, also mit Keilen und schwerem Hammer gespalten bis die Stücke handlich genug für die Axt waren. Am Ende wurden noch ein paar schmale, besonders kienreiche Scheite fürs Anheizen beiseitegelegt.
Heute nun, ein paar Jahre später, sind wir drei Jungs hier wieder auf dem Schwarzen Weg, die Bäume an der Rathenower Chaussee drüben werden langsam größer, Hohenstücken rückt näher, und bald laufen wir schon neben den ersten Häusern entlang, und zwar auf Asphalt. Wir können uns breitmachen auf der Chaussee, denn auch fünf Jahre nach dem Krieg kommt nur alle naselang ein Auto vorbei. Links von der Straße abwechselnd Felder, schilfige Tümpel und Baumgruppen, während rechterhand schon die immer wie neu wirkenden Häuschen der Siedlung zurückbleiben. Das folgende schnurgerade Ende bis Butterlake zieht sich dann aber noch ziemlich lang hin. Wir wissen nur, dass wir hier bald irgendwo abbiegen müssen, um wirklich zu den paar Häusern von Bohnenland und vor allem an den See zu kommen. Wegweiser gibt's nicht.

Butterlake! Es sollte eine Ewigkeit vergehen, bis mir der Name zu denken gab. Erst nach rund 50 Jahren ist mir das seltsame „Lake" ein zweites Mal begegnet. Dann nämlich, als wir auf dem nördlichen Berliner Ring zum ersten Mal an einer Tankstelle namens „Wolfslake" vorbeifuhren. Weil wir inzwischen - 1990 liegt hinter uns - sowohl den englischen Lake als auch den italienischen Lago gesehen haben, drängte sich ein Vergleich förmlich auf. Butterlake war für uns bis dahin immer nur die bäuerliche Siedlung gewesen, deren verständliche erste Namenshälfte ausreichte. Das „Lake" am Wortende konnte zwar mit einem See längst nicht mehr bestätigt werden, aber das besagt in der Brandenburger Umgebung noch gar nichts. Hier gibt es tiefliegende Wiesen, die in den Kindertagen unseres Vaters noch offenes Wasser zeigten. Selbst am Bohnländer See, zu dem wir gleich kommen werden, glaubten wir im Laufe der Jahre beobachten zu können, wie die Erlen sich immer weiter in den See hinein ausbreiteten. Verlandungspioniere gewissermaßen.
Wir hatten uns die Stelle richtig gemerkt, an der unsere Eltern rechts in den Sandweg eingebogen waren. Wenig später ziehen wir Drei an den paar Gehöften vorbei, schon das letzte Haus, die

Gaststätte im Auge, hinter der es links steil zum Bohnländer See runter geht.
Klaus: „Wer zuerst am Wasser ist...!"
Jetzt gibt's kein Halten mehr. Die brüderliche Konkurrenz hat uns zu guten Sprintern werden lassen, wir rasen nur so hinunter, denken aber schon nicht mehr an Sieg, als wir im üppigen Schilf da unten einen schmalen Gang ins Wasser entdecken:
„Mensch kiek ma, 'ne richtje Badestelle!"
„Und allet weißer Sand! Bis da janz hinten in't Wasser rin!"
„Schade, det et noch so kalt is!"
Nun kommt auch Rüdiger bei uns an, der Lange hat nicht im Traum daran gedacht es mit uns aufzunehmen, er kennt uns lange genug
„Wo müssen wa 'n jetzt lang?"
„Na hier unten an'n See zurück."
Wir schlagen die Richtung ein, auf der unser Vater uns einmal genau zum Gartenlokal „Planebrücke", und damit zur angestrebten Endstation der Blauen Linie geführt hat.
„Ick globe, hier hinter de Schonung sind wa abjebogen."
„Nee, kiek ma, det is doch bloß 'n Trampelfad, Vati is doch bei 'n ersten b r e i t e n Wech nach links abjebogen."
Kreuz und quer geht es nun in die Richtung, die uns Erinnerung und Sonnenstand vorgeben, und tatsächlich kommen wir in der Nähe des Gartenlokals aus dem Wald. Keine Menschenseele hier, noch Vorsaison. Aber für uns zählt sowieso nur die Endstation nebenan. Schon fühlt die Hand in der Hosentasche nach dem Groschen, wir können die Bahn kaum erwarten: gefahren werden, ohne etwas tun zu müssen, für uns die reinste Seligkeit.

Als ich eben unsern Spurt zum See hinunter erwähne, denke ich noch einmal an das tägliche Vergnügen, das wir hier ein paar Jahre später in Bohnenland haben sollten.
In Ostdeutschland wurden bald nach dem Krieg Sommerferienlager für Kinder organisiert. So der offizielle, der amtliche Wortlaut: organisieren. Im täglichen Gebrauch hatte das Wort dann allerdings recht bald etwas mit der allgemeinen Mangelwirtschaft zu tun. Versuchte der Nachbar etwa, seinen Karnickelstall auch nur aufzustocken, dann konnte man ihn sagen hören: „Mal seh'n, wo ick 'n paar Bretter orjanisier'n kann."
Jedenfalls wurde auch die Bohnenländer Gaststätte damals kurzerhand in ein Ferienlager umfunktioniert, sie bot ausreichend

Platz und mit der großen Küche konnten viele Kinder versorgt werden. Bei uns Brüdern ging es dabei immer nur um einen Tagesaufenthalt. Onkel Ernst war es, unseres Vaters Bruder, der uns jeden Morgen mit dem Betriebsauto dort hinaus und am späten Nachmittag wieder in die Stadt zurück kutschierte.
Zwei Ereignisse dort draußen haben sich mir besonders eingeprägt. Das ist zum einen mein einziger regulärer Boxkampf im Leben, richtig mit Boxhandschuhen bestritten, und zum anderen eine Backpfeife von Onkel Ernst, weil ich, neben dem Auto stehend, seiner Aufforderung zum Einsteigen trotzte. Ich stand gerade einem anderen Jungen, der es genauso ernst meinte wie ich, mit drohend erhobenen Fäusten gegenüber. Die Backpfeife war also im Grunde genommen eine Art Erlösung für mich, sie hat mir die Keilerei erspart.
Den hier vermiedenen Boxkampf mussten beim Abschluss-Sportfest dann aber Klaus und ich gegeneinander austragen. Die beiden Zwillinge gegen einander! - völlig klar für die Kampfrichter. Dieser Kampf hat uns gelehrt, wie irrsinnig kräftezehrend Boxen ist. Schon nach der ersten Runde kriegte ich kaum noch die Fäuste hoch, schon gar nicht mehr in der dritten, nach der wir den Fight mit einem Unentschieden beenden durften. Versteht sich, dass keiner von uns beiden auf den Kopf des Bruders gezielt hatte.
Der legere Umgang mit Geld sollte in Ostdeutschland aber noch ganz andere Blüten treiben. Blüten, an deren Duft und kräftige Farben wir uns durchaus gern erinnern.
Da versammeln sich in den Großen Ferien jeden Morgen eine Menge Kinder unterhalb der Jahrtausendbrücke am Spitta-Ufer, wo Dampfer „Deutschland" schon sanft vor sich hin qualmt. Außer Puste kommen wir dort jeden Morgen an, denn wer oben im Freien einen Platz ergattern will, der muss zu den Ersten gehören, die sich in der Schlange anstellen, die Plätze an der Reling sind immer gleich zuerst weg. Wer nicht zeitig genug da ist, der sitzt im schummrigen Unterdeck knapp über dem Wasser.
Geschafft! Frierend sitzen wir oben im Morgenwind und gucken zum anderen Ufer rüber. Zwischen der Brücke und der Johanneskirche haben dort Dampfer „Odin", unser Lieblingsdampfer, und die kleine „Havelland" festgemacht.

Pünktlich legen wir ab, in stiller Fahrt gleiten wir auf die nahe Jahrtausendbrücke zu. Der Decksmann hat schon die Schornsteinkette in der Hand, wenige Augenblicke später zieht er damit das meterlange dicke Rohr in die Waagerechte. Unter dieser Brücke durchzufahren, die wir sonst nur von oben her kennen, hat etwas Atemberaubendes. Dicht überm Kopf spiegelt sich das Wasser auf dunklen Gewölben, man hört den plätschernden Widerhall von Wellen, die heißen Gase über der riesigen Schornsteinöffnung zeichnen zitternde Bilder.
Sind wir unter der Brücke hindurch, dann kommt es immer noch besser. Die uns eigentlich vertrauten Ufer bieten vom Wasser aus einen ganz neuen Anblick. Sonst hinter den Mauern einer dunklen Gasse verborgen, zeigen sich von dieser Seite, bunt gewürfelt, kleine Häuser und Höfe am sonnig hellen Ufer. Alles hängt auf einmal zusammen, wird zu einem großen Ganzen. Als links hinter der Stadtmauer die Gotthardtkirche vorbeigleitet, sehen wir weit vorn auch schon die Spitze der Landzunge. Jetzt wird's spannend, denn von dort an ist uns auch das kleinste Uferende vertraut wie die eigene Hosentasche. Wie die Möwen können wir nun zum ersten Mal alles vom Wasser aus und von ganz oben überblicken.

Gleich muss der Schornstein noch einmal gezogen werden, wir fahren durch die Homeyenbrücke, und von da an durch unser wirklich ureigenstes Revier. Rechts der kleine Segelboothafen und da drüben unsere Badestelle. Mit einem gewissen Hochgefühl überblicken wir das Revier von oben, in dem wir sonst nur schwimmend unterwegs sind, Hier tauchen wir um die Wette, warnen uns lauthals vor sich nähernden Motorbooten, sitzen zum Aufwärmen in dem einen ganz bestimmten Baum da drüben, oder lassen am Ufer unten gleich mal ein paar Schilfboote in den Wind gehen.
„Wenn der hier bloß nich so schnell fahr'n würde...!"
„Stimmt! Jrade hier - so'n Mist!"
Hilft aber alles nichts, es geht stramm auf die Schleuse zu.

Von Zeit zu Zeit laufen wir fast täglich den langen Weg zur Schleuse raus, um dort, übers Geländer gelehnt, das Treiben auf den Dampfern, den Lastkähnen und Motorschiffen zu beobachten, die in den beiden Schleusenkammern auf die Ausfahrt warten.
„Einmal im Leben da unten selbst durchgeschleust werden", haben wir uns immer gewünscht, und jetzt gleiten wir wirklich durch das Schleusentor, haben die riesigen Flügel auf einmal direkt neben uns. Das Lärmen an Bord ebbt merklich ab, wer hat denn auch sowas schon erlebt... Noch spannender wird es, als da vorn am anderen Tor das Wasser zu brodeln und das Schiff sich zu heben beginnt. So lautlos neben der Beckenwand nach oben zu wachsen, ein wahrlich erhebendes Gefühl.
Vierzehn Tage lang geht es nun zweimal täglich durch die Schleuse: im Morgenlicht steigen, nachmittags sinken. Jedes Mal geht's unter den beiden brückenbreiten Eisenbögen hindurch, an denen die ganze Brücke hängt.
Dampfer „Deutschland" rauscht mit uns jeden Morgen bis zum Dorf Götz und holt uns dort am späten Nachmittag wieder ab, täglich gut 25 Kilometer Dampferfahrt. Grund genug also, mit Ostdeutschland zufrieden zu sein; leichte Nachdenklichkeit aber doch, wenn unser Vater ob solcher Tatsachen den Kopf schüttelt.
Unser Ferienlager ist ein großer ausgedienter Bauernhof, in dem letzten Endes aber nur das Mittagessen eingenommen wird. Ansonsten wird unser Tun und Lassen durch irgendwelche jugendlichen Gruppenleiter bestimmt. Einmal hatte sogar unser Drängen Erfolg, wenigstens eine ganze Nacht dort draußen bleiben zu

dürfen. Wir ließen so lange nicht locker, bis uns endlich gestattet wurde, im nahen Wald Laubhütten zu bauen.
„Aber nur für eine Nacht!"
„Au ja, det reicht schon."
Nur, baue mal einer Laubhütten im Kiefernwald! Wir mussten weit umherrennen, um an belaubte Zweige zu kommen, brachen und rissen dann aber auch so lange alles ab, bis sich am Ende eine Art Siedlung aus Strauchzelten bildete, die immer für zwei, drei Mann Platz boten. Laubhütten, die sogar telefonisch miteinander verbunden waren!
Klaus hat mich erst wieder daran erinnern müssen, dass ich es war, der auf die Idee kam, ganz bestimmt geformte Ziegel für eine Telefonleitung zu verwenden. Sie lagen aufgeschichtet an einer Scheunenmauer, waren um die 40 cm lang, 10 cm hoch und hatten im Querschnitt die Form eines V's, sahen umgedreht also wie ein langes, unten offenes Dach aus. Vielleicht dienten sie dazu, unter der Erde Kabelstränge abzudecken. Bei uns übertrugen sie unterirdisch Gespräche von einer Hütte zur anderen. Sogar eine Art Weiche bauten wir ein, indem wir in einer der Hütten den Röhrenverlauf gabelten. Deren Bewohner brauchte nur einen der Ziegel umzulegen, und schon waren wir mit einer anderen Hütte verbunden:
„Du, Hotte, kannsste mir ma mit Dieter vabinden?"
„Mach ick, 'n Oorenblick..."
Was über der Erde schon nebenan nicht mehr zu verstehen war - durch die Röhren konnten wir uns auf gehörigem Abstand ganz deutlich verständigen!
Der Abend kam, es wurde dunkel, vor uns die erste Nacht ganz ohne Eltern, vollständig auf uns selbst gestellt, schon fast wie richtige Männer! Aber - was ist denn das draußen?! War an Schlaf zunächst wegen des Telefonierens nicht zu denken gewesen, so auf einmal wegen des Wetters. Es fing an fürchterlich zu pladdern, wir mussten nur so rennen, um mit unsern paar Habseligkeiten nicht völlig durchzuweichen, mit klatschnassen Decken über'm Kopf gelang uns das gerade noch. Die Nacht im Heu war dann zwar auch etwas Besonderes, vor allem aber kurz und kühl. Anderntags waren wir doch froh, als wir gegen Abend wieder bei der Jahrtausendbrücke anlegten.
Ein Wort noch zu diesem besonderen Brückennamen, auch wenn ich mich wiederholen sollte. Für uns Brüder, und für die jüngeren Brandenburger überhaupt, verbanden sich die fünf Silben immer

nur mit dem Bild der Brücke, und das schon, bevor wir sie überhaupt fließend aussprechen konnten. Erst als unser Vater uns später einmal beschrieb, wie die Brücke zu seinen Kinderzeiten ausgesehen hatte, ging uns ein Licht auf - das Wort hatte ja etwas mit einer Zahl zu tun.
Ursprünglich eine Klappbrücke, wie die anderen Havelbrücken auch, konnte man erst nach dem Bau des Silokanals, der die Stadt umging, an neue verkehrsgerechte Brücken denken. Der Bau des Silokanals war ja deshalb nötig geworden, weil zunehmender Güterverkehr auf der Havel die Brückenflügel alle naselang hochgehen ließ und damit die Hauptverkehrswege durch die Stadt andauernd unterbrach. Wohl durch den Ersten Weltkrieg verzögert, kam es zu dieser Hauptverbindung zwischen Alt- und Neustadt aber erst in der Weimarer Zeit, die neue Brücke konnte zur Jahrtausendfeier der Stadt Brandenburg 1928 eingeweiht werden. Seitdem denkt kein echter Brandenburger an eine Zahl, wenn von dieser Brücke die Rede ist, man hat nur ihr nicht wegzudenkendes Bild vor Augen, den hellen, harmonischen Bau über die Havel hin.
Nur ein Bild vor Augen hatten wir übrigens immer auch bei einer bestimmten Verabredung für den Nachmittag.
„Wo treffen wa'n uns?"
„Na bei de Trauerweide!"
Keiner von uns hätte dabei auch nur im Traum an Trauer gedacht, für uns war das der Name für eine Gestalt, für einen Baum mit lang herabhängenden gelben Ruten, die bei leichtem Wind immer alle ganz gleich schräg hingen, es war die Trauerweide am Havelufer, gleich neben der Homeyenbrücke, unser beliebtester Kletterbaum.

Die Musterwiese

Nikolaischule, Große Pause, der Lange hat uns schon gesucht:
„Mensch habta schon jehört, Barlay kommt!"
„Wann denn?"
„Na heute!"
„Woher weest'n det?"
„Hat eener aus unsre Klasse jesacht. Der weeß'et janz jenau!"
„Wieder da bei'n Bahnhof uff'e Musterwiese?"
„Klar, wo'n sonst?"
„Woher weeß'n der det?"
„Von sein Onkel, sachta, hat sich da rumjesprochen."
„Mensch Klaus, denn nischt wie hin, wir saren dir Bescheid, Langer."
„Jut", Rüdiger verschwindet.

In Brandenburg hatten Alt- und Neustadt je eine Musterwiese. Die eine an der Brielower Straße, ganz in unserer Nähe, die andere, nur auf langem Wege erreichbar, am Rande der Neustadt, hinter den Bahnschranken beim Güterbahnhof.
„Könn' wa die Schularbeiten heute ma später machen, die bau'n jetzt schon det Zelt uff."
„Was für'n Zelt?", unsere Mutter ist ahnungslos.
„Na det Zirkuszelt, Barlay is doch da!"
„Woher soll ich'n das wissen?"
„Könn' wa los? - sonst verpassen wa allet..."
„Na ausnahmsweise, aber kommt nicht so spät wieder!"

Nischt wie los also, schnell den Langen rausgeklingelt und dann im Sturmschritt ab in Richtung Dom, zur Dominsel also, unserm dritten Stadtteil. Der Weg dort entlang scheint uns etwas kürzer zu sein als der Trab durch die ganze Altstadt. Über den Neustädtischen Markt, an den Ruinen der langen St.Annen-Straße vorbei geht's über die letzte Brücke und endlich um die Ecke, von wo aus wir unser Ziel schon von ferne ausmachen können.
„Hoffentlich ham se det Zelt noch nich ufjebaut."
„Von hier aus is noch nischt zu sehn..."
Wenig später beim Traktorenwerk:
„Doch, kuckt ma, 'n Stücke von't Zelt is schon hoch!"
Hier ein letzter Spurt über die Straßeninsel, vorbei an den kleinen alten Häusern da drüben, in deren einem wir im Nachkriegswinter

Zuflucht fanden, nur noch über die Straßenbahnschienen, die hier 'um die Ecke gehn' und schon sind wir an der...
„Mensch jetzt jeht die ooch noch zu!"
„Los, üba de Brücke!"
Gottseidank hat man neben den Schranken an diesem riesig breiten Bahnübergang eine lange schmale Fußgängerbrücke gebaut, sonst würde man sich hier die Beine in den Bauch stehen. Denn hier kommt alles durch, was von Berlin aus in Richtung Westen fährt. Daneben auch noch ein breiter Rangierbereich, der allein schon die lange eiserne Fußgängerbrücke nötig macht.
Schon kommen wir keuchend an deren Ende an, unserm Aussichtspunkt. Da unten ein Gewimmel von Menschen, von Masten, Seilen und Zeltbahnen - in wenigen Stunden steigt die erste Vorstellung. Ein Teil des Zeltes ist schon errichtet, von unsichtbaren Masten gestützt hängen daneben lange Tuchbahnen herab, der dritte Mast, auch er schon unter einer Zeltbahn, wird eben unter rhythmischen Zurufen aufgerichtet.
„Mensch, ick staune bloß, det die alle wissen, wat se jrade machen müssen!"
„Man denkt, die loofen alle durchn'ander."
„Da weeß tatsächlich jeder, wat..."
„Kiekt ma, da hinten is'n Löwe, in den een' Wagen da"
„Meinste den, der da hinter de Jitter hin und her rennt?"
„Na is doch bloß eener da!"
„Denkste, da janz hinten in'n Wagen sind sojar zwee, die sind bloß kleener."
„Stimmt ja!"
„Vielleicht hat der Jroße bloß Hunger."
„Glob'ick nich, wahrscheinlich is hier blos zu ville los."
„Wir könn' ja nachher ma versuchen, da unten 'n bisschen näher ranzukomm'."
„Besser erst, wenn't hier ruhjer jewor'n is."
„Denn seh'n se uns erst recht."
„Na denn vasuchen wa't jetzt."
Langsam beginnen wir die Eisentreppe hinab zu steigen, nähern uns unauffällig den Tierwagen. Wir wissen ja noch nicht, ob wir eine Vorstellung besuchen dürfen, oder nur Geld für eine Tierschau kriegen.
Die Pferde sind schon in ihrem Zeltstall als wir den Arbeitsplatz umkreisen, aber wenigstens die Löwen und die Tiger und auch die Bären sind noch in ihren vergitterten Wagen, wenigstens die

haben wir nun schon gesehen. Pferde sind nicht wichtig, die stehen alle Tage bei uns auf'm Hof.

„Na? Ist der Zirkus da?"
Unsere Mutter möchte nun doch ein bisschen mehr wissen.
„Na kla', wir haam allet jesehn, als wa..."
„Die haam jrade anjefang' det Zelt uffzubaun, als wa..."
„Sojar die Löwen haam wa..."
„Die Tiejer ooch und die Bär'n..."
„Langsam, langsam, Jungs! Man weiß ja nicht wo man zuerst hinhör'n soll, wie lange bleibt'n der Zirkus da?"
Wir werden hellhörig:
„Dürfen wir etwa...?"
„Is schon lange her, dass 'n Zirkus hier war, nich?"
Wir stehen mit offenem Mund da.
„Übermorgen habt ihr die wenigsten Stunden..."
Ooooo!!! Unser Jubel ist grenzenlos
„Mensch, Hans...!"
„Mensch, Klaus...!"
Wir sind völlig aus dem Häuschen.
Mit einem Lächeln geht unsere Mutter in die Küche.

Winter

Finsternis im Zimmer. Draußen ein Schurren.
„Mensch Klaus, hörste?"
Im nächsten Augenblick kleben wir am Fensterschlitz, den das Rouleau unten gerade noch freilässt. Im Dunkeln draußen fahles Weiß, unterm Fenster die gebückte Gestalt von Herrn Schneider, der jetzt schon, gegen Sechs, Schnee schiebt. Dieses hölzern dumpfe Schurren auf den kleinen Granitsteinen vor'm Fenster - was haben wir darauf gewartet!
Während wir uns sonst lustlos in die graue Unvermeidlichkeit eines Schultages zu schicken beginnen, sind wir heute gleich putzmunter, stehen mehr als freiwillig auf, frühstücken eher hastig und brauchen so gar nicht auf den Schulweg gedrängt zu werden. Rein in die Holzschuhe, die Joppe und los! Nischt wie raus in den Schnee! Und schon sind wir auch zu Viert
Spätestens in den Anlagen müssen unsere kunstledernen Aktentaschen als Schilde gegen die scharf geschossenen Schneebälle herhalten, oder sie fliegen mal kurz in den Schnee, wenn die Munition ausgeht. Schnell Schneebälle kneten! Heute geht das fix, der erste Schnee backt gut. An der Stadtmauer angekommen, dämmert uns langsam, wir kommen zu spät zur Schule! Also Tempo. Vorbei am Rathenower Torturm, schnellstens über den Wall, am Rosenhag entlang zum Nikolaiplatz rüber und mit hängender Zunge rein in die Schule.
Aber heute auch hier überall Helligkeit, selbst auf den Gesichtern der Lehrer. Keine Rempeleien auf dem Schulhof, im Unterricht mehr Heiterkeit als sonst, und am Ende sogar ein recht mildes Pensum an Schularbeiten. Denn natürlich wissen die Lehrer genau, wohin es die Bengels da vor ihnen treibt, auf den ...

Marienberg

Meistens war der Lange, also Rüdiger, mit dabei, wenn wir loszogen. Sonst sowieso unser täglicher Spielkamerad, waren wir da oben regelrecht auf ihn angewiesen, wenn wir auf einer bestimmten Bahn die Schnellsten sein wollten. Zwei Brüder und ein Schlitten: was ansonsten ein kindheitslanger Nachteil war, denn

wir dachten nicht im Traum daran, gemeinsam zu fahren, auf dieser einen Bahn war das ausnahmsweise ein Riesenvorteil.
Aber erstmal mussten wir ja auf den Berg kommen. Im Sturmschritt ging's die lange Brielower Straße hinunter, dann hinüber zur Bergstraße und dort gleich hinter dem Gehöft rechts den Weg am Mariengrund hinauf. Da gab's kein Halten, bis wir die kurze, steile „Todesbahn" oberhalb des Krematoriums erreicht hatten. Den Abhang also, an dem sich heute eine Freilichtbühne langweilt. Zwar hatte der Name „Todesbahn" nichts mit dem dahinter liegenden Friedhof zu tun, aber ganz ungefährlich war dieser vereiste Steilhang wirklich nicht. Diese Bahn war die schnellste, die Brandenburg zu bieten hatte, und jeder richtige Junge musste hier mal runter! Oben am Ablauf wurde unter fortwährendem Hinzeigen und Geschrei und Gelächter das Geschehen da unten kommentiert, wo die Jungs unter abenteuerlichsten Verrenkungen durch die Luft flogen. Dort unten standen vor dem Zaun des Friedhofs ein paar Reihen krüppliger Tannen, etwa doppelt mannshoch und nur ganz oben ein bisschen grün. Der Rest war ein dünner, kahler Stamm, gespickt mit den Spießen abgebrochener Äste.
Vor dieser Reihe von Stämmen hatten die Stadtgärtner in ganzer Breite Berge von Herbstlaub zum Kompostieren angehäuft. Erreichte man nun in rasender Fahrt diesen Laubhaufen, dann ging der Schlitten vorne gerade noch hoch, blieb aber im gleichen Moment stecken und der Fahrer flog in hohem Bogen durch die Luft. Wichtig war dabei nur, an einer Stelle vom Schlitten gerissen zu werden, wo man z w i s c h e n den Stämmen hindurch segelte, wer die Schneise verfehlte, flog unweigerlich gegen einen der gespickten Stämme.
Und schon passiert es! Ich knalle mit der rechten Kopfhälfte gegen einen Stamm, die Ohrmuschel wird gequetscht, klappt ab, blutet stark und der Traum vom Rodeln ist für heute ausgeträumt. Traurig genug.
Mit meiner blutverschmierten Hand über'm Ohr erfahre ich auf dem Nachhauseweg viel Aufmerksamkeit seitens einkaufender Hausfrauen. Ihr Ach und Oh stellt mich wohltuend in den Mittelpunkt. Sie können ja nicht ahnen, dass mich der verdorbene Rodeltag inzwischen mehr schmerzt als mein Ohr. Der Neid auf den Bruder ist schlimmer. Klaus hat den Schlitten einen ganzen Nachmittag für sich allein! Ganz allein für sich! Nicht auf den Bruder

warten müssen, immerzu nur rodeln können - ein Himmelsgeschenk!
Zuweilen werden aber Rechnungen ohne die Mütter gemacht.
Ich komme zu Hause an, unsere Mutter sieht die Bescherung, fragt nur kurz „Wo is'n Klaus?“, wäscht mir die Wunde, verbindet mir den Kopf, sagt knapp „Ich muss noch mal los“ und weg ist sie. Für eine gute Stunde. Dann ist sie wieder da. Klaus auch. Ich begreife nicht recht:
„Warum kommst'n jetzt schon?“
„Ick musste mit.“
„Mutti war uff'n Marienberch?“
„Mm! Als ick die Harlunger Bahn hoch kam, stand'se uff eenmal da und hat mir eene jeklebt.“
In der Küche hören wir unsere Mutter murmeln: „Also nein, seinen Bruder allein zu lassen, nein sowas...!“
Dass unsere Mutter ihrem Klaus eine runterhaute, fand ich zwar bemerkenswert, aber ‚Mein Gott‘, dachte ich, ‚an seiner Stelle wäre ich auch auf'm Marienberg geblieben.‘
Kurz und gut: als mir mein Verband eines Tages wieder abgenommen wurde, konnte ich zu meiner Zufriedenheit, ja beinahe mit Dankbarkeit feststellen, dass ich jetzt wenigstens rechts ein gut anliegendes Ohr hatte, was meiner erwachenden Eitelkeit außerordentlich guttat.
An normalen Rodeltagen mussten zwei, drei Fahrten auf der Todesbahn genügen, denn die Nachmittage waren kurz. Schleunigst ging's dann weiter hinauf, halb herum um die gelb-weiß geklinkerte Ruine des Kriegerdenkmals zum breiten Westhang hin, wo sich der Blick in die Ferne öffnet. An diesem harmlosen breiten Hang war immer am meisten Betrieb, hier waren vor allem die Kleineren und die Mädchen unter sich, der breite Hang bot Platz für jede Menge Abfahrten gleichzeitig. Dort gab es ein ständiges Gejuchze und Gekreische, wenn die Schlitten über die kurzen, harten Schneewellen sprangen, die sich nach zwei, drei Tagen gebildet hatten. Diesen Hang probierten wir eigentlich nur im Vorbeigehen, um auch über diese Bahn mitreden zu können und wohl auch, um schon mal die Schlitten von Mädchen zu rammen.
Unser eigentliches Ziel aber, der Höhepunkt, war nebenan die Harlunger Bahn. Dort kamen in dunkler Prozession all jene Fahrer schlittenziehend den Berg hochgestapft, die die gut halbkilometerlange Bahn bereits runtergerodelt waren.

Aber jetzt waren wir an der Reihe! Zwei von uns hockten sich auf unseren, den größeren Schlitten, der Dritte legte sich hinten bäuchlings auf den Einsitzer, um die Fuhre vor sich mit ausgestreckten Armen zu steuern. So miteinander verbunden, waren wir schon oben im lockeren Schnee des Hohlwegs wesentlich schneller als die Einzelfahrer, bei denen lenken immer auch bremsen bedeutete - unsere Füße konnten auf den schnellen Kufen bleiben. Alles hing jetzt hinten vom Steuermann ab. An vier Beinen vorbeischielend musste er aufpassen, dass wir nicht auf einen anderen Schlitten krachten, unterstützt von den beiden Vordermännern, die immerzu „Bahn frei! Bahn frei!" brüllten. Alles, aber auch alles wurde überholt, wir stoben nur so runter, bogen am Ende in die Harlunger Straße ein und ließen die Schlitten so lange ausgleiten, bis sie von allein stehen blieben. Schweigend strahlten wir uns an, die Herzen voller Genugtuung.
Wegen der langen Zuckelei den Berg hinauf, konnten wir die Harlunger Bahn selten mehr als zweimal runterfahren. Es dämmerte schon, wenn wir zum zweiten Mal oben beim Kriegerdenkmal ankamen. Eingedenk der ernsten Mahnung „Wenn's dunkel wird, seid ihr zu Hause!" und der verlockenden Aussicht auf weitere glorreiche Nachmittage, traten wir dann doch lieber den Heimweg an.

Schlittschuhlaufen

Nicht etwa auf dem Eis des Beetzsees, nein, auf der „Glatten Straße" haben wir Schlittschuhlaufen gelernt. Sämtliche Anfänger trafen sich hier, alle erkennbar an ihren rudernd ausgestreckten Armen. Glatte Straße, so hieß bei den Kindern die Ziegelstraße mitsamt ihren beiden Seitenarmen, die entweder zur Gotthardtkirche oder zur Havel führten. Glatte Straße ganz einfach deswegen, weil sie weit und breit die einzige asphaltierte Straße der Altstadt war. Auf dem kurzen Abschnitt zwischen den winterkahlen Grünanlagen hatte sich durch festgefahrenen Schnee und leichtes Antauen bald eine Art körnig-weiches Eis gebildet, das zwar nur bedingt gleitfähig, aber gerade deshalb so ideal für Anfänger war. Neidvoll haben wir lange Zeit dem Gewimmel zusehen müssen, bis wir hier eines Tages tatsächlich selbst auf Schlittschuhen standen. Wenn ich daran denke, wie es dazu kam, dann fühle

ich noch heute den Jubel, der uns an einem Wintersonntag beim Besuch unserer Tante Grete ergriff.
Tante Grete, die liebe schlichte Frau, sie war die ältere Schwester unseres Vaters, war unverheiratet und an jedem Sonntagabend bei uns zu Besuch. Ein Sonntag ohne Tante Grete wäre kein Sonntag gewesen.
„Wir hol'n Tante Grete ab", hieß es nachmittags immer, wenn Klaus und ich uns auf den Weg in die Neustadt machten, wo unsere Tante auf dem Trauerberg wohnte. Zwar konnte von „Berg" und von „Trauer" keine Rede sein, aber so hieß es nun mal, wenn man an diesem Platz wohnte. Er hatte seinen Namen nach einer Pestepidemie erhalten, als man die vielen Toten eiligst vor den Toren der Stadt verscharrte. So jedenfalls hatten wir es im Fach „Heimatkunde" gehört.
Für uns war der sonntägliche Weg zum Trauerberg längst ein Ritual geworden. Weniger aus ritterlichen Gründen, eher wohl deshalb, weil man den Spielkameraden sonntags sowieso nicht begegnete - überall Familientag -, vor allem aber, weil es bei Tante Grete immer eine Süßigkeit gab! Schon ein Lutscher war den ziemlich weiten Weg wert.
So waren wir eines schönen Sonntags wieder mal zu unserer Lieblingstante gekommen, hatten uns gerade in ihrem Stübchen hingesetzt, dachten so für uns: ‚mal sehen, was es heute gibt', da sagte Tante Grete unverhofft:
„Macht mal den Schrank auf und kuckt nach, ob ihr das da unten gebrauchen könnt."
Na, Tür auf, hinknien und im schummrigen Kleiderschrank herumtasten war alles eins, und im nächsten Augenblick fassungslos -
„Mensch Klaus...!"
„Mensch Hans...!"
„Mensch kuck mal...!"
- wir hielten jeder ein Paar uralte, angerostete Schlittschuhe in der Hand. Das war mehr, als wenn man jedem von uns ein ganzes gebratenes Kaninchen auf den Teller gelegt hätte! Das war, als hätte sich der Himmel aufgetan! Schlittschuhe! - der Inbegriff alles Wünschbaren! - und jeder ein Paar! Nicht mehr teilen und warten müssen, wie beim Schlitten und beim Roller. Endlich gemeinsam und mit anderen Jungs auf Tour gehen, die endlosen Ufer vom Eis aus entdecken, Abenteuer ohne Ende... Mann, was waren wir glücklich!

Es waren klassische Hackenreißer. Solche Schlittschuhe hatten hinten einen Dorn, den man tief in den Absatz drückte, danach klemmten am Ballen vorn die beidseitigen Backen mittels eines Gewindes den Schlittschuh am Schuh fest. Und los ging's. Blieben nun zwar Schlittschuh und Absatz garantiert miteinander verbunden, so doch der Absatz nicht immer mit dem Schuh, was hin und wieder einen langen, öden Humpelheimweg auf spiegelblankem Eis zur Folge hatte. Bei mir riss einmal weit draußen, auf Höhe des Hünenstegs, der komplette Hacken ab, aber gottseidank erst auf dem Rückweg von Radewege her, sodass wenigstens nicht der ganze Nachmittag verdorben war.
Sorgfältig vorbereitet geht's jedes Mal auf Tour Meist zu Viert oder Fünft laufen wir erst links am gelbtrocknen Schilfgürtel entlang bis zum Silokanal und überqueren die Fahrrinne auf dem holprigen Eisbruch, den die Dampfer hinterlassen haben. Bis zum schmalen Durchstich drüben, der die Bollmanninsel vom „Festland" trennt, wird der starke Nordwest noch leidlich durch die Büsche und Bäume am Kanal gebremst, aber wenn wir auf den Großen See hinaus kommen, rund fünf Kilometer Richtung Nord vor uns, da wird die Tour zeitweilig zu einer wahren Tortur. Bei solchem Gegenwind messen unsere Gleitspuren höchstens noch fünfzig Zentimeter, die Fahrt ist quälend langsam, das Nordende des Sees endlos fern. Aber da ist kein Gedanke an Aufgeben, eine Riesenbelohnung winkt, die Rückfahrt mit sturmstarkem Rückenwind! Also kämpfen wir uns am Schilfgürtel des Westufers entlang bis zum Hünensteg durch, der Landzunge, die den Wind in ihrer Nähe wenigstens ein bisschen bricht, und dann über die nun völlig freie Fläche bis dicht an das Dorf Radewege heran. Dort fahren wir auf dem spiegelblanken Eis der überschwemmten Wiesen eine Weile ziellos zwischen den Weiden umher - man will ja schließlich das Gefühl haben, irgendwo angekommen zu sein -, um dann aber schon auf den leisesten Anstoß hin wieder die Eisweite des Sees zu suchen; vom Sturm angetrieben zuerst, dann bei hohem Tempo wie in einer Art Windstille gleitend. Auf jedem Bein ziehen wir fünf Meter lange Bahnen, und wenn wir uns einfach nur so treiben lassen, unsere geöffneten Joppen als Segel weit ausgebreitet, dann gleiten wir noch lange mit fast gleichem Tempo weiter, bevor wir wieder Fahrt aufnehmen müssen.
Einmal bin ich nahe der Bollmanninsel eingebrochen, als wir von Norden her auf den Durchstich zuglitten. Wir waren noch an die hundert Meter von der Insel entfernt, Klaus lief ein gutes Stück

hinter mir, als ich erst mit dem einen, dann mit dem anderen Fuß durch das Eis knackte. Ich warf mich sofort längelang hin, so trug mich das Eis noch, und so konnte ich mich zu Klaus, der nahe bei mir auf festem Eis hin und her kurvte, langsam zurückschieben. Noch heute ist es für uns schleierhaft, warum trotz des ringsum werweißwiedicken Eises diese eine Stelle nur so schwach zugefroren war, wir hatten sie doch sonst ganz selbstverständlich passiert Einer durchaus kalkulierbaren Gefahr dagegen haben sich einmal Klaus und Rüdiger ausgesetzt. Nur um sich den längeren Fußweg über die Brielower Brücke zu ersparen, um auf kürzestem Wege zum Großen See hinüber zu kommen, fassten sie den haarsträubenden Entschluss, den Kanal über die schwankenden Eisschollen der aufgebrochenen Fahrrinne zu überqueren.
Auf Schlittschuhen! Klaus, der sehr sicher lief, meinte später, er habe nur Angst um Rüdiger gehabt. Ich aber bin heute noch heilfroh, dass die beiden wenigstens den Rückweg über die Brücke genommen haben - zweimal wäre das nicht gutgegangen.
Eine andere Gefahr ging vom Potteis aus. Es bildete sich, wenn starker Frost so um die zehn Tage angehalten hatte. Der schnell sinkende Wasserstand ließ das Eis an den Rändern dann trockenfallen, sodass die Schollen bald schräg und hohl an den Spundwänden hochstanden, darunter tiefes Wasser. Gewarnt wurde allerdings mehr als genug, kein Junge ließ sich den Hall unter der Brücke entgehen, wie wild wurde „Potteis...! Potteis...!“ gebrüllt.
Auf dem Haveleis vom Beetzsee her durch die ganze Stadt bis zur Luckenberger Brücke hinunter gleiten zu können, das war nur alle paar Jahre mal möglich. Aber dann war es auch immer richtig erregend für uns, dort unten auf eigenen Beinen unterwegs zu sein, wo sonst nur Boote fuhren, wohin wir sonst nur von den Brücken aus hinabsehen konnten.
Richtig sicheres Eis heute! Los geht's! Unter der Homeyenbrücke durch, am Wassertor entlang auf die Jahrtausendbrücke zu, dann an der Bauchschmerzenbrücke vorbei zur Luckenberger Brücke, dahinter aber nur noch bis zum Ende der Landzunge links. Dort kehren alle um. Oder doch fast alle. Wer hier nicht kehrtmacht, dem sieht man mit Skepsis, mit Kopfschütteln nach. Da hinaus in die Menschenleere...? - rechterhand nur noch Bollwerke von Fabriken... - lieber nicht! Die Leute kennen sich aus! Mitten in der Stadt ist halb Brandenburg auf dem Eis, besonders an den Wochenenden. Zuweilen konnte man glauben, das Winterbild eines holländischen Meisters sei lebendig geworden.

Kurz hinter der Luckenberger Brücke hatte ich einmal ein ganz großartiges Erlebnis. Ich war gerade unter dem linken Brückenbogen durch, als mir ein im Eis eingefrorenes blaues Stück Papier auffiel. Sofort ließ ich mich fallen, rutschte über den Schein und begrub ihn gerade noch rechtzeitig unter mir, denn ein anderer Junge hatte ihn fast gleichzeitig entdeckt. Ein 50-Pfennig-Schein! Ein unerhörter Schatz! Ich jubelte innerlich, als ich das kleine Stück Papier freihauchte. Dafür bekam man eine ganze Spitztüte voller Bonbons! Süßigkeiten, an die sonst in solcher Menge gar nicht zu denken war. Dieser blaue 50-Pfennig-Schein war mein erstes Taschengeld.

Weil aber jeder Winter einmal klein anfängt, mit dünnem Eis, dessen Stärke erprobt sein will, kommen wir am Puhl nicht vorbei, jenem kleinen trüben Teich in der Senke zwischen Kanal und Kleinem Beetzsee, der später unter der heranrückenden Wand einer Müllhalde verschwand.

Wenn wir uns nebenan auf dem Beetzsee noch nicht aufs Eis trauen durften, dann konnten wir hier schon einiges riskieren, weil wir im Ernstfall höchstens bis zur Brust im Wasser gestanden hätten. Das spannendste Vergnügen versprach eine Eisstärke zwischen Biegen und Brechen. Tatsächlich, Biegen! Eis biegt sich, wir haben es erlebt.

An diesem einen Wintertag, an den ich jetzt denke, war zwischen der Müllwand und dem Ufer gerade noch Platz genug für einen Anlauf, der es erlaubte, die zehn Meter bis zu einem kleinen Erdbuckel hinüber zu schliddern. Und was soll ich euch sagen, es dauerte gar nicht lange, bis wir zu unserm Erstaunen beobachten konnten, wie der gerade Schliddernde andauernd durch eine flache Mulde glitt, während hinter ihm das anfangs noch starre Eis in einer schwachen Welle nachrollte. Eine Weile standen wir mit offenem Mund da - Donnerwetter, gebogenes Eis! Eine erstaunliche Entdeckung.

Genauso erstaunlich aber, ich muss es der Einmaligkeit wegen erwähnen, war an diesem Nachmittag das Auftauchen unserer Mutter. Da hob sich nämlich plötzlich mitten in unserm lautesten Vergnügen oben auf der Halde ihre Silhouette mit dem Kopftuch vor dem hellen Himmel ab, ein Schemen, der gleich wieder verschwunden war. Wahrscheinlich hatten Klaus und ich zu Hause ein bisschen zu leidenschaftlich über das neue Eis gesprochen, das angeblich schon trug. Unserer Mutter war die Geschichte zu

unsicher, sie musste wissen, wo ihre Jungs das noch dünne Eis ausprobierten. Nur dieses eine Mal sind wir von unserer beunruhigten Mutter kontrolliert worden, danach nie wieder. Eigentlich wusste sie ja auch nie, wo sie uns hätte suchen sollen, viele unserer bevorzugten Plätze waren ihr so gut wie unbekannt, oder sie waren zu abgelegen.
So etwa jene Bucht hinter dem Schleusentor des kleinen Beckens, zu der wir an einem eisigen Nachmittag unterwegs sind. Wir gelangen dorthin, wenn wir hinter der Schleuse ein paar Meter die Mötzower Landstraße hinuntergehen und dort gleich links auf einen schmalen Sandweg einbiegen, der zwischen Gärten und einem Acker entlang hinter der Schleusenkammer wieder ans Fahrwasser führt. Dort an den paar Grundstücken rechts vorbei gelangen wir schon bald an das Ende der Landzunge, stehen nun an der Durchfahrt vom Kleinen zum Großen Beetzsee, von wo aus wir die ganze Stadt überblicken können. Vom halbverdeckten Dom hinüber zu unserer Gotthardtkirche, und vom Marienberg bis zur Brielower Brücke. Daneben, nun wieder ganz nah', überm Wasser drüben die Bollmanninsel mit ihrer Feldsteinstele an der Spitze, und weiter nach Norden herum dann dieser unendlich weite Blick über den See hin, dessen bereifte Ufer sich in der frostigen Ferne verlieren.
Sicher wird uns dieser Anblick irgendwie berührt haben, aber auf den langen Weg hierher haben wir uns ganz bestimmt nicht deswegen gemacht. Unser Ziel ist einzig und allein der riesige rostige Ponton, der hier rechts in der Bucht am Ufer liegt. Zimmergroß ist er, ein völlig von Stahl ummantelter dröhnender Hohlkörper. Irgendjemand hat ihn bei Kriegsende beiseite schaffen und hierher bugsieren können. Von einem Baumstumpf her durch dünne, verhedderte Stahlseile gehalten, schiebt er sich mit der abgeschrägten Bodenplatte ein Stück über Land, wo er leicht, jedoch immer noch beweglich aufliegt. Die spiralig gewundenen Stahlseile erlauben, ihn so um die drei Meter aufs Wasser hinaus zu schieben - wenn er nicht gerade eingefroren im dünnen Eis liegt, so wie heute. Aber deshalb sind wir ja hier. Wir wollen Eisbrecher spielen. Wir, das sind Klaus, der Lange und ich. Abwechselnd dürfen immer zwei Mann vorn an Deck liegen und beobachten, wie unter der Bordwand am Bug das Eis bricht, wenn der Dritte das Ungetüm kurz und kraftvoll vom Ufer aus abschiebt. Aber Achtung, wir haben hier gleich tiefes Wasser!

Diesmal ist der Lange dran mit Abschieben, Klaus und ich steigen an Bord. Der Ponton poltert lange und hohl, als unsere Füße beim Hochklettern gegen die rostige Stahlwand stoßen. Um das Eis unter uns zu beobachten, haben wir uns gerade am Bug hingekniet, kommen eben in Fahrt, als hinten das Wasser aufspritzt. Der Lange verpasst beim Abschieben das Aufspringen, hängt einen Augenblick ausgestreckt zwischen Bordwand und Ufer in der Luft und klatscht dann längelang ins Wasser.
Ausgerechnet Rüdiger! Wenn es uns passiert wäre, na gut, das hätte zu Hause sicher ein ganz schönes Theater gegeben, Rüdiger dagegen weiß genau, dass ihn eine Tracht Prügel erwartet. Immer wieder wimmert die Angst aus ihm heraus, als er in seinem knirschenden Eispanzer mit uns nach Hause hetzt. Noch aber besteht Hoffnung, seine Sachen trocken zu kriegen, bevor seine Pflegemutter von der Arbeit kommt. Er zieht sich bei uns frisches Zeug an, seine ausgewrungenen Sachen hängen schon am Ofen, ein paar Scheite Holz werden nachgelegt. Und was soll ich euch sagen? Als wir es bei Dunkelwerden auf der anderen Flurseite Schließen hören, steckt Rüdiger schon wieder in seinen eigenen trockenen Kleidern und kann leichten Herzens zu seiner gefürchteten Mama hinübertrotten.

Gar nicht so weit von der Stelle entfernt, wo der Lange ins Wasser gefallen war, diesmal aber oberhalb der Schleuse, liegen zwischen der Havel und ihrem Nebenarm Wiesen, die im Winter regelmäßig überschwemmt waren und immer als erste zufroren. Wegen der geringen Wassertiefe trug das Eis dort viel früher als auf der Havel oder dem Beetzsee. Unser erster Weg mit den Schlittschuhen ging deshalb immer in Richtung Schleuse und dort rechts runter zu den eisbedeckten Wiesen und Weiden am Mittelbruch. Das war ein kurzweiliges, kurvenreiches Schlittschuhlaufen dort zwischen den braunen Bülten und um die dunklen Sölle herum.
Als wir einmal vom Erkunden der Gegend genug hatten, wir waren zu viert auf dem Eis, kam Klaus auf die Idee, Weitsprung auf Schlittschuhen zu probieren. Also wurden in gewissem Abstand zwei Stängel Schilfrohr aufs Eis gelegt, Anlauf genommen und ab gings durch die Luft. Schon musste auch der Abstand zwischen den Stängeln vergrößert werden. Landete einer auf dem Rohr, dann schied er aus. Bald waren nur noch Klaus und ich übrig. Klaus absolvierte den weiten Sprung fehlerlos, ich dagegen blieb

beim Aufsetzen mit der rechten Schlittschuhspitze im Eis hängen, der Fuß wurde nach hinten gerissen und unter stechendem Schmerz krachte ich aufs Eis. Ich glaubte schon, mir das Gelenk angeknackst zu haben, denn mit dem Fuß aufzutreten, daran war gar nicht zu denken. Aber irgendwie musste man ja nach Hause kommen. Also Zähne zusammenbeißen, beinahe nur auf einem Bein humpeln, immer wieder „So'ne Scheiße!" zischen - auch so bringt man anderthalb Kilometer hinter sich.
Danach bin ich noch einen guten Monat lang ziemlich unrhythmisch gelaufen.

Kopftuch, Muff und Skimütze

Ich weiß nicht, was die Frauen vor dem Krieg auf dem Kopf getragen haben, danach jedenfalls trugen sie wochentags fast ausnahmslos ein Kopftuch. Das zwar so genannt wurde, was eigentlich aber, weil zu einem zehn Zentimeter breiten Band gefaltet, mehr eine Art Schal war, der um den Kopf geschlungen und an der Stirn so geschickt geknotet wurde, dass das Tuchband von dort aus nur noch breit und faltenlos über den Kopf gelegt und hinten wieder untergeschoben werden musste, um eine recht ansehnliche, die Ohren bedeckende Haube entstehen zu lassen.
Auch der Muff war noch gang und gäbe, diese dicke hohle Rolle aus Pelz oder wollig-warmem Tuch, gerade groß genug, um beide Hände gleichzeitig darin unterzubringen. Er wurde an einer um den Hals geschlungenen Schnur (oder gar Kordel) vor dem Bauch getragen, war aber Ende der vierziger Jahre doch schon so weit aus der Mode, dass man nur noch kleine Schulmädchen oder ältere Frauen damit herumlaufen sah.
Apropos kleine Mädchen. Klaus und mir wurde in den ersten Nachkriegswintern doch tatsächlich zugemutet, ein Leibchen um die Taille zu knöpfen, an dem Strumpfhalter baumelten. An ihnen wurden die beinlangen braunen Wollstrümpfe befestigt, die wir unter unseren damals üblichen Skihosen tragen mussten. Jeden Morgen protestierten wir wütend gegen diese „Weibersachen", was uns aber überhaupt nichts nützte, unsere Mutter wurde schließlich nur ärgerlich und beendete das Theater, wie sie es nannte, energisch: „Jetzt seid ihr ruhig und zieht euch an! Und Weiber heißt es sowieso nicht, merkt euch das!"

Wenigstens waren wir beide aber nicht die einzigen, die sich so unmännlich anziehen mussten, fast alle Jungs in unserm Alter waren auch unsere Leidensgenossen. Und weil wir schon mal beim Herumbaumeln sind: auch unsere gestrickten Fausthandschuhe hingen an einer Strippe, einer gehäkelten Schnur, die durch den einen Joppenärmel hinauf und unter dem Rückenteil hindurch im anderen Ärmel wieder hinunterführte. Wenn wir die Handschuhe nicht anzogen, bei Schneeballschlachten etwa, dann schlenkerten sie zwar ein bisschen kindisch herum, aber wenigstens konnten wir sie auch nicht verlieren.
Etwa achtjährig, durften wir von den Strümpfen zwar zu langen Unterhosen wechseln, aber auch an denen war etwas auszusetzen. Bei diesen sehr besonderen Unterhosen war nämlich über dem Hintern überhaupt keine Hose, da klaffte nur ein großes rundes Loch. So ein Etwas von Hose nannte man kindsgerecht, sie sollte auf dem Klo das Abstreifen gleich zweier Hosen überflüssig machen. Aber daran soll sich mal einer gewöhnen! Wir jedenfalls nicht.
Eine regelrechte Mutprobe stellte das morgendliche Anziehen an Wintersonntagen dar. Jeweils am Sonntagmorgen wurde nämlich die Wäsche gewechselt, frisch gewaschene langärmlige Hemden hingen in der Stube über einer Stuhllehne. Hemden, die unsere Mutter selbst genäht hatte. Genäht aus dem einzigen Stoff, den es damals zu kaufen gab, dem aus Zellwolle. Ein Hemdenstoff, der aus lauter Holzsplittern zu bestehen schien. Besonders unsere pepitagemusterten Hemden „kratzten" so fürchterlich, dass uns immer schon bei ihrem Anblick der Mut sank. Nur dünn mit dem Schlafanzug bekleidet, verloren wir uns dann in der kalten Stube in irgendwelche Spielereien und verdrängten damit eine Weile das Überstreifen der gefürchteten Hemden. Das ging immer so lange, bis unsere Mutter diese Unentschiedenheit endlich satt hatte und uns die Hemden mit einem „Schluss jetzt!" über den Kopf zog. Von ihrem Schrecken verloren diese Hemden erst dann ein wenig, wenn wir sie ein paar Tage „eingetragen" hatten.
Ja, richtig, die Skimütze! Ob sie nun schwarz oder dunkelblau ausfiel, vom kleinen Jungen bis zum Opa trugen wenn's kalt wurde alle eine Skimütze. Beim obligatorischen Sonntagsspaziergang allerdings trug unser Vater stets seinen Hut. Wer sich auch während der Woche derart behütet sehen ließ, der wurde ein „Feiner Pinkel" genannt.

Apropos Mütze: „Wenn ihr in ein Geschäft kommt, dann nehmt ihr die Mützen ab und sagt Guten Tag!“ - so unsere Mutter, „Große Jungs machen das so!“ Große Jungs! Wir führten dieses Ritual so prompt aus, dass die Fleischersfrau in der Fohrder Straße von uns beinahe entzückt gewesen sein muss, jedenfalls ließ sie unsere Mutter wissen, was für ein paar gut erzogene Jungs sie habe.
Dort an der Ecke Bergstraße tauchten wir nämlich jede Woche einmal mit unserer kleinen Milchkanne auf, um frische Wurstbrühe zu holen. Immer zu zweit! Das war jeweils am Sonnabendnachmittag und immer war die Brühe noch ein bisschen warm. Eine Riesenversuchung, die einer allein nicht hätte bestehen können. Schon gar nicht an einem kalten Wintertag.

Weihnachten

Schon wenn im September der Schulalltag wieder begonnen hatte, wenn dann bald auch an Baden nicht mehr zu denken war und bei abnehmendem Licht schließlich auch noch tristes Herbstwetter uns einzuschränken begann, dann fiel bei uns Brüdern ganz unwillkürlich schon mal das Wort Weihnachten. Der Gedanke daran hatte etwas von einem Licht in dunkler Ferne, einem Hoffnungsschimmer.
„Ick freu mir schon uff'n Bunten Teller.“
„Ick ooch, ick bin jespannt, wat wa sonst noch jeschenkt kriejn.“
Das steigerte sich in der Adventszeit, die Wünsche wurden nun beinahe zu Erwartungen. Dabei wussten wir doch beide ganz genau, dass sich nichts von alledem erfüllen ließ, jedenfalls dann nicht, wenn es hätte gekauft werden müssen. Im Grunde genommen war die Vorfreude wirklich mehr auf die Bunten Teller gerichtet. Endlich einmal Süßigkeiten im Überfluss. Das gab es sonst nur noch zu Ostern, aber da schon viel sparsamer. Über das Jahr hin brachte unsere Mutter höchstens beim Sonnabend-Einkauf mal eine kleine Spitztüte Bonbons mit, ein paar sauersüße Himbeeren oder grüne Maiblätter, die wir uns dann teilen mussten. Jetzt aber war Weihnachten in Sicht. Und nicht nur das, da gab es auch noch die Vorfreude auf den Nikolaustag! Wenn wir sonst morgens dreimal zum Aufstehen aufgefordert werden mussten, am 6. Dezember sprangen wir schon aus den Betten, wenn unsere Mutter

noch die Klinke in der Hand hatte. An ihr vorbei stürzten wir zur Wohnzimmertür, wo wir am Abend zuvor jeder einen blankgeputzten Schuh hingestellt hatten. Aber stellt euch vor wie das ist, wenn man in den Schuh greift, wenn man das süße Glück des Vorjahres schon zwischen den Fingern fühlt und - wenn man auf einmal eine kalte Pellkartoffel in der Hand hält. Im Schuh nichts weiter als noch eine Kartoffel. Nur unser ehernes Gesetz EIN INDIANER WEINT NICHT ließ mich die Fassung bewahren. Ich war bestraft worden, weil mein geputzter Schuh beim Aufstellen abends noch ein wenig feucht war. Das immer wieder zu hörende „Wehe, ihr geht durch die Pfützen!" verlor hin und wieder einfach seine einschüchternde Wirkung. Natürlich habe ich dann doch noch das bekommen, was Klaus inzwischen schon gutgelaunt kaute, aber Freude hatte ich nicht mehr daran.
Manchmal konnten wir uns vor Weihnachten schon über den ersten Schnee freuen, manchmal am Puhl mit dem Hacken auch schon das dünne Eis prüfen. Aber egal, ob schon den Schlitten an der Schnur oder die uralten Schlittschuhe unterm Arm - jetzt war nur noch von Weihnachten und Süßigkeiten die Rede, und „mal sehn, wat wa jeschenkt kriejn".

Angefangen hatte das ohne jede Erwartung, denn als Fünfjährige konnten wir uns am Heiligabend 1945 noch an kein voraufgegangenes Weihnachtsfest erinnern. Vielleicht deshalb, weil im Jahr zuvor an eine Weihnacht wohl mehr gedacht, als dass sie gefeiert wurde. Vielleicht aber auch, weil sich inzwischen zu viel ereignet hatte, vor allem für unsere Eltern, sie hatten ihr ganzes Hab und Gut verloren.
Da standen wir nun also alle in der kalten dunklen Stube, nur erhellt von den paar Lichtern am schütteren Weihnachtsbaum, und schielten auf den Tisch neben uns, wo ein paar schattige Dinge standen, sowas wie Papptellerchen und, nicht recht auszumachen, etwas, das Beine zu haben schien. Erst einmal aber sollte ein Weihnachtslied gesungen werden, Unser Vater stimmte „O Tannenbaum" an, Inge, unsere große Schwester, fiel mit ihrer hellen schönen Stimme ein und die Mutter blickte leise mitsingend zu uns, mehr tapfer als froh. Als dann endlich das Licht angeknipst werden durfte, war das Wenige, was wir erhielten, doch ein unverhofftes Ereignis. Jeder von uns beiden hatte neben etwas süßem Gebäck ein paar Haustiere vor sich zu stehen, kleinfingerhoch, aus Blei gegossen und angemalt. Hinzu kamen ein paar

Bauklötzer (mit „r"!) um den Tieren auch ein Gehege bauen zu können.
Für unsere Mutter hatte der Vater etliche Messer hergestellt, die sie dringend zu den verschiedenen Küchenarbeiten brauchte. Sogar ein schweres Wiegemesser mit doppelter Klinge und zwei hochstehenden Griffen war darunter. Alles sah wie gekauft aus. Wie konnte man so etwas nur selbst herstellen! Das Metall blitzblank, die Holzgriffe handlich fein abgerundet und rotbraun eingefärbt. Und das alles hatte unser Vater aus irgendwelchen Eisenresten gefertigt, die er sich in der Schlosserwerkstatt, wo er nun arbeitete, zusammengesucht hatte. Unsere Mutter wusste ihm die mühselige Arbeit zu danken.
Ein Jahr später, nun alle Tage unter Schulkameraden, hatte so etwas wie Weihnachtsfieber auch uns angesteckt. Von Tag zu Tag erregter, dachten wir nur noch an Geschenke und Süßigkeiten, und waren gespannt auf den Weihnachtsmann. Dass uns auch ein bisschen mulmig war, wenn wir an ihn dachten, gestanden wir uns aber gegenseitig nicht ein.
Dann war es endlich so weit: Dunkle Stube; Vater, Mutter und Inge warm angestrahlt vor dem Weihnachtsbaum, und auf einmal ein wummerndes Klopfen an der Tür, das uns zusammenfahren ließ. Inge ging hin, öffnete und bat, offensichtlich ganz überrascht, den Unsichtbaren draußen mit bühnenreif lieblicher Stimme zu uns herein. Uns war das Gedicht, das wir aufsagen sollten, schon beim Anklopfen im Hals steckengeblieben, erst recht, als nun dieser krumme, bärtige Fremde zur Tür hereinkam, den sperrigen Sack auf den Boden setzte und mit absichtlich tiefer Stimme sprach:
„Ihr seid also Hans und Klaus?!"
„Ja..."
„Wart ihr denn auch immer", da schießt uns beiden der gleiche Gedanke durch den Kopf - d i e Stimme kennen wir! Jetzt heißt es aber erstmal, die uns zugewiesene Rolle durchzuhalten, um an die Geschenke zu kommen, die der fremde Mann jetzt Stück für Stück aus dem Sack holt: eine dicke schwarze hölzerne Dampflok, dazu einen kurzen Kohlenwagen, und danach verschiedene Anhänger: ein offener Waggon für Schüttgut, zwei bis übers Dach geschlossene Anhänger mit Schiebetüren, und schließlich so eine Art Langholzwagen, außen in ganzer Länge mit aufrechten, haltgebenden Latten umgeben - zusammen ein gut meterlanger hölzerner Güterzug.

Der Weihnachtsmann ist noch gar nicht ganz zur Tür raus, da raunt Klaus:
„Det war Horst Graubaum."
„Weeß ick."
„Dit war janz schade, jetzt müssen wa sing'!",
denn gerade hat unser Vater „O Tannenbaum, o Tannenbaum..." angestimmt. Danach wird zum ersten Mal auch wieder „O du fröhliche, o du selige..." gesungen - anderthalb Jahre nach Kriegsende.

Natürlich hatte unsere Mutter vorhin bemerkt, dass bei der Bescherung irgendwas in ihren Jungs vorgegangen war.
„Hat mit dem Weihnachtsmann irgendwas nicht gestimmt?", fragt sie so recht nebenbei.
„Mmm...", Nicken.
„Was war denn?"
„Na ja, dit hat sich so'n bisschen anjehört..."
„Habt ihr ihn etwa erkannt?"
Nicken.
„Wer war's denn?"
„Horst Graubaum."
Unsere Mutter dreht sich um, sagt leise zu Inge:
„Dann hat's nächstes Jahr keinen Sinn mehr..."

Und richtig, von nun an waren die Geschenke für uns immer auf dem Nähtischchen am anderen Ende der Stube aufgebaut, gegenüber vom Weihnachtsbaum. Weit weg also, wenn bei Kerzenlicht das fällige Gedicht aufgesagt werden musste und danach gesungen wurde. Dann nützte es nichts, einen langen Hals zu machen, das schummrige Licht reichte nicht aus, um an der Wand dahinten etwas zu erkennen.
Fast immer hatte das neue Spielzeug - weiterhin alles von unserm Vater gebaut - etwas mit der uns umgebenden Landwirtschaft zu tun. Je größer wir wurden, desto kleiner und feiner wurden die Pferdewagen, bis hin zum Leiterwagen mit seinen zarten Sprossen. Beim offenen Stall, mit Heuboden unterm Dach, hatte der Vater drinnen unter den Fenstern sogar an einen wandlangen Futtertrog gedacht. Bei schlechtem Wetter haben wir zuweilen auf dem großen Wohnzimmertisch noch als Elfjährige ganze Bauernhöfe aufgebaut. Mit unseren Lineol-Tieren, den Kühen und

Pferden und dem kompletten Hühnerhof, besaßen wir alle Tiere, die wir sonst auch bei Bauer Lenz sahen.
Möglich war das alles, weil es in Brandenburg schon gleich nach dem Krieg wieder diese lebensechten Nachbildungen zu kaufen gab, die Lineol-Tiere von „Ernstpaullehmann" - betont auf der dritten Silbe. Wir waren schon recht große Jungs, als uns irgendwann schwante, der Begriff könne etwas mit einem Namen zu tun haben. Was sich spätestens dann festklopfte, als unsere Mutter einmal mit uns durch die Klosterstraße ging und auf eine ziegelrote Fabrikfassade inmitten der niedrigen Altstadthäuser zeigte:
„Das da drüben ist Ernst Paul Lehmann."
Damit wurde gleich auch ein in Brandenburg sich hartnäckig haltender Irrtum befestigt, der Glaube nämlich, E. P. Lehmann stelle neben seinem Blechspielzeug auch die beliebten Lineol-Tiere her. Was aber nicht der Fall war, Lehmann stellte nur die berühmten, zum Teil mechanisch angetriebenen Blech-Spielzeuge her, die in alle Welt gingen.
Irgendwann stand unser erstes daumenlanges Lastauto dann auch bei Klaus und mir neben dem Bunten Teller, das erste gekaufte Spielzeug. Leider hatten die nagelneuen Autos aber bald keine Lampen mehr, denn der vordere Kühlergrill war mitsamt den seitlich herausstehenden Scheinwerfern ein einziges flach geprägtes Stück Alu-Blech und wir konnten es uns nicht verkneifen, die Lampen gleich mal ein bisschen hin und her zu biegen. Daher immer Blechautos ohne Lampen.

Weihnachten 1950

Inzwischen sind wir Große Jungs geworden, denn sowie man sein Alter mit zwei Ziffern angeben kann, gehört man nicht mehr zu den Kleinen. Der nächste Sprung kommt drei Jahre später, wenn man Dreizehn wird. Schon rein dem Klang nach, jetzt sind es sogar zwei Silben, darf man sich dann zu den Jugendlichen zählen. Aber auch als Zehnjährige haben wir vor dem Hohen Fest durchaus schon Aufgaben zu erfüllen.
Zu den letzten Vorbereitungen hatte uns unsere Schwester bereits an beiden Festen zuvor herangezogen, was unsere Mutter anfangs nur recht nachdenklich billigte. Es ging vor allem um das

„Putzen“ des Weihnachtsbaumes, wie es bei uns genannt wurde, das Schmücken also, und den Umgang mit dem raren, dem so zerbrechlichen Baumbehang. Davon aber gleich mehr.
Zuvor musste man nämlich erstmal einen Weihnachtbaum haben! Was sich für uns später, wir mussten nun neben unserer Mutter mitsuchen, als zum Verzweifeln schwierig herausstellte. Bisher war ja immer unser Vater gegen Mittag mit einem Bäumchen die Hoftreppe heraufgekommen, immer an einem Sonnabend, oder gerade noch am Heiligabend selbst, denn an diesen Tagen wurde nur bis Mittag gearbeitet.
„Na, Mann, was hast'n diesmal für'n Baum ?!“
„War noch das Beste, was ich ergattern konnte; du siehst ja, 'n paar Zweige hab' ich noch extra mitgebracht.“
Einen ordentlich gewachsenen Baum zu finden, das kostete Zeit, war eigentlich reine Glückssache. In langen Stapeln waren die Tannen bis zur Brusthöhe übereinander geworfen worden und unter dem eigenen Gewicht inzwischen so plattgedrückt wie Flundern. Zog man einen Baum weiter unten heraus, dann stukte (mit langem „u“), dann stukte man ihn erstmal kräftig auf den Boden, damit sich die Zweige einigermaßen abspreizten und warf ihn danach fast immer auf den Stapel zurück. Herauszerren, abschätzen, zurück damit - egal ob zehn- oder zwanzigmal, solange jedenfalls, bis der ausgestreckte Arm auf ein Bäumchen blicken ließ, mit dem man sich nach Größe und Gestalt einigermaßen sehen lassen konnte. Für die kahlen Stellen am Stamm wurden gleich noch ein paar herumliegende Zweige aufgelesen. Wenn unser Vater den Bohrer später aus der Hand legte, dann saß das zusätzliche Grün jedenfalls wie angewachsen im Baum.
Gelegentlicher Besuch betrachtete unsere Tanne dann als reine Glückssache:
„Donnerwetter, Franz, da haste aber'n anständjen Boom jekricht!“

Während unser Vater die Tanne zu guter Letzt auf dem schon vor Jahren geschweißten Ständer ausrichtete, hatten wir in der Stube längst alles auf dem Tisch ausgebreitet, was den Baum nachher schmücken sollte. In allen Farben spiegelnd die großen und kleinen Kugeln, dazu das gebündelte Lametta, und neuerdings auch federleichte Glöckchen. Sie hielten uns lange auf, weil sie unbedingt nach Tonhöhe sortiert werden mussten.
„Hör mal, ick kann ‚O du fröhliche‘ damit spiel'n.“

„Mmm... 'n bisschen Ähnlichkeit hat et."
Stand der Tannenbaum endlich „auf engstem Raum" zwischen Küchentür und Stubenfenster auf seinem Tischchen, dann konnten wir loslegen, konnten den Baum putzen. Versteht sich, dass unsere Schwester dabei den Ton angab, aber auch nichts gegen ein „Ick würde die Glocke jern d a hinhäng!" hatte. Sie fühlte die Jubelstimmung ihrer Brüder mit.
Um solchen Frohsinn nicht zu trüben, wurde das Thema Wetter gar nicht erst angeschnitten. Seit Anfang Dezember hatten wir Schnee gehabt. Endlich mal wieder 'ne weiße Weihnacht, da waren wir ganz sicher. Aber denkste! Schon gestern war es nicht mehr richtig kalt draußen, und heute - so musste's ja kommen - tropfte es von den Dächern.
Gegen Eins Mittagessen, Kartoffelsuppe. Der Tag vor einem Fest ist immer eine Art Sonnabend und sonnabends gibt's immer Kartoffelsuppe, was denn sonst! Noch zwei Stunden bis zum Kirchgang. Der Baum ist geschmückt. Wir wissen nicht, was wir mit uns anfangen sollen, denken nur noch an den Abend. Diese Unruhe! Aber endlich ist es soweit, gegen halb Vier geht's über angetaute Promenadenwege zur Gotthardtkirche. Ich muss zur Orgelempore hoch, diesmal singt am Heiligabend auch der Kinderchor. Ein Stück entfernt sitzen auf gleicher Höhe unsere Mutter, Inge und Klaus. An den Wänden entlang zieht sich die Empore zu beiden Seiten bis halb in die Kirche hinein.

Nach getaner Pflicht, wir haben das Weihnachtsfest würdevoll begonnen, können wir beide uns nur neben der Kirche noch einigermaßen bremsen, müssen unserer Aufgeregtheit endlich aber freien Lauf lassen, vor Mutter und Schwester her treibt es uns beinahe im Zickzack nach Hause.
Tante Grete ist schon da. Gedämpfte Geschäftigkeit setzt ein. Bestimmt dürfen wir uns nur noch ein paar Minuten in der Stube aufhalten... nein, nicht mal das, schon heißt es:
„So, Jungs, nun geht mal in die Küche."
Vor lauter Aufregung gibt's hier jetzt kein Halten mehr, abwechselnd zappeln wir beide die lange Küche hoch und runter, bei jeder Begegnung boxen wir uns:
„Mensch Hans...!"
„Mensch Klaus, Mann...!"
„Ick haltet nich mehr aus..."
Auf einmal Klaus:

„Peter!“
Den stockdunklen Hof hinter sich, sitzt unser Kater draußen vorm Küchenfenster. Mitten im erregten Hin und Her öffnen wir kurz die Tür, unser Peter springt herein und - verhält mitten im Schritt... kuckt uns mit seinen nachtschwarzen Augen regungslos an: was is'n hier los..., bin ich hier sicher...? Wir bremsen uns, alles in uns richtet sich nun auf unsern lieben Kater, unsern Peter, wir streicheln ihn so lange, bis sich auf einmal leise die Tür öffnet, und mit ganz eigenem Ausdruck hören wir unsere Mutter sagen:
„Na, dann kommt mal rein...“
Aus der lampenhellen Küche in die schummrige, lichterwarme Stube - behutsam treten wir ein, unsere Gedanken sind jetzt ganz auf das Gedicht gerichtet, das jeder von uns aufzusagen hat, die Augen aber blinzeln beim Eintreten von ganz allein zur anderen Wand hinüber... Mann..., ist das etwa? - da blinkt was! Beim Aufsagen helfen wir uns gegenseitig weiter, bloß kein Stocken jetzt! Beim Singen der Weihnachtslieder wird dann aber auch uns feierlich zumute, wir spüren die schöne Gemeinsamkeit im Kerzenlicht, diesen Augenblick gibt es nur einmal im Jahr. Ich kann sogar ein bisschen glänzen, indem ich die zweite Stimme singe, unsere Eltern sollen sich jetzt richtig freuen. Endlich aber kommt das ersehnte
„Na dann kuckt euch mal die Geschenke an!“
Um den Tisch 'rum, das ist alles eins und sofort brüllend vor Freude
„Mensch Klaus!“
„Mensch Hans! Öööööööööööööö!“
Freudestrahlend halten wir uns die nagelneuen Schlittschuhe entgegen.
„Meeeeeeeensch!“
Was für ein Geschenk! Nie haben wir uns etwas sehnlicher gewünscht, nie war die Freude größer.
„Mensch, Hans, kuck mal, wat die für'n Schliff ham!“
„Mann, da sind wa schnell mit!“
„Mit d e n Hohlschliff kannste nich wegrutschen!“
„Mensch, wenn et bloß erst Eis jibt!“
Noch immer großartige Winterbilder im Kopf, werden unsere Augen aber doch schon durch die Bunten Teller abgelenkt Für die Schlittschuhe reicht auch e i n e Hand, und nur zweimal im Jahr blicken wir auf eine solche Fülle von Süßigkeiten, Weihnachten kommt dabei wirklich weit vor Ostern.

Jubel und Trubel sind vorbei, unser Vater knipst das Licht wieder an, wir dürfen die Kerzen auspusten.
„Jungs, helft mal'n bisschen mit beim Reinbringen",
unsere Mutter will den Tisch decken. Sie hat belegte Brote vorbereitet. Nun geht's zur Küche rein und raus - Teller, Tassen. Getränke. Lange zieht sich das Abendbrot heute hin, Erinnerungen bestimmen die Gespräche, die erste Nachkriegsweihnacht liegt erst fünf Jahre zurück.
Für den restlichen Abend hat unser Vater etwas vorbereitet, er zieht sich auf einmal wortlos zurück und kommt dann mit einer Kruke Bowle wieder herein, selbstgemachte Pfirsichbowle. Lange haben die zwei Glasballons in der Speisekammer vor sich hin geblubbert, das heißt, sie haben beim Gären oben immer mal ein Gasbläschen durch die spiralige Glasröhre aufsteigen lassen. Uns ist von vornherein klar, dass wir nur ein kleines Schlückchen zu kosten kriegen; wie gerne würden wir gerade jetzt schon zu den Erwachsenen gehören.
Nun wird den ganzen Abend geredet, heute noch eine Spur eifriger als sonst, die Bowle regt an. Das geht so lange, bis Tante Grete auf einmal mit schiefem Kopf auf den Weihnachtsbaum blickt, hinter dem sich unsere Wanduhr verbirgt:
„Kinder, dit is ja schon nach Zehn, jetzt wird et aber Zeit!"
Im schwachen Schimmer von Gaslaternen wird unsere Tante nun einsam bis ans andere Ende der Stadt laufen müssen. Vorsorglich hat sie ein paar ganz große wollene Socken in ihrer Tasche, sie will sich nicht noch einmal von solch einem Glatteis überraschen lassen, wie es ihr den Rückweg vor ein paar Jahren so schrecklich in die Länge zog. Bei Bedarf wird sie sich die Socken über die Schuhe ziehen.

Zu guter Letzt Klaus und ich in unserm stockdunklen Zimmer. Wir sagen erst dann Gute Nacht, als alles gesagt zu sei scheint, was der Heiligabend mit sich gebracht hat und was die kommenden Tage verheißen.
„Ick war nich sicher, ob wa wirklich Schlittschuhe kriejen."
„Nee, ick ooch nich, die sind teuer jewesen."
„Die ham wat jekostet!"
„Ick freu mir schon uff morjen Mittach."
„Mann, endlich ma wieder Kaninchenbraten."
„Det letzte Mal war et Ostern..."
„Nee Fingsten..."

„Ach ja, stimmt ja,"
„Wenichstens an'e Schule brauchen wa 'ne Weile nich zu denken!"
„Nee, det nich, aba Silvester ist bald - ob wa da wenichstens 'n paar Knallerbsen kriejen?"
„Mensch, wenn wa bloß schon groß wär'n und richtich knall'n dürften...!"
Bis dahin ist es aber noch reichlich Zeit. Ein paar Jährchen sind wir noch auf den guten Willen der Erwachsenen angewiesen, und selbst dann geht es nur um ein paar Knallerbsen.

An Raketen ist bei uns im Osten 1950 noch nicht zu denken, aber mit so 'ner Art Böller sind die Großen Jungs schon gleich nach Weinachten unterwegs. Uns treibt es dann immer durch unsere ganze Umgebung, immer dahin, wo es gerade knallt. Kann ja sein, dass man mal genau darauf zukommt, wenn so 'n Kracher angezündet wird. Zu Silvester sind wir allein deshalb den ganzen Nachmittag auf den Beinen. Die Forderung: „Wenn's dunkel wird, kommt ihr nach Hause, sonst...!", deuten wir heute leicht um in: Wenn's dunkel i s t ...! Nach Fünf sieht man's nämlich erst richtig blitzen, sogar weit entfernt.
Tante Grete ist schon da, als wir nach Hause kommen. Wie sie sagt, hat sie sich heute davor gegrault, überhaupt loszugehen: „... Also nee, überall diese Knallerei!"
Als dann der Tisch gedeckt wird, liegt auf einmal oberhalb jedes Tellers ein großes Knallbonbon. Unsere Schwester hat sich die Überraschung ausgedacht. Um Mitternacht sollen die in allen Farben glänzenden Schmuckstücke mit beiden Händen auseinandergerissen werden, wobei unter zartem Knall ein Zettelchen herausfallen wird, das jedem von uns etwas über das kommende Jahr weissagt.
Und längst ist auch etwas anderes bei uns Brauch geworden. Ein Zeremoniell, von dem wir nicht mehr wissen, wie es zu uns kam: genau um Mitternacht essen wir M o h n p i e l e n.
Vorbereitend dafür wird schon gegen Mittag eine ganze Tüte Mohn in warmes Wasser geschüttet. Die schwarz-blauen Körnchen müssen erst ein paar Stunden quellen, bevor sie gerieben werden können. Erst gegen Abend geht's dann ans Reiben. Die tiefe, schrägwandige Tonschüssel mit der rauen Innenwand wird zwischen die Beine geklemmt, eine Handvoll Mohn ausgewrungen, der feuchte Klumpen fällt in die raue Schüssel, Zucker und

Milch werden hinzugegeben und dann heißt es Reiben! Den Mohn mit der langstieligen, vorn kugelig runden Holzkeule reiben und nochmals reiben bis man -
„Klaus, mach ma weita, ick kann nich mehr!" -
bis man sich vom Bruder ablösen lässt. Und der hält nun so lange durch, bis die Keule am Ende durch einen weißlichen Brei schwappt, der jetzt schon das Paradies auf der Zunge verheißt.
Kurz vor Mitternacht werden die Schälchen damit gefüllt, es soll die erste Speise sein, die wir im neuen Jahr zu uns nehmen. Pünktlich um Mitternacht gegessen, bringen Mohnpielen Geldsegen mit sich, den sicheren Wohlstand das ganze Jahr über!
Die bunten Knallbonbons liegen handgerecht bereit. Es wird mucksmäuschenstill in der Runde als der große Zeiger sich der 12 nähert und auf einmal das tiefe Gong-Gong-Gong ertönt. Draußen beginnt im gleichen Augenblick die Knallerei. Wir wollen nur noch raus, müssen jetzt aber erst die Knallbonbons mit aufreißen.
„Könn' wa raus...?"
„Gleich - nur mal vorlesen was auf den Zetteln steht..."
Jeder liest seins vor, draußen rumst es. Unsere Mutter:
„Halt! Erst ein Häppchen von den Mohnpiel'n..."
Aber dann gibt's kein Halten mehr, wir stürmen raus auf die Straße, mitten hinein in das Blitzen und Ballern! Überall Leute in den Haustoren. Ein Lärmen ist das um uns herum! Und wir dürfen mit dabei sein! Zum ersten Mal in der Nacht auf der Straße mit dabei sein! Wir fühlen beide das Gleiche -
Jetzt sind wir wirklich GROßE JUNGS!

Ausklang

Große Jungs gewiss, aber längst noch nicht alt genug, um selbst knallen zu dürfen, um überhaupt an irgendwelche Knaller heranzukommen. Ein paar Jährchen sind wir schon noch auf den guten Willen der Erwachsenen angewiesen, und selbst dann geht es nur um schlichte Knallerbsen.
Endlich ist es aber soweit. Als Maikinder sind wir Ende 1954 schon hoch in den Vierzehn und dürfen uns also beinahe als Jugendliche betrachten Klaus hat inzwischen eine Tischlerlehre angetreten und ich komme nur noch auf Urlaub nach Hause seit ich im Internat der Potsdamer Musikschule wohne.

Dass wir uns nun als Jugendliche betrachten dürfen, können wir neuerdings sogar mit einer Art Ausweis belegen. Warum mit Vierzehn schon einen Ausweis, das können wir Brüder heute nur noch vermuten.
Drei Tage vor Silvester vermuten wir aber gar nichts, wir wissen, dass es ab heute Knaller zu kaufen gibt, dass wir gegen Mittag mit Böllern nach Hause kommen werden, wenn wir uns sofort auf die Socken machen. Unser Ziel steht seit Tagen fest: die Drogerie gleich hinter der Jahrtausendbrücke.
Los geht's! Wir sind gespannt, eine Art fröhlicher Eile treibt uns, immer wieder müssen wir lachen, uns fallen lauter komische Situationen ein: Damit ist aber urplötzlich Schluss, als wir es nahe der Gotthardtkirche knallen hören. Von der Bäckerstraße an sehen wir schon Grüppchen von Jungs unterwegs - es liegt etwas in der Luft. Wir reden schon kein Wort mehr, als wir die Havel überqueren und in die enge Hauptstraße runter kucken - da unten gleich links ist unsere Drogerie.

Tür auf, Mützen ab,
„Guten Tach"
„Guten Tach", so die Drogistin, „was möchtet ihr?"
„Wir woll'n ein paar Knaller kauf'n und..."
„Wie alt seid 'n ihr?"
„Wir sind Vierzehn!"
„Na, dann zeigt mal euern Ausweis!"
Beide greifen wir in die eine Jackentasche, kramen, nichts - andere Seite - nanu, auch nichts...
„Klaus, hast du...?"
„Ick find'n ooch nich..."
„Na ohne Ausweis kann ick euch nischt verkaufen."
„Wir s i n d aber Vierzehn!"
„Das kann jeder sagen..."
Kurze Ratlosigkeit, dann ich ganz erhitzt:
„Damit Sie 't wissen, wir sind nich bloß Vierzehn, wir sind sogar Zwillinge!"
Helles Auflachen! Dann sieht sie mich einen Augenblick amüsiert an:
„Weißte was - weil de so witzig bist, krichter eure Knaller!"
Unähnlichkeit kann zum Segen werden.

Gabriele und Hansjoachim Baier

Hansjoachim Baier war es ein besonderes Anliegen, seine Kindheitserlebnisse zu Papier zu bringen und durch den authentischen Stil seiner Erzählungen lässt er die Menschen am Alltag teilhaben.

Er lädt die Leserinnen und Leser ein, die Besonderheit seiner Heimat Brandenburg zu entdecken. Er erweckt ganze Stadtviertel, Straßenzüge, Brücken und einzelne Gebäude. Durch seine Erinnerungen werden sie lebendig und von der Vergangenheit in die Gegenwart getragen.

Seine besondere Aufmerksamkeit schenkt er der Seen- und Flusslandschaft, die diese Region, ihre Menschen und vor allem die Kinder prägt.

Seine Frau Gabriele teilt seine Leidenschaft für Brandenburg. Sie war Zeit ihres Lebens kreativ tätig und ließ es sich nicht nehmen, das Cover für dieses Buch zu gestalten. Ihre Aquarellzeichnung zeigt die Stadt von einer ihrer schönsten Seiten.

Zum Verlag

Unsere Bücher, Projekte und Veranstaltungen sind da, um Mut zu machen, Hoffnung zu spenden, Ihnen ein Lächeln ins Gesicht zu zaubern, Kinder zu fördern und die Welt ein klein bisschen schöner zu machen.

Weitere Informationen finden Sie unter:

https://www.verlag-andreaschroeder.de/